U0524994

本书为国家社科基金项目"基于社会网络的农村养老服务供给模式创新研究"(17CSH058)的最终成果

本书出版受到西北大学学术著作出版基金资助

社会网络
与农村养老服务
供给模式创新

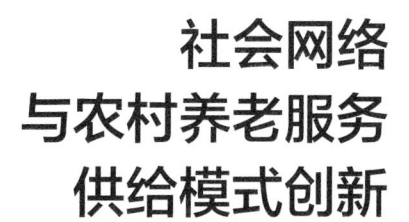

聂建亮◎著

中国社会科学出版社

图书在版编目（CIP）数据

社会网络与农村养老服务供给模式创新 / 聂建亮著 . —北京：中国社会科学出版社，2023.11

ISBN 978-7-5227-2550-5

Ⅰ. ①社… Ⅱ. ①聂… Ⅲ. ①社会网络—作用—养老—社会服务—研究—中国 Ⅳ. ①F323.89

中国国家版本馆 CIP 数据核字（2023）第 160180 号

出 版 人	赵剑英
责任编辑	孙　萍　涂世斌
责任校对	王　龙
责任印制	王　超

出　　版	中国社会科学出版社
社　　址	北京鼓楼西大街甲 158 号
邮　　编	100720
网　　址	http://www.csspw.cn
发 行 部	010-84083685
门 市 部	010-84029450
经　　销	新华书店及其他书店
印　　刷	北京明恒达印务有限公司
装　　订	廊坊市广阳区广增装订厂
版　　次	2023 年 11 月第 1 版
印　　次	2023 年 11 月第 1 次印刷
开　　本	710×1000　1/16
印　　张	17.5
插　　页	2
字　　数	278 千字
定　　价	89.00 元

凡购买中国社会科学出版社图书，如有质量问题请与本社营销中心联系调换
电话：010-84083683
版权所有　侵权必究

前　言

中国已进入老龄化社会，而农村人口老龄化形势尤为严峻。发展社会养老服务已成为我国应对人口老龄化风险的重要手段。近年来我国社会养老服务发展迅速，但城乡差异巨大，农村养老服务发展严重滞后于城市。虽然部分地区已建立农村幸福院、日间照料中心等养老服务场所，但大部分农村地区的养老服务呈现缺失状态，已建成的养老服务场所，很多存在资金不足、利用率低、运营管理困难甚至空壳化的问题，根本原因是主要依托正式的外部资源供给的养老服务模式与农村地区经济发展落后、人口聚集度低、传统观念较重的实际不相适应。社会网络作为非正式的农村内生资源，具有一定的养老保障功能，是破解当前农村地区养老服务发展之困的可行选择。本书立足于我国农村实际，尝试依托社会网络解决农村养老服务的供给困境。

本书基于对全国 11 个省份 1126 名 60 周岁及以上农村老人的问卷调查，立足社会网络理论，讨论社会网络对养老资源的聚纳作用，进一步分析依托社会网络提供养老服务的可行性，并最终构建依托社会网络创新农村养老服务供给模式的实现机制。具体研究过程如下：首先，通过勾勒农村地区养老保障变革脉络以及农村养老服务发展状况，特别是总结农村养老服务发展困境，了解农村老人的养老服务需求和服务的可及性；其次，通过对问卷调查数据的分析，描述农村老人的社会网络及其典型特征，分析其影响因素，进一步探讨社会网络消减农村老人养老风险感知的作用，以测量社会网络聚纳养老资源的能力；再次，通过建立回归模型，实证分析社会网络、村域社会资本对农村老人提供养老服务意愿的影响以及农村老人接受社会网络提供养老服务意愿的影响因素，以厘清依托社会网络供给农村养老服务的内在逻辑；最后，从发生、维持、激励、保障、监督、反馈等方面构建依托社会网络创新农村养老服务供给模式的实现机制，并提出政策建议。本书的主要研究结论如下：

第一，我国农村养老服务发展仍处于兜底线和保基本的初级阶段。自1949年中华人民共和国成立以来，我国农村养老服务发展经历了国家责任从无到有，服务对象从特殊困难群体向全体农村老人扩展，服务内容从保障基本生活向关注生活质量转变，服务形式从敬老院式的集体供养向互助式养老模式发展的过程。当前，我国人口老龄化城乡倒置现象严重，但农村地区的养老服务发展却严重滞后于城市，仍处于兜底线和保基本的初级阶段：一是敬老院主要服务于农村特困供养人员，普惠性差，辐射作用有限；二是市场化养老机构发展举步维艰；三是互助幸福院空壳化特征明显，发展困难。

第二，农村老人的养老服务需求存在差异且农村养老服务可及性差。农村老人对医疗护理服务的需求最为突出，其次是精神慰藉服务需求，最后是生活照料服务需求。生命周期是农村老人养老服务需求生成的基础性机制，即农村老人产生养老服务需求是生命周期使然；家庭保障不足则是农村老人养老服务需求的主要生成机制。受思想观念与经济能力的影响，农村老人对家庭之外的养老服务接受程度仍然较低，更希望居家养老或就近养老。但村庄内设的养老服务场所作为开展农村养老活动的重要场地，普及率较低，利用率也很低。另外，养老机构作为提供养老服务的另一重要载体，在农村开办的数量较少，仍存在巨大的发展空间。

第三，农村老人的社会网络具有聚纳养老资源的能力。无论是以拜年网还是支持网进行测量，农村老人的社会网络均具有网络规模小、网络异质性低、网络位差小、内网关系交往频率大于外网关系交往频率的特征。农村老人个体因素、家庭因素、社区因素、地区因素均会对其社会网络特征产生一定影响。社会网络可以消减农村老人的养老风险感知，体现了其聚纳养老资源的能力。

第四，社会网络深刻地影响着农村老人提供养老服务的意愿。农村老人向他人提供养老服务的意愿因服务内容及服务对象的不同而有所差异。在服务内容方面，农村老人更愿意向他人提供精神慰藉服务，其次是生活照料服务，最后是医疗护理服务；而在服务对象方面，农村老人更愿意向家族或亲戚提供养老服务，然后是朋友，最后是其他村民，体现了典型的差序格局特征。社会网络在结构和关系强度两个维度上深刻地影响着农村老人提供养老服务的意愿。非亲属网络规模越大，农村老人提供养老服务的意愿越高；网络异质性程度对农村老人提供养老服务的意愿有一定的提升作用；与外网关系成员的互动可以提高农村老人提供养老服务的意愿。信息获取与互惠状况是社会网络影响农村老人提供养老服务意愿的主要机制。社会网络通过影响信息传播能力、信息来源渠道或通过增进互惠机会，提升农村老人提供养老服务的意愿。村域社会资本对农村老人提供养老服务的意愿有重要影响，村域互惠、村域人际信任以及村域规范对农村老人提供养老服务的意愿可以产生积极影响。

第六，农村老人有接受社会网络提供养老服务的意愿。农村老人接受社会网络提供养老服务的意愿会因养老服务的内容和养老服务的提供主体产生明显差异。在服务内容方面，农村老人更愿意接受他人提供的精神慰藉服务，其次是生活照料服务，最后是医疗护理服务；在服务提供主体方面，农村老人更愿意接受家族或亲戚提供的养老服务，其次是朋友提供的养老服务，最后是其他村民提供的养老服务，这也体现了明显的差序格局特征。影响农村老人接受社会网络提供养老服务意愿的因素有四方面，分别是农村老人的个体因素、家庭因素、社区因素和地区因素。

第七，依托社会网络创新农村养老服务供给模式的实现需要构建全面机制。依托社会网络的农村养老服务供给模式是指由特定社会网络范围内的老人向网络中的其他老人提供养老服务的模式。特定社会网络内提供服务的主体一般为活力老人或者有自理能力的老人，接受服务的老人包括活力老人以及失能或半失能老人，提供的服务一般包括生活照料、精神慰藉、医疗护理等。而养老服务供给的场所可以是固定的，也可以是不固定的。这一模式的成功实践，需要梳理其发生机制、维持机制、激励机制、保障机制、监督机制与反馈机制。为助力依托社会网络的农村养老服务供给模式的实现，本书提出以下政策建议：一是加强顶层设计，加大政策扶持力度；二是拓宽筹融资渠道，在社会网络中聚纳养老服务资金；三是优化农村养老服务场地支持，确保服务场地供给；

四是加大宣传力度，推广依托社会网络供给农村养老服务的模式；五是发挥农村基层组织的领导作用；六是积极培育和拓展村庄社会网络；七是保障依托社会网络供给农村养老服务的质量。

本书可能的创新点有：

第一，研究视角新颖。本书基于社会网络视角对农村养老服务问题进行研究，探讨依托社会网络创新农村养老服务供给模式的思路，强调农村内生社会关系网络资源在养老服务供给中的重要性，突破了简单供需分析的视角，具有一定的创新性。本书为诠释农村老人参与养老服务行为提供了一个新的理论视角，有助于理解社会网络对农村老人参与养老行为的影响，更有助于社会网络理论应用领域的拓展，也丰富了农村养老服务的理论研究。

第二，研究思路新颖。已有对养老服务供给的研究，或侧重于阐述养老服务"需求—供给"的理论框架，或基于实践经验，循着"现状—问题—对策"的思路进行分析，较少将社会网络引入对养老服务的供给分析，关注既有社会网络向养老服务转化的理论与实证脉络。本书关注农村地区的特殊性，沿着"社会网络—养老资源—养老服务"的思路展开，即从农村老人的社会网络与养老服务供给的契合性入手，以社会网络对养老资源的聚纳以及社会网络提供养老服务的可能性为链接，从而创新农村养老服务供给模式，这一思路具有一定的创新性。

第三，本土化的研究取向。农村是我国相对欠发达的地区，其经济和物质发展水平远不足以支撑类似西方发达国家的高福利供给，甚至较低水平的福利供给都难以实现，而社会网络是我国乡土社会的基础，在以"网络"维系的农村社会中研究社会网络的养老服务功能无疑具有浓厚的中国文化特色，有助于推动社会学相关理论的本土化建设。

目 录

绪 论 …………………………………………………………… (1)
  一 研究背景 ………………………………………………… (1)
  二 研究目的与意义 ………………………………………… (3)
  三 核心概念界定 …………………………………………… (4)
  四 研究内容与技术路线 …………………………………… (7)
  五 研究方法 ………………………………………………… (9)
  六 研究的创新和不足 ……………………………………… (10)

第一章 文献综述与理论框架 ………………………………… (12)
  第一节 文献综述 …………………………………………… (12)
    一 国外研究综述 ………………………………………… (12)
    二 国内研究综述 ………………………………………… (17)
    三 研究述评 ……………………………………………… (24)
  第二节 理论框架 …………………………………………… (25)
    一 社会网络理论演变 …………………………………… (25)
    二 "社会网络—养老资源—养老服务"理论框架 ……… (27)

第二章 农村养老保障嬗变及养老服务发展状况 …………… (31)
  第一节 农村养老保障的嬗变 ……………………………… (31)
    一 传统家庭养老保障时期（1949—1952 年）………… (31)
    二 家庭养老保障为主、集体保障为辅时期
      （1953—1981 年）……………………………………… (33)

三　家庭养老为主、社会养老保障探索时期
　　　　（1982—2008 年） ……………………………………（34）
　　四　家庭养老与社会养老保障相结合时期
　　　　（2009 年以后） …………………………………………（37）
第二节　农村养老服务发展状况 ……………………………………（39）
　　一　"五保"制度下的农村敬老院 …………………………（39）
　　二　社会化养老服务体系的建设 …………………………（40）
　　三　农村养老服务发展困境 ………………………………（44）
第三节　本章小结 ……………………………………………………（45）

第三章　调查数据的获取及样本特征描述 ………………………（47）
第一节　调查数据的获取 ……………………………………………（47）
　　一　调查问卷设计 …………………………………………（47）
　　二　调查数据获取 …………………………………………（48）
　　三　调查质量监控 …………………………………………（48）
第二节　样本特征描述 ………………………………………………（49）
　　一　样本个人特征描述 ……………………………………（49）
　　二　样本所在家庭特征描述 ………………………………（56）

第四章　农村老人的养老服务需求及服务可及性 ………………（63）
第一节　农村老人的养老服务需求及其影响因素 …………………（63）
　　一　农村老人的养老服务需求 ……………………………（63）
　　二　影响农村老人养老服务需求的因素 …………………（65）
第二节　农村老人获得养老服务的状况及其养老服务
　　　　方式选择 ……………………………………………………（79）
　　一　农村老人所在村庄养老服务场所的基本情况 ………（79）
　　二　农村老人入住养老机构的意愿 ………………………（80）
　　三　农村老人的养老服务方式选择 ………………………（81）
第三节　本章小结 ……………………………………………………（83）

第五章　农村老人的社会网络及其典型特征 (85)

第一节　农村老人社会网络的测量工具 (85)
　　一　测量工具的选取：拜年网与支持网 (85)
　　二　拜年网与支持网的测度 (86)

第二节　农村老人社会网络的特征 (90)
　　一　拜年网特征 (90)
　　二　支持网特征 (95)

第三节　农村老人社会网络的影响因素 (101)
　　一　分析框架 (101)
　　二　变量操作化 (104)
　　三　结果与分析 (105)

第四节　本章小结 (111)

第六章　社会网络与农村老人养老风险感知 (113)

第一节　理论与假设 (113)
　　一　文献综述 (113)
　　二　研究框架与假设 (116)

第二节　变量操作化 (120)
　　一　因变量 (120)
　　二　自变量 (121)
　　三　控制变量 (123)

第三节　结果与分析 (125)
　　一　社会网络对农村老人养老风险感知的
　　　　影响分析 (125)
　　二　稳健性检验 (129)

第四节　本章小结 (130)

第七章　社会网络与农村老人提供养老服务的意愿 (132)

第一节　农村老人提供养老服务意愿的特征 (132)
　　一　农村老人提供养老服务意愿的频次分析 (132)

二　农村老人提供养老服务意愿的均值分析 …………… (134)
　第二节　社会网络对农村老人提供养老服务意愿的影响 …… (137)
　　一　分析框架与研究假设 ……………………………… (137)
　　二　变量操作化 ………………………………………… (142)
　　三　结果与分析 ………………………………………… (145)
　第三节　本章小结 ………………………………………… (157)

第八章　村域社会资本与农村老人提供养老服务的意愿 ……… (159)
　第一节　分析框架与研究假设 …………………………… (159)
　第二节　变量操作化 ……………………………………… (164)
　　一　因变量 ……………………………………………… (164)
　　二　自变量 ……………………………………………… (165)
　　三　控制变量 …………………………………………… (167)
　第三节　结果与分析 ……………………………………… (168)
　　一　村域社会资本与农村老人提供养老服务的意愿 ……… (168)
　　二　村域社会资本与农村老人提供不同内容养老服务的
　　　　意愿 ………………………………………………… (172)
　　三　村域社会资本与农村老人为不同对象提供养老服务的
　　　　意愿 ………………………………………………… (177)
　第四节　本章小结 ………………………………………… (182)

**第九章　农村老人接受社会网络提供养老服务的意愿及其
　　　　影响因素** ………………………………………… (184)
　第一节　农村老人接受社会网络提供养老服务意愿的
　　　　特征 ………………………………………………… (184)
　　一　农村老人接受社会网络提供养老服务意愿的
　　　　频次分析 …………………………………………… (184)
　　二　农村老人接受社会网络提供养老服务意愿的
　　　　均值分析 …………………………………………… (186)

第二节　农村老人接受社会网络提供养老服务意愿的影响
　　　　　因素分析 ·· (189)
　　一　分析框架 ·· (189)
　　二　变量操作化 ·· (192)
　　三　结果与分析 ·· (195)
　第三节　本章小结 ·· (200)

第十章　依托社会网络创新农村养老服务供给模式的
**　　　　实现机制** ·· (203)
　第一节　发生与维持机制 ·· (205)
　　一　组织动员机制 ·· (205)
　　二　场地保障机制 ·· (207)
　　三　资源供给机制 ·· (208)
　第二节　激励与保障机制 ·· (210)
　　一　激励机制 ·· (210)
　　二　保障机制 ·· (211)
　第三节　监督与反馈机制 ·· (212)
　　一　监督机制 ·· (212)
　　二　反馈机制 ·· (213)
　第四节　本章小结 ·· (215)

第十一章　研究结论与政策建议 ···································· (217)
　第一节　研究结论 ·· (217)
　　一　我国农村养老服务发展仍处于兜底线和保基本的
　　　　初级阶段 ·· (218)
　　二　农村老人的养老服务需求存在差异且农村养老
　　　　服务可及性差 ·· (218)
　　三　农村老人的社会网络具有聚纳养老资源的能力 ········· (219)
　　四　社会网络深刻地影响着农村老人提供
　　　　养老服务的意愿 ·· (219)

五 农村老人有接受社会网络提供养老服务的意愿 ……… (220)
    六 依托社会网络创新农村养老服务供给模式的实现
      需要构建全面机制 ………………………………………… (220)
  第二节 政策建议 ………………………………………………… (221)
    一 加强顶层设计，加大政策扶持力度 ………………… (221)
    二 拓宽筹融资渠道，在社会网络中聚纳养老服务
      资金 ……………………………………………………… (222)
    三 优化农村养老服务场地支持，确保服务场地供给 …… (223)
    四 加大宣传力度，推广依托社会网络供给农村养老
      服务的模式 …………………………………………… (224)
    五 发挥农村基层组织的领导作用 ……………………… (225)
    六 积极培育和拓展村庄社会网络 ……………………… (225)
    七 保障依托社会网络供给农村养老服务的质量 ……… (226)

参考文献 ………………………………………………………… (228)

附录 农村老人养老保障与养老服务调查问卷 ……………… (245)

后 记 …………………………………………………………… (269)

绪　　论

一　研究背景

城镇化与人口老龄化已成为我国经济社会发展进程中不可逆转的趋势。国家统计局数据显示，截至 2019 年末，我国城镇化率已达到 60.6%，虽与发达国家还存在一定差距，但已远超同期印度城镇化水平。另外，按照联合国老龄化社会的标准，我国自 2000 年已经开始进入老龄化社会。2020 年第七次全国人口普查数据显示，我国 60 岁及以上人口数为 26402 万人，占总人口数的 18.70%，其中，65 岁及以上人口数为 19064 万人，占总人口数的 13.50%。与 2010 年第六次全国人口普查数据相比，60 岁及以上人口的比重上升了 5.44 个百分点，65 岁及以上人口的比重上升了 4.63 个百分点。这些数据表明我国即将进入"老龄"社会，或者说"中度老龄化"社会①。同时，我国的人口老龄化还呈现明显的城乡倒置特点，农村的人口老龄化水平明显高于城镇。《2020 年度国家老龄事业发展公报》显示，农村 60 周岁及以上、65 周岁及以上老年人口占农村总人口的比重分别为 23.81%、17.72%，比城镇 60 周岁及以上、65 周岁及以上老年人口占城镇总人口的比重分别高出 7.99 个百分点、6.61 个百分点。城镇化的快速推进伴随农村青壮年劳动力的乡城迁移，再与日趋严峻的农村人口老龄化形势相互缠结，导

---

① 根据联合国的划分标准，当一国 60 岁及以上人口比例超过 10% 或者 65 岁及以上人口比例超过 7%，则认为该国进入"老龄化"社会；当这两个指标翻番（即 60 岁及以上人口比例超过 20% 或 65 岁及以上人口比例超过 14%）的时候，则认为该国进入"老龄"社会，也可以说是"中度老龄化"社会。参见杨舸：《"中度老龄化"社会，我们准备好了吗》，《光明日报》2020 年 10 月 29 日第 2 版。

致农村空巢老人大量产生,传统农村社会由家庭,特别是由子女提供的养老保障逐渐式微。但在这一形势下,农村机构养老资源却未及时补缺,使得农村养老问题日益突出。

2013年,党的十八届三中全会审议通过的《中共中央关于全面深化改革若干重大问题的决定》指出,要"积极应对人口老龄化,加快建立社会养老服务体系和发展老年服务产业"。2015年通过的《中共中央关于制定国民经济和社会发展第十三个五年规划的建议》提出,要"积极开展应对人口老龄化行动,弘扬敬老、养老、助老社会风尚,建设以居家为基础、社区为依托、机构为补充的多层次养老服务体系"。这就意味着发展社会养老服务已成为我国应对人口老龄化风险的重要手段。而为应对农村地区的人口老龄化问题,中央政府也出台了诸多政策文件部署安排农村养老服务工作。2013年9月,国务院下发的《关于加快发展养老服务业的若干意见》强调,要切实加强农村养老服务;2017年3月,《"十三五"国家老龄事业发展和养老体系建设规划》提出,要大力发展农村互助养老服务;2019年3月,《国务院办公厅关于推进养老服务发展的意见》强调,要促进农村的医养结合,建立村医参与健康养老服务激励机制,大力发展农村幸福院等互助养老设施。地方各级政府也在积极探索多元化养老服务模式,有序推进农村养老服务发展。

经过长期不懈的努力,我国农村养老服务已取得长足发展。截至2020年末,全国农村共有各类养老机构2万多家,床位194.6万多张,10.8万个农村互助幸福院等村级互助养老设施[①]。但是在农村养老服务体系建设过程中,市场化养老服务供给受农村居民支付能力、养老观念等的制约,在农村地区推进缓慢;农村日间照料中心、互助幸福院等养老服务供给效率低下,服务内容、水平难以满足农村老人多样化的需求,甚至农村很多地区养老服务呈现缺失状态,农村养老服务发展陷入供给困境。农村养老服务发展供给困境产生的根本原因是,主要依托正

---

① 李昌禹:《我国农村养老床位达194万余张》,《人民日报》2020年11月22日第3版。

式外部资源供给的养老服务模式与农村地区经济发展落后、人口聚集度低、传统观念较重的实际不相适应。社会网络作为非正式的农村内生资源,具有一定的养老保障功能,是破解农村地区养老服务发展之困的可行选择。与城市社区不同,农村社区是典型的熟人社会,血缘、地缘关系使得较小空间范围内的村民彼此间形成更紧密的联系,这种联系正是创新农村养老服务供给模式的社会基础。本书立足于我国农村实际,依托社会网络解决农村养老服务的供给困境,以期推动农村养老服务发展,提升农村老人福祉。

二 研究目的与意义

(一) 研究目的

在以"乡土中国""熟人社会"著称的中国农村,社会网络是实现农村养老服务供给模式创新的基础。基于社会网络视角,从理论层面和实证层面系统分析社会网络对养老资源的聚纳作用以及依托社会网络提供养老服务的可行性,呈现从社会网络到养老资源,再到养老服务的完整理论逻辑,丰富和拓展社会网络研究和农村养老服务研究的分析视域及研究内容,是本书的学术目的。而依托社会网络,构建契合农村实际的养老服务供给模式,提出这一模式实现的可行路径与对策建议,以应对农村地区日益严峻的人口老龄化趋势,是本书的现实目标。

(二) 研究意义

1. 理论意义

本书从农村老人嵌入的社会关系网络入手,讨论社会关系网络对养老资源的聚纳作用,并进一步分析借助养老资源提供养老服务的路径,进而形成依托社会网络的农村养老服务供给模式,能够拓展养老服务研究的理论视域。此外,本书利用定量研究方法,以更科学、更严谨的分析路径探讨社会网络聚纳养老资源的能力和提供养老服务的可能性,进而构建依托社会网络创新农村养老服务供给的模式,充实了国内养老服务领域的定量研究。

2. 现实意义

我国养老服务发展存在明显的城乡差距,相比城市地区,农村地区面临着更为复杂和严峻的老龄化形势，但农村在养老服务体系建设方面却存在明显的短板，相关政策也还不完善。调动农村社会网络开展农村养老服务工作，有助于在未富先老的经济背景和家庭养老弱化的社会背景下提升农村老人应对养老风险的能力。同时，在传统观念中，老年人通常被看作是需要被照顾的角色，是弱势角色，但实际上，得益于科技、医疗、经济等的发展，我国农村老人的身体健康状况已得到很大程度地改善，低龄老人既能照顾自己，也具备照料高龄老人的能力。依托社会网络提供养老服务，有助于提升农村老人的自我价值感。另外，通过社会网络解决农村养老服务供给难题，还能够提升整个社会的幸福感。

三　核心概念界定

（一）农村老人

农村老人首先是农民，因此界定农村老人首先需要明白农民这一概念。对于农民，世界上并没有统一的定义，法国社会学家 H. 孟德拉斯曾这样定义农民：农民是相对于城市限定的，如果没有城市就无所谓农民[①]。这一定义将农民的相对性特征表现了出来。当然，也有国外学者基于生产关系及社会关系对农民进行界定。在我国，对农民的定义一般存在两个视角：一是从职业角度定义农民，二是从身份角度定义农民。从职业角度来定义，农民即从事农业生产的劳动者，这是相对于工人、知识分子等而言的，是比较中性的定义。从身份角度定义的话，农民即具有农村户籍的人。身份角度定义的农民源自我国一种划分城乡人口的方法——户籍制度。户籍制度是一个历史概念，或者即将成为历史概念，因为国家正在进行的户籍制度改革，已取消城乡户籍。当然，在此之前，户籍是划分城乡身份以及附着之上的各种利益的方式。

借鉴 H. 孟德拉斯等的定义，本书中农村老人首先是指生活在农村中的居民，即农村居民，而不包括生活在非农村地区的居民。农村老人

---

① ［法］H. 孟德拉斯：《农民的终结》，李培林译，中国社会科学出版社1991年版，第7页。

是老人，而老人又是一个与年龄高度关联的概念。判断老年的标准可以是日历年龄、生理年龄、心理年龄、社会年龄等，而在社会保障领域一般以日历年龄为标准。目前，西方一些发达国家认为65周岁是老年的分界点，而我国一般以60周岁为分界点。又因为新农保、城乡居民基本养老保险等与养老相关的制度所规定的享受养老金的年龄也是60周岁，因此本书所指的农村老人需年满60周岁。

综合以上分析，在本书中农村老人是指年满60周岁的农村居民。

(二) 社会网络

社会网络是社会资本的重要载体，是社会中的个体行动者之间因为互动形成的相对稳定的关系体系①。边燕杰和郝明松认为社会网络是具有社交性的网络，社会网络不仅包括个体与其他个体发生情义联系而形成的以亲朋关系为基础的非正式社会网络，还包括团体身份归属形成的正式社会网络②。社会护航模型认为，个体的社会支持主要来源于家庭、朋友以及个人交往圈子中的社会关系网络，并且这一社会关系网络在个体的一生中，会随着其境遇的不同而持续发生变化③。构成社会网络的基本条件是成员之间彼此交流互动所产生的关系，并且每个人都生活在特定地域、特定的社会关系网络之中，这种特定的社会关系网络所承载的社会资源和社会资本，是每个人得以发展的社会基础④。社会网络包括个体网络和整体网络两个层面，其中，个体网络就是自我中心网络，其没有明确边界，主要是从个体的角度出发界定社会网络，关心个体行为如何受到其所在社会网络中成员的影响；整体网络具有明确的边

---

① Wassermans F., *Social Network Analysis: Methods and Applications*, Cambridge: Cambridge University Press, 1994.
② 边燕杰、郝明松：《二重社会网络及其分布的中英比较》，《社会学研究》2013年第2期。
③ Kahn R. L., Antonucci T. C., "Convoys over the Life Course: Attachment, Roles, and Social Support", In Baltes P. B., Grim O., eds., *Life Span Development and Behavior*, Vol. 3, New York: Academic Press, 1980.
④ 席恒：《养老服务的逻辑、实现方式与治理路径》，《社会保障评论》2020年第4期。

界，主要研究的是小群体内部之间的关系以及分析人际互动和交换模式①。但整体网络的边界仍然是相对的，因为不同个体所处社会网络的嵌套性特征，所以世界上并没有完全绝对边界的整体网。基于特定研究对象和研究技术的考虑，本书主要从个体网络出发，对农村老人的社会网络进行测量，并将社会网络定义为农村老人与其家庭、亲朋、邻居以及其他村民等交往互动所形成的相对稳定的社会关系网络。

（三）养老服务

养老服务是指不同供给主体将不同内容、质量和价格的养老产品或项目，以不同的方式配送给不同需求的老年群体的过程②。老年人在养老的过程中会形成包括衣食住行、医疗护理、精神慰藉等方面的需求，为了满足这些需求，家庭、政府、社会组织等作为主要的服务提供者就会为其提供相应的养老服务。关于养老服务的内容，杨立雄和余舟认为主要包括养老照料与看护、医疗保健、旅游休闲、金融服务、老年文化教育等服务项目③。于书伟则认为包括日常生活照料、经济救助、医疗保障、生产帮扶、精神慰藉等内容④。关于养老服务的模式，魏宇认为包括居家智慧养老服务模式、医养结合养老服务模式和社区综合养老服务模式三种⑤。综合学者们的观点，结合本书研究对象和研究内容，这里将养老服务定义为在明晰养老服务发展状况和老年人对养老服务需求的基础上，由家庭、政府、市场、社会组织、社会网络等不同主体为60周岁及以上的老年人提供涵盖基本生活照料、医疗护理、精神慰藉等服务的过程。

---

① 李树茁、韦艳、任义科：《基于整体网络视角的农民工避孕行为影响因素分析》，《人口与经济》2007年第1期。
② 郭林：《中国养老服务70年（1949—2019）：演变脉络、政策评估、未来思路》，《社会保障评论》2019年第3期。
③ 杨立雄、余舟：《养老服务产业：概念界定与理论构建》，《湖湘论坛》2019年第1期。
④ 于书伟：《农村养老服务供给侧结构性改革的困境及对策研究》，《求实》2018年第4期。
⑤ 魏宇：《"十四五"时期我国养老服务模式的创新战略探讨》，《西南金融》2021年第5期。

四　研究内容与技术路线

（一）研究内容

本书的研究内容用一句话概括为：如何依托社会网络构建农村养老服务供给的创新模式。研究基于"社会网络—养老资源—养老服务"的思路展开，使用在全国 11 个省份的问卷调查数据进行相关实证分析。结合研究目标，本书的主要内容如下。

第一，创新农村养老服务供给模式的必要性分析。勾勒农村地区养老保障变革脉络以及农村养老服务发展状况，特别是总结农村养老服务发展困境，了解农村老人的养老服务需求和服务的可及性，为构建依托社会网络的农村养老服务供给模式破题。

第二，社会网络聚纳养老资源的能力分析。通过对问卷调查数据的分析，描述农村老人的社会网络及其典型特征，分析其影响因素，进一步探讨社会网络在消减农村老人养老风险感知方面的作用，以此测量社会网络聚纳养老资源的能力。

第三，社会网络与农村老人提供养老服务和接受养老服务的关系分析。通过建立回归模型实证分析社会网络、村域社会资本对农村老人提供养老服务意愿的影响以及农村老人接受社会网络提供养老服务意愿的影响因素，探讨社会网络影响农村老人向他人提供养老服务意愿的机制，以及影响农村老人接受社会网络提供养老服务意愿的因素，目的是厘清依托社会网络供给农村养老服务的内在逻辑。

第四，依托社会网络创新农村养老服务供给模式的实现机制构建。从发生、维持、激励、保障、监督、反馈等方面构建依托社会网络创新农村养老服务供给模式的实现机制，并提出政策建议。

（二）技术路线

在研究思路上，本书遵循"问题提出—理论分析—现状描述—实证分析—机制构建"的行文逻辑。首先，通过对当前实际的分析提出研究问题；其次，对社会网络与养老服务的相关研究进行梳理，在理论分析的基础上提出基本研究框架，并总结我国农村养老保障嬗变及养老服务发展状况；再次，在对当前农村老人养老服务需求及其社会网络现状进行描述后，分四个章节实证分析社会网络聚纳养老资源的能力以及农村老人提供和接受养老服务的意愿；最后，构建出依托社会网络创新农村养老服务供给模式的实现机制并提出政策建议。

本书具体的技术路线如下图所示。

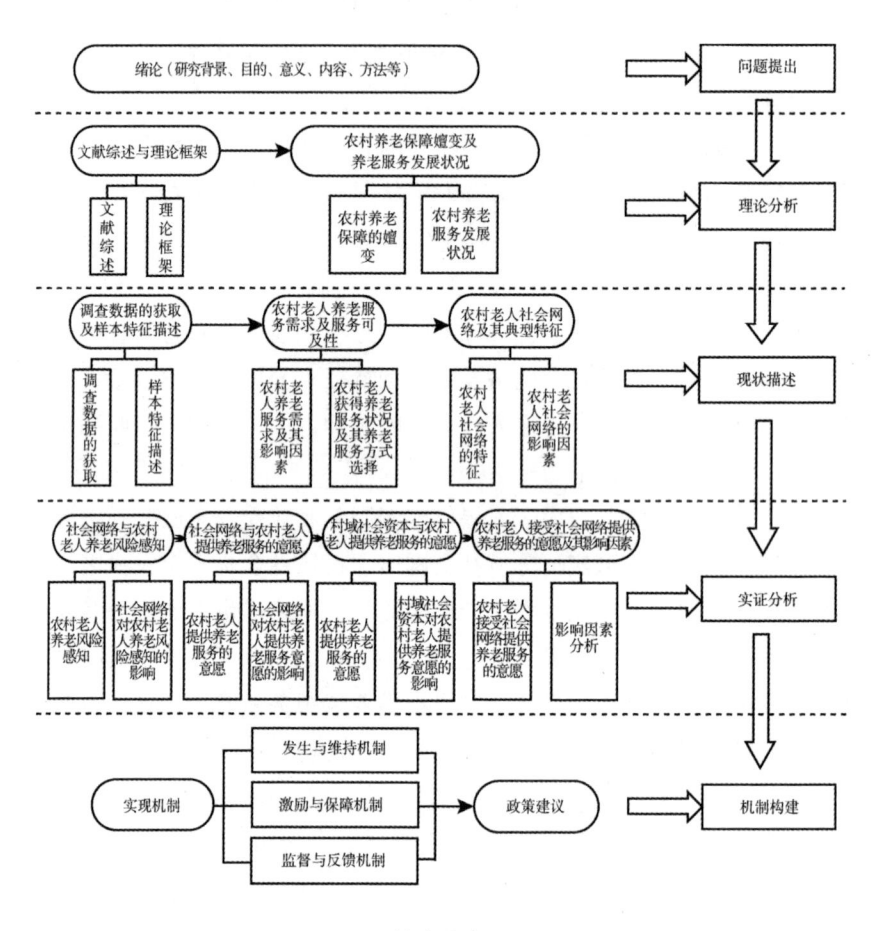

技术路线

五 研究方法

(一) 资料收集方法

1. 问卷法

问卷法是一种采用结构化调查问卷直接面向被调查对象收集数据资料的研究方法。问卷法收集数据资料需要采用特定的工具，即调查问卷。问卷法遵照一套系统的、特定的程序要求收集数据资料，是目前社会科学领域中广泛使用的研究方法。本书的推进基于2019年和2021年课题组先后对陕西、山西、山东等11个省份60周岁及以上农村老人的问卷调查数据。调查分为两个阶段，2019年7月到8月是第一阶段，2021年1月到2月是第二阶段。2019年7月和8月，课题组先后对陕西省宝鸡市凤翔县以及延安市子长县（现子长市）农村老人开展了问卷调查。2021年1月到2月，课题组调查了江苏、福建、山东、河北、山西、河南、湖北、湖南、云南、新疆等10个省份的20个村。调查共收回有效问卷1126份。问卷全部采用面访的形式完成，具有较高的可信度。

2. 文献法

文献法即文献研究，是一种通过收集和分析现有文献资料，来探讨和分析各种社会行为、社会关系及其他社会现象的研究方式，其收集和分析的文献资料以文字、数字、符号、画面等的形式出现[①]。本书的文献研究工作主要从以下五个方面展开：第一，查找分析国内外研究农村养老服务以及社会网络的文献，为本书研究思路提供有益的借鉴；第二，归纳本书所涉及的社会网络理论，为本书的研究提供理论支撑；第三，整理分析国家及地区的统计公报、统计年鉴等数据资料，为研究提供数据资料方面的支撑；第四，将新中国成立初期至今与养老服务相关的政策文件进行收集，按时间脉络有序整理；第五，在实地调查过程中，收集被调查村庄的相关资料，如村庄基本情况、占地面积、老年人口数、幸福院运行规章及村规民约等。

---

① 风笑天：《社会学研究方法》第二版，中国人民大学出版社2005年版，第224页。

(二) 资料分析方法

1. 描述分析

对通过问卷调查收集的数据进行基础性分析，主要通过频次分析、均值分析描述农村老人的基本特征、养老服务需求意愿（包括需求内容与需求强度）、获得养老服务的状况，并通过频次分析以及配对样本 t 检验分析农村老人为他人提供养老服务的意愿，以及接受其他人提供养老服务的意愿。

2. 回归模型分析

采用多元线性回归模型等，分析社会网络的影响因素以及社会网络对农村老人养老风险感知、养老服务提供意愿、养老服务接受意愿等的影响，从而验证相关研究假设，揭示依托社会网络供给农村养老服务的内在逻辑。

六 研究的创新和不足

（一）研究的创新之处

研究可能的创新之处主要体现在以下三个方面。

第一，新的研究视角。本书基于社会网络视角对农村养老服务问题进行研究，探讨依托社会网络创新农村养老服务供给模式的思路，强调农村内生社会关系网络资源在养老服务供给中的重要性，突破了简单供需分析的视角，具有一定的创新性。

第二，新的研究思路。本书关注农村地区的特殊性，沿着"社会网络—养老资源—养老服务"的思路展开，即从农村老人的社会网络与养老服务供给的契合性入手，以社会网络对养老资源的聚纳以及社会网络提供养老服务的可能性为链接，从而创新农村养老服务供给模式，这一思路具有一定的创新性。

第三，本土化的研究取向。农村是我国相对欠发达的地区，其经济和物质发展水平远不足以支撑类似西方发达国家的高福利供给，甚至较低水平的福利供给都难以实现，而社会网络是我国乡土社会的基础，在以"网络"维系的农村社会中研究社会网络的养老服务功能无疑具有浓厚的中国文化特色，有助于推动社会学相关理论的本土化建设。

（二）研究不足

由于研究者研究能力和研究手段的限制，本书也存在一些不足，主要体现在以下方面：一是问卷数量欠缺。囿于人力物力等资源条件的限制，以及新冠疫情对实地调研的不利影响，本书最终有效样本量为1126份，略显不足，这可能会导致回归结果存在一定偏差，不利于更加充分地验证本书提出的研究假设。二是社会网络类型不足。本书选择的社会网络是农村老人的个体中心网，并没有收集整体网以及社区中心网的相关信息，而整体网以及社区中心网又可以很好地揭示社会网络的结构，因此，只使用个体中心网进行分析也是本书可能的不足之一。以上不足在今后的研究中可以继续被完善，从而推动相关研究的进一步深化。

第一章

文献综述与理论框架

第一节 文献综述

一 国外研究综述

（一）养老服务的供给与需求研究

国外对养老服务的研究与其人口老龄化进程相契合，相关研究多集中于老年服务、老年照护或照料方向。

1. 养老服务的供给研究

从供给方式来看，对老年人的照料可分为正式和非正式两类，前者主要由政府、市场等提供，后者主要由家人、亲属、朋友等提供①。判断非正式照料与正式照料之间区别的主要因素包括专业能力、资源能力、时间能力、经济奖励、心理奖励、信任和控制等②。人口老龄化的发展加重了子女照料的负担，在亚洲的一些发展中国家，虽然父母的照料需求很高，但子女们出于成本和收益的考虑，通常不会将父母送进养老院接受正式的养老照料③。如果成年子女的非正式照料可以取代正式照料，则可以减少医疗费用支出，并推迟老年人进入养老院的时间。只

---

① Glendinning C., Davies B., Pickard L. et al., *Funding Long-Term Care for Older People: Lessons from Other Countries*, New York: Joseph Rowntree Foundation, 2004.
② Mundt J., Lusch R. F., "Informal and Formal Care for the Elderly: Decision Determinants and their Implications", *Health Marketing Quarterly*, 1997, Vol. 14, No. 3, pp. 53–68.
③ Johar M., Maruyama S., "Intergenerational Cohabitation in Modern Indonesia: Filial Support and Dependence", *Health Economics*, 2011, Vol. 20, pp. 87–104.

要老年人对养老服务的需求层次较低或者只需要非熟练的照料，非正式照料就是长期正式照料的补充甚至有效替代①。因此，鉴于日趋严重的人口老龄化趋势，加上许多非正式照料相关政策的出台，非正式养老照料逐渐成为老年人照料的重要供给方式，正被各国积极运用于养老服务中②。

从供给地点来看，医院、养老院、社区和家庭是养老服务供给的主要地点。有学者研究了芝加哥长期家庭护理计划对医院、养老院使用率和整体医疗保健费用的长期影响，研究结果显示，在风险差异较小而整体医疗保健费用显著降低的情况下，养老照料呈现出由医院、养老院等养老机构向社区、家庭转移的趋势③。可能的解释是老年人在家中能保持对自己日常生活的控制，这是他们愿意待在家里或在社区养老的动机。在社区和家庭中，老年人既可以享受到专业化的服务又能保证自我个性需求④，所以社区和家庭成为接受养老服务的热门地点。但也有研究发现，一些老年人更偏爱在医院接受养老照料。日本以住院服务时间长而闻名，据估计，三分之一的住院老年病人留在医院是出于社会原因而非医疗需要，其长期待在医院是为了提高社交生活质量⑤。

2. 养老服务的需求及其影响因素研究

从养老服务需求的测量来看，一是基于意愿、养老现状的视角测量需求。如 Kim 探讨了老年人家庭访视健康服务的现况以及老年人家庭访视健康服务的改善方案，最终提出家庭访视健康服务在人员、财务、药

---

① Bonsang E., "Does Informal Care from Children to their Elderly Parents Substitute for Formal Care in Europe?", *Journal of Health Economics*, 2009, Vol. 28, No. 1, pp. 143 – 154.

② Houtven C., Norton E. C., "Informal Care and Health Care Use of Older Adults", *Journal of Health Economics*, 2004, Vol. 23, No. 6, pp. 1159 – 1180.

③ Hughes S. L. et al., "Impact of Long-term Home Care on Hospital and Nursing Home Use and Cost", *Health Services Research*, 1987, Vol. 22, No. 1, pp. 19 – 47.

④ Krothe J. S., "Giving Voice to Elderly People: Community-based Long-term Care", *Public Health Nursing (Boston, Mass.)*, 1997, Vol. 14, No. 4, pp. 217 – 226.

⑤ Matsuda S. et al., "Factors Associated with Length of Stay of the Elderly Patient in the Japanese Long Term Care Wards", *Asian Pacific Journal of Disease Management*, 2009, Vol. 3, No. 3, pp. 75 – 81.

品、供应设备、相关机构之间的相互合作等方面需要加强①。随着老龄化社会的迅速发展，医疗保健已完成集中化管理，但还没有实现对老年人的个人活动和日常生活提供服务。Lee等结合当前养老需求现状，提出要增加生活保障服务，对老年人养老的相关政策进行系统的考虑②。二是基于方式选择、数量等视角测量需求。在方式选择上，同时考虑老年人对三大类照料服务，即非正式照料、正式照料和机构照料的需求③。另外，还有学者从数量视角对养老服务需求进行测量④。从养老服务需求的影响因素来看，个体家庭层面、地区层面、社会层面的因素均对养老服务需求有一定的影响。有研究发现，影响长期照料服务及相关费用的因素包括老年人口数量、患病率、家庭组成趋势、非正式照料的提供、护理服务模式和单位成本等⑤。

此外，不同经济发展水平的国家的养老服务需求也呈现出差异。Vullnertari和King指出西方国家经济发展水平较高，社会福利体系相对完善⑥，因此，西方国家主要通过持续完善社会养老服务体系来满足留守老人和空巢老人的养老服务需求。而发展中国家由于福利体系不完

---

① Kim J. W. , "A Study on Home Visiting Health Services for the Elderly-Focusing on the Health Center in Iksan City", *Health & Welfare*, 2004, Vol. 7, pp. 123 – 148.

② Lee J. , Chung K. , Lee N. , "In-home Care Service's Enhance Scheme to the Elderly Patriots & Veterans through the Unity Management with the Regional Social Welfare System", *The Journal of the Korea Contents Association*, 2009, Vol. 9, No. 8, pp. 294 – 308.

③ Portrait F. , Lindeboom M. , Deeg D. , "The Use of Long-term Care Services by the Dutch Elderly", *Health Economics*, 2000, Vol. 9, No. 6, pp. 513 – 531; Kashiwagi M. et al. , "Factors Associated with the Use of Home-visit Nursing Services Covered by the Long-term Care Insurance in Rural Japan: A Cross-sectional Study", *BMC Geriatrics*, 2013, Vol. 13, No. 1, p. 1 – 11.

④ Giesel F. , Köhler K. , Nowossadeck E. , "Old and Immobile in Rural Areas? Limited Mobility of the Elderly in the Context of Increasingly Problematic Health Care in Rural Regions", *Bundesgesundheitsblatt, Gesundheitsforschung, Gesundheitsschutz*, 2013, Vol. 56, No. 10, pp. 1418 – 1424.

⑤ Comas-Herrera A. , Wittenberg R. , Pickard L. , Knapp M. , "Cognitive Impairment in Older People: Future Demand for Long-term Care Services and the Associated Costs", *International Journal of Geriatric Psychiatry*, 2007, Vol. 22, No. 10, pp. 1037 – 1045.

⑥ Vullnertari J. , King R. , "Does your Ganny Eat Grass? Mass Migration. Care Drain and the Fate of Older People in Rural Albania", *Global Networks*, 2008, Vol. 20, pp. 139 – 171.

整、区域经济发展不平衡以及养老保障相关法律法规和配套措施不健全等原因，养老服务需求的研究更多关注农村劳动力的流动会如何影响农村老人的养老服务需要，目的在于完善养老保障体系的法律法规建设，同时改善基础设施建设[①]。

（二）社会网络与老年人养老的关系研究

社会网络一般被认为是主体之间的关系网络。社会网络揭示了密切的个人联系之间进行沟通的潜力，从而扩大了公共讨论的范围[②]。运用社会网络有助于加深对老年人的研究：社会网络分析可以帮助研究者选择评估网络的工具，以确定使用定性或定量方法、主观或客观标准、共时或历时描述。社会网络分析与其他分析相比，具有明显的优势[③]。社会网络与老年人养老关系的相关研究主要包括以下几个方面。

一是将老年人的社会网络作为对象进行研究，评估社会网络的网络类型、结构、规模等[④]。网络类型评估认为家庭、朋友、邻居、邻里团体以及其他实体（包括自助和互助组织）的组合构成了个人和家庭的社会支持网络类型[⑤]。社会网络结构评估将社会网络分为工具性、情感性和社会性三大部件[⑥]。社会网络规模评估认为安全与更大的网络规

---

① Zimmer Z. et al. , "A Comparative Study of Migrant Interaction with Elderly Parents in Rural Cambodia and Thailand", Presented at the 2007 Population Association of America Annual Meetings in New York, March 29, 2007.

② Campbell S. W. , Kwok N. , "Mobile Communication and Strong Network Ties: Shrinking or Expanding Spheres of Public Discourse?", *New Media & Society*, 2012, Vol. 14, No. 2, pp. 262 - 280.

③ Sokolovsky J. , Cohen C. I. , "Toward a Resolution of Methodological Dilemmas in Network Mapping", *Schizophrenia Bulletin*, 1981, Vol. 7, No. 1, pp. 109 - 116.

④ Berkman L. F. , "The Assessment of Social Networks and Social Support in the Elderly", *Journal of the American Geriatrics Society*, 1983, Vol. 31, No. 12, pp. 743 - 749.

⑤ Jackson M. , Harel Z. , "Social Support Networks of the Elderly: Racial Differences and Health Care Implications", *Urban health*, 1983, Vol. 12, No. 9, pp. 35 - 38.

⑥ Masse M. , Swine C. , "La Santé Fonctionnelle des Aînés Est-elle Influencée par la Structure et le Fonctionnement de Leur Réseau Social: Étude Exploratoire", *Gériatrie et Psychologie Neuropsychiatrie du vieillissement*, 2015, Vol. 13, No. 2, pp. 215 - 224.

模、更大的互惠和更少的"给予"亲属有关①。

二是将社会网络作为自变量分析其对其他变量的影响，主要关注社会网络对老年人身体健康及心理健康的影响。有学者通过研究社会支持网络与老年人精神和身体健康的相关关系发现，社交活动对抑郁症患病率、广泛性焦虑症、认知障碍和身体残疾均有显著性影响②。社会参与与更高的生活质量、更强的幸福感相关，选择性的人际关系交往和社会参与可以提高老年人的健康状况③。还有研究聚焦于社会网络对老年人生活质量、生活满意度等的影响，认为自然形成的邻里网络是一个由非正式的关系和互动组成的网络，邻里网络中的这些关系和互动提高了老年人的幸福感，筑造了他们的日常社交世界④。家庭和朋友的关系网是社会支持的来源，通常与老年人的生活满意度相关，而生活满意度高的老年人可能更有能力发展和维持更广泛的社交网络。此外，社会网络的"规模"、"家庭和朋友数量"和"组成"（朋友占总人数的比例）都会对老年人的生活满意度产生影响⑤。

三是将社会网络作为工具干预老年人的养老活动。相关研究主要是使用社会网络对老年人的健康进行干预，通过了解老年人自身以个人为

---

① Katherine L., Fiori, Nathan S. et al., "Attachment, Social Network Size, and Patterns of Social Exchange in Later Life", *Research on Aging*, 2011, Vol. 33, No. 4, pp. 465 – 493.

② Cohen C. I., Sokolovsky J., "Clinical Use of Network Analysis for Psychiatric and Aged Populations", *Community Mental Health Journal*, 1979, Vol. 15, No. 3, pp. 203 – 213.

③ Golden J., Conroy R. M., Lawlor B. A., "Social Support Network Structure in Older People: Underlying Dimensions and Association with Psychological and Physical Health", *Psychology, Health & Medicine*, 2009, Vol. 14, No. 3, pp. 280 – 290.

④ Paula J., Gardner., "Natural Neighborhood Networks—Important Social Networks in the Lives of Older Adults Aging in Place", *Journal of Aging Studies*, 2011, Vol. 25, No. 3, pp. 263 – 271; Casey Anne-Nicole S. et al., "Residents Perceptions of Friendship and Positive Social Networks Within a Nursing Home", *The Gerontologist*, 2016, Vol. 56, No. 5, pp. 855 – 867.

⑤ Tan W. P., Kyung Y. L., "An Integrated Model of Information Processing of eWOM in Social Network Service", *Advertising Research*, 2014, Vol. 100, No. 3, pp. 172 – 224; Tomini F., Tomini S. M., Groot W., "Understanding the Value of Social Networks in Life Satisfaction of Elderly People: A Comparative Study of 16 European Countries Using SHARE Data", *BMC Geriatrics*, 2016, Vol. 16, pp. 1 – 12.

中心的社会网络特征和主要健康行为以及特定的社会关系①，以提高老年人的身体及精神健康水平②。也有研究使用社会网络干预养老机构照料、社区照料以及家庭照料。有研究提出，在养老机构护理人员的重要作用是帮助居民平衡社会接触和独处的需要，并维护其社会网络③。为应对农村社区照料面临的主要问题，有学者提出可以采用社区网络来解决许多限制因素④。Ohwaki 等通过检验社会参与和其他预测因素，发现"有朋友"是家庭护理持续性的重要预测因素⑤。

二 国内研究综述

（一）农村养老服务需求及供给路径研究

国内对养老服务的研究始于 20 世纪 90 年代⑥，相关研究主要围绕居家养老模式⑦、社区养老模式⑧、社区居家养老模式⑨或者养老服务体

---

① Flatt J. D., Agimi Y., Albert S. M., "Homophily and Health Behavior in Social Networks of Older Adults", *Family & Community Health*, 2012, Vol. 35, No. 4, pp. 312 – 321; Cornwell B. et al., "Assessment of Social Network Change in a National Longitudinal Survey", *The Journals of Gerontology, Series B, Psychological Sciences and Social Sciences*, 2014, Vol. 69, pp. 75 – 82.

② Garrison J. E., Howe J. A., "Community Intervention with the Elderly: A Social Network Approach", *Journal of the American Geriatrics Society*, 1976, Vol. 24, No. 7, pp. 329 – 333.

③ Sigrid N., Anne G. V., Arnfinn S., "Residents' Experiences of Interpersonal Factors in Nursing Home Care: A Qualitative Study", *International Journal of Nursing Studies*, 2011, Vol. 48, No. 11, pp. 1357 – 1366.

④ McCann S., Ryan A. A., McKenna H., "The Challenges Associated with Providing Community Care for People with Complex Needs in Rural Areas: A Qualitative Investigation", *Health & Social Care in the Community*, 2005, Vol. 13, No. 5, pp. 462 – 469.

⑤ Ohwaki K. et al., "Predictors of Continuity in Home Care for the Elderly under Public Long-term Care Insurance in Japan", *Aging Clinical and Experimental Research*, 2009, Vol. 21, No. 4 – 5, pp. 323 – 328.

⑥ 姜向群：《我国老年人社会服务及其改革方向》，《人口研究》1995 年第 4 期；穆光宗、姚远：《探索中国特色的综合解决老龄问题的未来之路——"全国家庭养老与社会化养老服务研讨会"纪要》，《人口与经济》1999 年第 2 期。

⑦ 姚远：《从宏观角度认识我国政府对居家养老方式的选择》，《人口研究》2008 年第 2 期。

⑧ 穆光宗：《美国社区养老模式借鉴》，《人民论坛》2012 年第 22 期。

⑨ 景天魁：《创建和发展社区综合养老服务体系》，《苏州大学学报》（哲学社会科学版）2015 年第 1 期。

系展开①。这些研究主要关注城市养老服务，而对农村养老服务的关注相对较少。学界对农村养老服务的需求及供给路径的研究主要集中在以下方面。

1. 农村养老服务需求研究

第一，养老服务需求内容视角的研究。根据马斯洛需求层次理论，穆光宗认为老年人存在生存、感情、发展、价值以及归宿五大类需求，这五大类需求还可细分为13种②。在此基础上，黄俊辉等将老年人的养老服务需求整合为三种，即生存型养老服务需求、发展型养老服务需求以及享受型养老服务需求③。因为养老主要涉及生活照料、医疗护理和精神慰藉三个基本方面，所以大多数学者认同老年人的养老需求主要是经济供养、生活照料及精神慰藉。王涤和张旭升则提出，目前我国农村的老年人主要存在养老保障需求、医疗保障需求和精神文化需求④。随着我国人口老龄化趋势的发展，失能、半失能老人的数量迅速增加，长期照护需求的比例有所上升⑤。除此之外，有学者提出老年人还有交通、建筑、卫生等社会公共服务方面的需求⑥。与面向普通农村老人的研究不同，王俊文和杨文还探讨了我国中西部贫困地区农村老人养老服务需求的相关问题⑦。总体来看，已有研究表明农村老人的养老服务需求在不断地发生变化。

第二，养老服务需求模式视角的研究。有学者从机构养老、社区养老、居家养老等传统养老模式入手探究了农村老人的养老服务需求。狄

---

① 桂世勋：《上海市人口老龄化与养老服务体系建设》，《上海金融学院学报》2011年第4期。
② 穆光宗：《中国老龄政策反思》，《市场与人口分析》2005年第2期。
③ 黄俊辉、李放、赵光：《农村社会养老服务需求意愿及其影响因素分析：江苏的数据》，《中国农业大学学报》(社会科学版) 2015年第2期。
④ 王涤、张旭升：《农村老年人精神文化需求调查》，《人口学刊》2008年第5期。
⑤ 杜鹏、王永梅：《中国老年人社会养老服务利用的影响因素》，《人口研究》2017年第3期。
⑥ 吴帆：《中国养老资源供求状况与社会工作介入模式分析》，《人口学刊》2007年第3期。
⑦ 王俊文、杨文：《我国贫困地区农村养老服务需求若干问题探讨——以江西赣南A市为例》，《湖南社会科学》2014年第5期。

金华等探讨了村庄因素尤其是宗族对农村居民入住养老机构意愿的影响，发现虽然现阶段机构养老成为部分农村居民的养老选择，但总体来看，多数农民入住养老机构的意愿较低①。李放等从个体特征、经济条件、观念及认知程度、保障状况等方面对农村老人居家养老服务需求的影响因素进行了实证研究②。张国平则分析了农村老人居家养老服务需求的主要表现及其特征③。

还有学者进一步深入挖掘影响农村老人养老模式选择的其他因素。栾文敬等通过实证研究发现，参加社会保险会极大提高农村老人选择社会养老服务的可能性④。杨恩艳等则提出相反的观点，表示尽管新型农村社会养老保险制度能够显著提高农村老人的主观幸福感，但并不会减少农村老人对家庭养老的需要⑤。胡芳肖等提出社区便利性也是影响农村老人养老方式选择的影响因素，实证分析表明，电视信号、商店便利性会对农村老人选择机构养老的意愿产生负向影响⑥。

第三，农村养老服务需求强度视角的研究。一些学者基于地区性调查数据，实证分析了农村老人养老服务的需求强度。如李伟基于对河南省六个地市的抽样调查指出，农村老人社会养老服务的需求现状与马斯洛需求层次基本吻合，依次是生活供养（经济保障）需求、生活照料需求、医疗卫生服务需求、精神服务需求⑦。王振军通过对甘肃563位

---

① 狄金华、季子力、钟涨宝：《村落视野下的农民机构养老意愿研究——基于鄂、川、赣三省抽样调查的实证分析》，《南方人口》2014年第1期。

② 李放、樊禹彤、赵光：《农村老人居家养老服务需求影响因素的实证分析》，《河北大学学报》（哲学社会科学版）2013年第5期。

③ 张国平：《农村老年人居家养老服务的需求及其影响因素分析——基于江苏省的社会调查》，《人口与发展》2014年第2期。

④ 栾文敬、郭牧琦、孙欢、路红红：《社会保险与养老方式选择：参保是否会影响农民养老方式?》，《西北人口》2012年第6期。

⑤ 杨恩艳、裴劲松、马光荣：《中国农村老年人居住安排影响因素的实证分析》，《农业经济问题》2012年第1期。

⑥ 胡芳肖、李蒙娜、张迪：《农村老年人养老服务方式需求意愿及影响因素研究——以陕西省为例》，《西安交通大学学报》（社会科学版）2016年第4期。

⑦ 李伟：《农村社会养老服务需求现状及对策的实证研究》，《社会保障研究》2012年第2期。

农村老人的调查发现，农村老人对医疗护理和临终照料服务的需求最为迫切，对生活照料和文化娱乐服务的需求次之①。郭竞成认为农村老人对不同居家养老项目的需求强度、迫切性和不可或缺性存在差异，这个差异即为需求弹性，并实证检验了居家养老项目需求弹性的客观存在②。李兆友和郑吉友则基于克雷顿·奥尔德弗的 ERG 需求层次理论，认为农村老人的养老服务需求是存在层次的，并将农村老人的社区居家养老服务需求分为生活照料、医疗保健、精神赡养三个层次③。从上述学者的研究中可以发现，农村不同地区、不同老人的养老服务需求强度存在一定的差异。

2. 农村养老服务供给路径研究

第一，采用多元主义思路构建农村养老服务供给体系。为了应对人口老龄化，我国一直尝试构建农村养老服务多元主体合作供给模式。目前，在我国农村多元主体合作供给过程中，部分地方政府往往逃避自身的职责，导致政府在养老服务供给中缺位。除此之外，盈利性等诸多因素制约了民间养老机构的投资与建设，再加上"养儿防老"的传统观念导致农村老人入住养老院的意愿不高，因此，养老机构市场的有效需求不足④。王增文认为提升农村居民对养老服务社会认同度的关键在于多元化养老服务体系的搭建，无论是社会主导还是政府主导都应该构筑出政府、社会、宗族网络和家庭"多位一体"的"立体式"社会养老服务保障模式⑤。赵秋成和杨秀凌则提出构建以家庭为基础、以社区为依托、以非营利组织和企业为必要补充、由政府来"托底"的普惠型、

---

① 王振军：《农村社会养老服务需求意愿的实证分析——基于甘肃 563 位老人问卷调查》，《西北人口》2016 年第 1 期。

② 郭竞成：《农村居家养老服务的需求强度与需求弹性——基于浙江农村老年人问卷调查的研究》，《社会保障研究》2012 年第 1 期。

③ 李兆友、郑吉友：《农村社区居家养老服务需求强度的实证分析——基于辽宁省 S 镇农村老年人的问卷调查》，《社会保障研究》2016 年第 5 期。

④ 张举国：《"一核多元"：元治理视阈下农村养老服务供给侧结构性改革》，《求实》2016 年第 11 期。

⑤ 王增文：《农村老年人口对养老服务供给主体的社会认同度研究——基于宗族网络与农村养老服务政策的比较》，《中国行政管理》2015 年第 10 期。

多元化、多层次农村养老服务体系的思路和构架①。随着农村养老服务供给的主体逐渐增多，非营利组织正逐渐成为一个独立的主体，参与到养老服务供给中，而我国对于这一事实缺乏足够的重视。宋雪飞等学者通过对江苏省的实地调研发现，非营利组织供给居家养老不仅成本相对较低、经济社会效益相对较高，而且能整合社会的各类资源，提供个性化、多样化的养老服务②。但我国社会组织经济基础薄弱，且缺少政府支持，导致其参与农村养老服务供给的效果大打折扣。

第二，创新某一农村养老服务供给模式。为更好地满足农村老人的需求，实现其美好生活的目标，中国各地开始积极探索农村养老新模式。一是互助养老模式。中国农村有着深厚的互助养老文化根基，河北、陕西、吉林等地对互助养老模式进行了积极探索。2008年年初，河北省肥乡县为了解决本县农民的养老问题，建立了互助养老新模式，该模式经过实践取得了积极的成效，2012年民政部开始向全国推广"肥乡模式"③。而后全国各地开始了实践互助养老模式的热潮，农村互助幸福院成为学术界关注的新热点。张健和李放选取河北的F县实证检验农村互助养老模式的实施现状和实施效果，发现农村互助养老模式满足了农村老人就近养老的需求，减轻了家庭的养老负担，推动了地方老龄事业的发展，实现了共赢效应，但是农村互助幸福院存在着身份地位不明确、经费来源不稳定、服务对象窄以及持续性弱等问题④。中共崇州市委党校课题组等基于对四川省崇州农村幸福院的调查发现，由于互助形式模糊不清、相关的法律法规缺失、后续运营资金不足、服务队伍

---

① 赵秋成、杨秀凌：《养老服务供给短缺与农村养老服务体系构建》，《大连海事大学学报》（社会科学版）2016年第4期。
② 宋雪飞、周军、李放：《非营利组织居家养老服务供给：模式、效用及策略——基于南京市的案例分析》，《南京大学学报》（哲学·人文科学·社会科学）2017年第2期。
③ 高辰辰：《互助养老模式的经济社会条件及效果分析——以河北肥乡为例》，《河北学刊》2015年第3期。
④ 张健、李放：《农村互助养老的成效及价值探讨——以河北省F县农村互助幸福院为例》，《社会福利》（理论版）2017年第3期。

专业化水平低等原因，崇州市农村"互助养老"模式的发展受到制约①。高灵芝则选取山东省农村地区幸福院进行检验，发现部分幸福院建设布局规划不符合农村实际，缺失配套的文娱设施②。刘妮娜提出中国农村互助型社会养老应该以低成本、广覆盖、可持续为目标，以"自助—互助"的理念与行动为核心，有效利用农村老年人力资源，在发达农村与欠发达农村差异化发展中，解决好快速增长的社会养老需求问题③。二是合作社养老模式。近年来，合作社逐渐成为农村养老服务的供给主体之一，少数农村合作社为空巢老人提供农业生产以及生活服务方面的帮助。作为一种新型的养老模式，合作社养老的相关研究较少，关于合作社融入农村养老服务供给的逻辑和机制问题也一直被学术界所忽视。李俏通过实地调查发现，合作社融入农村养老服务供给在实现其经济效益的同时，也产生了很大的社会效益，并在具体实践中探索出物质资源输出型、照料资源输出型和精神资源输出型三种运作模式，但合作社养老模式在服务水平、利益联结、盈利能力和发展目标方面还存在一些问题④。

（二）社会网络与农村老人养老的关系研究

1. 社会网络的养老保障功能研究

从理论逻辑来看，社会网络对农村养老资源具有整合作用。有研究认为，根据社会网络理论中的延伸—强弱关系理论和制度类型分类，可以把现有农村养老资源进行深刻剖析分类再整合，从而构建出一个系统的养老资源类别模型。依据农民的职业和农地关系把农民分为不同类型，针对不同类型的农民有所侧重地进行养老资源的协调分配，进而推

---

① 中共崇州市委党校课题组、夷志彬、门秀琴：《四川崇州市农村"互助养老"模式实践与探索》，《中共成都市委党校学报》2014年第1期。
② 高灵芝：《农村社区养老服务设施定位和运营问题及对策》，《东岳论丛》2015年第12期。
③ 刘妮娜：《互助与合作：中国农村互助型社会养老模式研究》，《人口研究》2017年第4期。
④ 李俏、贾春帅：《合作社养老：运行逻辑、实践检视与未来展望》，《改革》2020年第2期。

进各类养老资源的协调发展，从而解决农民的养老问题①。在政府公共部门"物质"资源有限的客观条件下，需要关注老年人社会网络所具有的四类保障功能——物质保障、安全保障、精神保障和尊重保障。因此重视老年人社会网络建设，以老年人社会网络保障补充并配合正式养老保障制度的实施，将实现两者的相辅相成，相得益彰②。从实证分析来看，社会网络多元化还可以改进农村老人的生活品质③，老年人社会网络主要接触者是老年人的配偶、孩子和其他亲属，这些"强关系"能给予老年人更多的社会支持④，进而提高其晚年生活质量。但也有学者提出当前农村家庭网络中子女给予父母的养老支持水平较低，较注重经济支持，欠缺实际支持与情感支持。因此，虽然当前家庭网络中亲子"分而不离"，但未来家庭的养老功能将趋于弱化⑤，这就需要进一步开发农村老人的社会网络以聚纳更丰富的养老服务资源。

2. 重构农村老人社会网络研究

从获取养老资源的角度出发，当前农村在养老资源方面存在的种种困境主要是由长老秩序的瓦解、父权的衰弱以及资源获取能力的衰退带来的社会网络缩减、断裂所造成的。因此，相关部门应该从重构农村老人的社会网络的角度入手解决农村养老困境⑥。已有研究还意在重构农村五保老人、空巢老人、独居老人等特殊群体的社会支持网络。有学者提出利用个案工作发掘五保老人潜能，构建心理支持网络；利用小组工

---

① 王全美、张丽伟：《基于社会网络理论的农村养老资源整合》，《农村经济》2009年第9期；施巍巍、唐德龙：《欠发达地区破解养老服务之困的路径选择与创新》，《中国行政管理》2015年第4期。

② 钱锡红、申曙光：《非正式制度安排的老年人养老保障：解析社会网络》，《改革》2011年第9期。

③ 张友琴：《老年人社会支持网的城乡比较研究——厦门市个案研究》，《社会学研究》2001年第4期。

④ 刘燕、纪晓岚：《老年人社会网络规模及结构研究——兼论独生子女家庭的养老困境》，《大连理工大学学报》（社会科学版）2013年第3期。

⑤ 伍海霞：《中国农村网络家庭中养老支持的趋势与变迁——来自七省调查的发现》，《中国农业大学学报》（社会科学版）2016年第1期。

⑥ 允春喜、徐西庆：《社会网络视角下农村养老问题研究》，《天府新论》2013年第6期。

作构建五保老人"内核—中层—外围"三层邻里互助网络;利用社区工作推动社区互助力量构建五保老人支持网络①。也有研究者提出要将发挥现代科技惠农效应、尝试社会保障代际转移、完善新型农村合作医疗制度、试行时间储蓄制度、设立村内托老所、建设村中老年活动中心、传扬民俗文化活动、发挥媒体教育功能、构建留守儿童帮扶园地等措施有机结合,为农村空巢老人构建起全方位的社会支持网络②。还有学者从政府购买居家养老服务、建立邻里互助小组等方面提出重构农村独居老人养老社会支持网络的构想③。

三 研究述评

总的来看,国外学者较少区分城乡养老服务差异,或者较少专门对农村的养老服务进行研究,而这正是我国养老服务研究中值得关注的重要方面。国内已有研究在研究对象上,核心关注城市养老服务,对农村养老服务的研究相对欠缺;在研究思路上,已有对养老服务供给的研究,或侧重阐述养老服务"需求—供给"的理论框架,或基于实践经验,循着"现状—问题—对策"的思路进行分析,较少将社会网络引入对养老服务的供给分析,关注既有社会网络向养老服务转化的理论与实证脉络;在研究方法上,已有研究既有规范分析也有实证分析,实证分析获取的多是传统的属性资料和观念资料,运用变量分析、类型学分析方法进行研究,而较少获取关系资料进行研究。上述研究成果构成了本书的起点与基础,而已有研究的不足则成为本书力图重点突破的地方。

---

① 何芸、卫小将:《着力强化农村五保老人社会支持网络——基于社会工作的分析视角》,《理论探索》2012 年第 4 期。
② 聂志平、傅琼:《农村空巢老人的社会支持网络构建研究——基于江西部分农村地区的调查》,《农林经济管理学报》2014 年第 3 期。
③ 秦俭:《农村独居老人养老困境及其化解之道——以社会支持网络理论为分析视角》,《湖南社会科学》2013 年第 3 期。

第二节 理论框架

一 社会网络理论演变

从社会网络研究发展的历史来看，其形成和发展经历了一个从方法和隐喻到理论与实质的变化过程[①]。"网络"这一概念最早起源于齐美尔 1922 年的《群体联系的网络》一书，英国结构功能主义大师拉德克利夫－布朗在 1940 年第一次使用了"社会网络"这一术语，认为"人类是通过复杂的社会关系网络联系在一起的"，并用"'社会结构'来表示这个实际存在的关系网络"[②]。1954 年巴恩斯（Barnes）的挪威渔村研究首次把社会网络的应用从隐喻转化为实际的分析研究[③]，后由米切尔（Mitchell）对其进行了进一步完善，并将概念扩展至"个人"[④]。

20 世纪 60 年代是社会网络专业研究的起步时期，到 20 世纪 70 年代中期，社会网络研究成为一个新的社会学领域，并逐渐被应用到其他科学领域，如人类学、市场营销学、经济学、生态学、政治学等。20 世纪七八十年代格兰诺维特（Granovetter）提出的强关系理论[⑤]（1973）与弱关系理论[⑥]（1985）为社会网络理论奠定了坚实的基础，他认为强关系成员之间彼此信任程度高，传递的信息具有很强的可靠性。强关系能在日常交往中形成稳定且持久的物质及精神支持，长期来看，

---

① 苏国勋、刘小枫主编：《二十世纪西方社会理论文选 Ⅱ——社会理论的诸理论》，上海三联书店 2005 年版，第 467 页。

② ［英］A. R. 拉德克利夫－布朗：《原始社会的结构与功能》，丁国勇译，中国社会科学出版社 2009 年版，第 197 页。

③ Barnes J. A., "Class and Committees in a Norwegian Island Parish", *Human Relations*, 1954, Vol. 7, No. 1, pp. 39 – 58.

④ Mitchell J. C. (Ed.), *Social Networks in Urban Situations: Analyses of Personal Relationships in Central African Towns*, Manchester University Press, 1969.

⑤ Granovetter M. S., "The Strength of Weak Ties", *American Journal of Sociology*, 1973, Vol. 78, No. 6, pp. 1360 – 1380.

⑥ Granovetter M. S., "Economic Action and Social Structure: The Problem of Embeddedness", *American Journal of Sociology*, 1985, Vol. 91, No. 3, pp. 481 – 510.

具有维护内部联系的作用。弱关系在网络成员间信息的传递过程中起到桥梁的作用。这两种不同强度的关系在个体找工作时发挥的作用不同，弱关系因为结构面更广、异质性更强，相比于强关系发挥的作用更多。边燕杰通过研究个体在找工作的过程中所利用的社会资源，提出个体通常更信任强关系，强关系可以帮助个体达到某项结果，满足个体的特定需求①。

布迪厄和科尔曼提出的社会资本理论丰富了社会网络理论的内涵。布迪厄（Bourdieu）创立了社会资本理论，将社会网络理论推向更高的研究境界。该理论重视剖析社会网络结构，基于网络规模、网差等视角，探究个体从社会网络中获取各种资源的情况。该理论认为个体依赖社会网络中与其交往的行为者，与他人建立信任、稳定、持久的互动关系，这种关系可视为一种社会资本，提升了个体获取社会资源的优势②。科尔曼（Coleman）首次正式提出了社会网络是社会资本的一种表现形式，社会网络具有获取信息的功用，在增加个人或集体利益方面具有举足轻重的影响力③。"结构洞理论"作为研究社会网络作用的一个突破点，将社会网络理论研究推向了更高境界。该理论由博特（Burt）提出。结构洞是指社会网络中的某个或某些个体和有些个体发生直接联系，但与其他个体不发生直接联系，无直接联系或关系间断（disconnection）的现象，即社会网络中的"空隙"④。结构洞理论的核心在于个人在网络中占据的"结构洞"多寡比关系的强弱更为重要。该理论侧重于如何通过网络来获取资源，而并不主要关注单个网络的特性。

在中国，社会网络也有了"中国特色"。费孝通先生用"差序格

---

① Bian Y., Ang S., "Guanxi Networks and Job Mobility in China and Singapore", *Social Forces*, 1997, Vol. 75, No. 3, pp. 981-1005.

② Bourdieu P., *The Forms of Social Capital*, Handbook of Theory and Research for the Sociology of Education, 1985.

③ Coleman J. S., "Social Capital in the Creation of Human Capital", *American Journal of Sociology*, 1988, Vol. 94, pp. 95-120.

④ Burt R. S., *Structural Holes: The Social Structure of Competition*, Harvard University Press, 1995.

局"来描绘中国传统社会关系格局,即人们按照血缘、家族等关系标签打造的社会距离有所差异,从而形成亲疏不同的"社会圈子",也即人们相互之间往往基于血缘或地缘的关系形成并建立一种特定的社会关系网络[1]。社会网络在中国还有一个具有本土特色的称呼,即"关系"。"关系"的存在使人与人更加紧密,也使人们的经济社会行为更加复杂。"关系"能够有效提高中国农村居民的幸福感[2],其具有明显的福利效应。现实中,拥有更多经济资源和政治资源的"精英家庭"凭借其资源优势进一步创建和维护"关系"网络,从而相应地拥有更多的"关系"资源[3]。

二 "社会网络—养老资源—养老服务"理论框架

中国已进入老龄化社会,农村人口老龄化形势尤为严峻。发展养老服务已成为我国应对人口老龄化风险的重要手段。供给与需求的匹配是农村养老服务发展的基础逻辑。近年来,我国养老服务发展迅速,但是养老服务发展的城乡差异巨大,农村严重滞后于城市。虽然农村幸福院、日间照料中心等在农村地区逐渐建立起来,但大部分农村地区养老服务仍呈缺失状态,已建成的养老服务场所很多也存在资金不足、利用率低、运营管理困难甚至空壳化的问题,其根本原因是主要依托正式的外部资源供给的养老服务模式与农村地区经济发展落后、人口聚集度低、传统观念较重的实际不相适应。

每个人都生活在特定地域、特定的社会关系网络之中,这种特定社会关系网络所承载的社会资源,是我们每个人得以发展的社会基础,也是我们每个人获得社会服务的基本来源,对于养老服务而言也是如

---

[1] 费孝通:《乡土中国 生育制度》,北京大学出版社1998年版,第24—30页。
[2] 李树、陈刚:《"关系"能否带来幸福?——来自中国农村的经验证据》,《中国农村经济》2012年第8期。
[3] 边燕杰:《城市居民社会资本的来源及作用:网络观点与调查发现》,《中国社会科学》2004年第3期。

此①。社会网络作为非正式的农村内生资源，具有一定的养老保障功能，是破解农村地区养老服务发展之困的可行选择。本书尝试通过对农村老人社会网络的考察，基于"社会网络—养老资源—养老服务"的分析框架，创新针对农村老人的社会养老服务供给模式。

社会网络是个人因各种社会性关系而形成的人际关系网络，是个体赖以生存的社会基础②。社会网络理论假设网络内的每个行动者都与其他行动者有着或多或少的关系，并将这些错综复杂的关系简化成网络结构，以网络结构的特征和变化为分析视角来描述行动者之间的关系及关系结构对群体功能或群体内部个体的影响③。社会网络包括个体中心网络和整体网络。个体中心网络指以个人作为中心形成的关系网络，主要考察网络规模、网络构成、网络异质性等；整体网络主要考察特定群体内个人之间的关系网络特征，包括凝聚子群、中心性、平均距离等指标。整体网络主要考察封闭群体内的网络特征，但社会中并不存在完全封闭的网络，每个个体都会嵌入其他个体的社会网络之中，所以本书聚焦农村老人的个体中心网络，期望通过对其个体中心网络的测量，展现整体网络的部分特征。一般测量社会网络的工具有"拜年网""支持网""讨论网"等，不同的测量工具各有侧重，体现了社会网络的不同特征。

社会网络中蕴含着丰富的资源，这些资源范围广泛、类型众多，比如权力、地位、财富、金钱、学识、信息等。通过社会网络，人们可以获得和利用这些资源，以达到功利或非功利的目的④。在传统乡土中国，社会网络结构特点就如费孝通所说的"差序格局"⑤，从家庭出发，

---

① 席恒：《养老服务的逻辑、实现方式与治理路径》，《社会保障评论》2020 年第 1 期。
② 席恒：《养老服务的逻辑、实现方式与治理路径》，《社会保障评论》2020 年第 1 期。
③ 方然：《"社会资本"的中国本土化定量测量研究》，社会科学文献出版社 2014 年版，第 55 页。
④ 边燕杰、李煜：《中国城市家庭的社会网络资本》，《清华社会学评论》2000 年第 2 期。
⑤ 费孝通：《乡土中国 生育制度》，北京大学出版社 1998 年版，第 24—30 页。

由亲到疏一层一层向外延伸,形成了以血缘和地缘为基础的"社会关系"。正是借助社会网络中蕴含的资源,同时发挥乡土中国社会网络关系的价值,使得运用社会网络优势来缓解中国农村养老服务供给不足问题成为可能。农村社会网络聚纳的养老资源包括资金、场地、信息、照料、情感等。不同社会网络的规模、结构以及异质性决定了这些养老资源的数量和质量差异,而这些差异又会影响养老资源消减农村老人养老风险的能力。所以从社会网络消减农村老人养老风险的情况,可以测量社会网络聚纳养老资源的能力。社会网络中蕴含的养老资源是村民互惠行为产生的前提,社会网络还可以培育互惠,把网络成员转化为利益共享、责任共担的个体,能将原子化的个人凝聚起来,促进集体行动[①]。

社会网络可以聚纳养老资源,这些养老资源又可以转化为养老服务,形成创新性的农村养老服务供给模式,以化解农村养老服务供给困境。这一养老服务供给模式的展示,需要厘清以下问题:提供什么?谁来提供?向谁提供?在哪儿提供?怎么提供?即这一模式需要在社会网络中寻找养老服务供给内容、主体、客体、场所、方式。为有效实现这一模式,需要从发生、维持、激励、保障、监督和反馈等方面,构建依托社会网络创新农村养老服务供给模式的实现机制。这样就形成了从社会网络到养老资源,再到养老服务的完整逻辑链条。这一链条的推进得益于对年龄在60周岁及以上农村老人的问卷调查,通过对农村老人社会网络的考察,形成具有网络内成员互助性质的农村养老服务供给模式。

具体的理论框架见图1-1。

[①] 吴玉锋、雷晓康、周明:《农村居民养老保险满意度和忠诚度研究——基于社会资本的视角》,《西北农林科技大学学报》(社会科学版)2015年第1期。

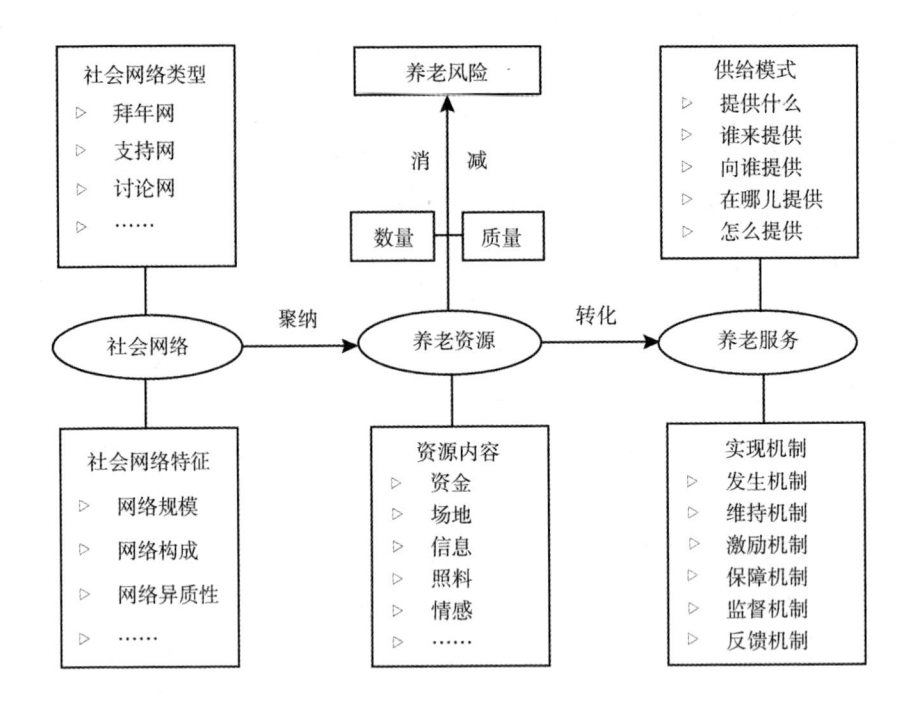

```
┌─────────────────┐        ┌─────────┐        ┌─────────────┐
│ 社会网络类型    │        │ 养老风险│        │ 供给模式    │
│ ▷ 拜年网        │        └────▲────┘        │ ▷ 提供什么  │
│ ▷ 支持网        │      消 │ 减              │ ▷ 谁来提供  │
│ ▷ 讨论网        │   ┌────┴─┬──────┐         │ ▷ 向谁提供  │
│ ▷ ……            │   │ 数量 │ 质量 │         │ ▷ 在哪儿提供│
└────────┬────────┘   └──────┴──────┘         │ ▷ 怎么提供  │
         │              ▲                     └──────┬──────┘
         │    聚纳      │         转化               │
    ( 社会网络 ) ──────▶ ( 养老资源 ) ──────▶ ( 养老服务 )
         │                   │                      │
┌────────┴────────┐   ┌──────┴──────┐        ┌──────┴──────┐
│ 社会网络特征    │   │ 资源内容    │        │ 实现机制    │
│ ▷ 网络规模      │   │ ▷ 资金      │        │ ▷ 发生机制  │
│ ▷ 网络构成      │   │ ▷ 场地      │        │ ▷ 维持机制  │
│ ▷ 网络异质性    │   │ ▷ 信息      │        │ ▷ 激励机制  │
│ ▷ ……            │   │ ▷ 照料      │        │ ▷ 保障机制  │
└─────────────────┘   │ ▷ 情感      │        │ ▷ 监督机制  │
                      │ ▷ ……        │        │ ▷ 反馈机制  │
                      └─────────────┘        └─────────────┘
```

图 1-1　理论框架

第二章

农村养老保障嬗变及养老服务发展状况

本章首先对中华人民共和国成立以来，农村养老保障的嬗变历程进行了梳理，然后重点描述了农村养老服务发展的状况，特别总结了农村养老服务发展的困境，为构建依托社会网络的农村养老服务供给模式破题。

第一节 农村养老保障的嬗变

自1949年中华人民共和国成立以来，我国农村养老保障经历了传统家庭养老保障时期，家庭养老为主、集体保障为辅时期，家庭养老为主、社会养老保障探索时期，以及家庭养老保障与社会养老保障相结合时期。应该说，农村养老保障的嬗变特征为：逐渐从单一的家庭保障转向家庭与集体、家庭与社会相结合的多元保障。

一 传统家庭养老保障时期（1949—1952年）

我国传统的孝老敬老、养老爱老文化以及"养儿防老""多子多福"等传统家庭养老观念，与以血缘为纽带的代际抚养责任和赡养义务相互印证传承至今。在很大程度上，父辈在子女年幼时通过家庭财富的积累对子女进行抚养，在父辈年老后由子女依托自身积累的家庭财富或从父辈那里接受的财富，履行对父辈的赡养义务，并且多代共居的居住模式也便于子女对父辈进行生活照料和精神慰藉。建国初期，我国正处于百废待兴的恢复期，面临众多困难和挑战。国内小农经济主导和工业基础薄弱并存，国际上还受到以美国为首的帝国主义国家在政治和经济上的孤立与封锁。在此背景下，我国急需大力发展重工业以增加原始积累，快速恢复国民经济。因此，在建国初期，受制于落后的农业生产力、薄弱的经济实力以及内忧外患的形势，国家缺乏为占全国总人口90%的庞大的农业人口提供社会化养老保障的政治经济条件。所以，这一时期我国农村养老仍以传统的家庭养老为主，政府尚未将精力过多地投入到农村老年群体的养老问题上。

为应对新中国成立初期的恶性经济局面，加强集中管理，我国开始实行计划经济，将有限的资源配置于重点工业项目上。同时，为推动城市化和工业化建设，在养老保障制度设计上对城镇工人和职员进行了倾斜。1951年，《中华人民共和国劳动保险条例》颁布，标志着我国职工劳动保险制度建立。该《条例》规定，职工在退休后可享受国家发放的养老金。自此，城乡分隔的二元化养老保障格局形成，与城镇职工不同，农民养老仍然主要依靠家庭。

这一时期，宗族制度和小农经济仍对传统的家庭养老保障起着重要的助推作用。在小农经济背景下，土地为农村老人提供了必要的经济支持，但受制于当时农村脆弱的小农经济，土地发挥的养老保障作用较小，农业收入只能维持农村老人的基本生计。在当时生产力背景下，子女习得的农业生产等技能主要依靠父辈的传授，因此，当时的农村老人所拥有的丰富的生产和生活经验使得他们在家庭中的地位举足轻重。且受以血缘关系为纽带的宗族制度和家长制的影响，大家族中的团聚、祭祀等各种家族活动在增强家庭凝聚力的同时，也维护着老人家中长者的地位[1]。因此，在此时期，农村老人因其所具有的经验智慧在家中的地位较高，子女对其较为恭敬孝顺，父辈与子辈同吃同住的家庭户较多，同住子女便自然承担起照料农村老人的责任。此外，农村老人和子女一

---

[1] 黄健元、贾林霞：《家庭养老功能的变迁与新时代家庭养老功能的发挥》，《中州学刊》2019年第12期。

同居住本身就是一种精神慰藉,是其他养老方式所不能替代的。

综上,中华人民共和国成立初期的养老保障,从城乡统一的依靠家庭养老保障,发展为城乡分离的养老保障格局。农村仍以传统的家庭养老保障为主,土地是农村老人养老的重要经济支撑,子女的赡养则是农村老人养老资源的主要来源。而后,随着农业集体化运动的开展,集体在农村养老保障中的作用不断增强。

二 家庭养老保障为主、集体保障为辅时期(1953—1981年)

这一时期,农村老人的养老保障依然是以传统家庭养老为主。受20世纪50年代中期我国政府严控农村人口向城镇流动政策的影响,农村青壮年劳动力向城镇转移的想法受阻。此后直至20世纪80年代中期,我国的人口流动在大多数年份处于一个较低的水平①。农村大量青壮年劳动力在村生活,为传统家庭养老保障的延续提供了肥沃的土壤。子女可以为农村老人提供生活照料、精神慰藉,此外,子女的经济支持则是农村老人重要的经济来源,对于丧失劳动能力的农村老人更是如此。

除传统家庭养老保障外,这一时期集体保障的作用也开始显现,集中体现在对特殊老年群体的五保供养。1953年2月15日,《关于农业生产互助合作的决议》的颁布标志着农村开始走上集体化道路。1954年9月,《中华人民共和国宪法》的颁布确认了合作社所有制为劳动群体集体所有,农民的土地所有权依法受到国家保护,并且规定了劳动者在年老、疾病或丧失劳动能力的时候,有获得物质帮助的权利。农村初级合作社的开展和国家根本大法的确认,意味着集体保障在农村养老中开始发挥作用,直接体现在对农村老人等特殊群体的物质帮助方面。1956年1月,《一九五六年到一九六七年全国农业发展纲要》颁布,明确实行"五保"制度,即由农业合作社保障劳动能力欠缺、生活无依

---

① 熊光清:《从限权到平权:流动人口管理政策的演变》,《社会科学研究》2012年第6期。

靠的鳏寡孤独社员的生养死葬①。1962年中央工作会议通过的《农村人民公社工作条例（修正草案）》指出，"生产队可以从可分配的总收入中，扣留一定数量的公益金，作为社会保险和集体福利事业的费用"，"生产队对于生活没有依靠的老、弱、孤、寡、残疾的社员，遭到不幸事故、生活发生困难的社员，经过社员大会讨论和同意，实行供给或者给以补助"②。在此期间，集体供养确定了下来，并通过兴建农村敬老院，为"五保户"提供生活场所。

在1966—1976年十年"文化大革命"期间，我国农村集体养老模式受到冲击，作用减弱。1978年改革开放后，集体保障力度随集体经济的恢复开始提高。1979年，《中共中央关于加快农业发展若干问题的决定》指出，"随着集体经济的发展，要逐步办好集体福利事业，使老弱、孤寡、残疾社员、残废军人和烈军属的生活得到更好的保障"③。这些举措意味着我国在逐渐恢复受特殊时期冲击下的集体对农村老人的养老保障。

综上，该时期的农村养老保障仍以家庭养老为主，辅之以集体保障。集体保障通过"五保"制度对农村老人进行保障，主要是将无依无靠、丧失劳动能力的农村老人纳入保障生老病死葬这五方面的"五保"制度中。

三 家庭养老为主、社会养老保障探索时期（1982—2008年）

随着家庭联产承包责任制的推行，我国农村养老保障中家庭发挥的作用越来越大。家庭联产承包责任制的推行，为土地赋予了保障和发展功能，在未改变土地集体所有的基础上，使农民拥有了土地的经营权，调动了农民的生产积极性，同时又通过"土地溢价"等形式增加了农

---

① 《一九五六年到一九六七年全国农业发展纲要（修正草案）》，1957年10月26日；王丽：《我国农村社会养老保险中务农农民的特殊性及其养老保险的创新机制研究》，硕士学位论文，西南财经大学，2011年。

② 张婷、王三秀：《新中国70年农村养老保险制度改革历程与基本经验》，《改革》2019第8期。

③ 《中共中央关于加快农业发展若干问题的决定》，1979年9月28日。

民的土地经营收入。因此，这一时期农村集体保障的作用有所降低，土地为农村老人的养老提供了物质和经济支持。

20世纪70年代初，我国开始实行控制人口数量的政策，并于1982年将计划生育政策定为基本国策。这一人口控制政策在快速控制人口增长的同时，也在一定程度上使家庭规模不断缩小，家庭养老功能逐渐弱化。1986年国家"七五"计划提出探索研究农村社会养老保险制度，按照实际情况开展试点[①]。次年，民政部印发了《关于探索建立农村基层社会保障制度的报告》，正式明确了我国农村的社会保障制度在起步时，要注意这样几个问题：一是范围要由小到大；二是内容要因地制宜，由少到多；三是标准要由低到高[②]。在农村社会保障制度初步探索五年后，民政部于1992年年初印发了《县级农村社会养老保险基本方案（试行）》。该方案首次明确了要建立县级农村社会养老保险制度，组织山东等地开展大规模的试点工作[③]。该基本方案的出台意味着我国农村社会养老保险进入实质探索阶段。该方案明确了我国农村社会养老保险的雏形，规定了以个人交纳为主集体补助为辅的筹资方案，规定了养老金领取条件，规定了个人账户的建立方法，为我国农村社会养老保险的发展拟定了初步的制度框架。在我国农村社会养老保险初步探索时期，受制于农村和村集体经济的发展状况，农村社会养老保险秉持着自助为主、互助为辅的理念，以个人交费为主并记账于个人账户中，因而互济性较差。

1995年以后，我国农村社会养老保险制度的覆盖范围不断扩大。到1997年，我国农村社会养老保险制度已经初步建立，具体体现在全国农村社会养老保险机构网络和管理体系基本形成，有1000多个县

---

① 张婷、王三秀：《新中国70年农村养老保险制度改革历程与基本经验》，《改革》2019年第8期。

② 《民政部印发〈关于探索建立农村基层社会保障制度的报告〉的通知》，1987年3月14日。

③ 《民政部关于印发〈县级农村社会养老保险基本方案（试行）〉的通知》（民办发〔1992〕2号），1992年1月3日。

（含县级市）成立了专门的管理机构，农村参保人数不断提高①。1998年3月，我国劳动和社会保障部（简称"劳社部"）组建后，原由民政部相关部门主管的农村社会养老保险事项也移交给劳社部负责。而初步探索的农村社会养老保险制度（简称"老农保"）随着各地实践的推进，不断涌现出一些问题。"老农保"制度因采用完全基金积累制的筹资模式，且当时农村居民缴费能力欠缺，参保积极性不高，购买国债和存入银行的基金增值能力较弱，导致"老农保"保障水平低，可持续性差，发展陷入困境。

面对"老农保"参保积极性下降等发展困境，政府开始着手对这一制度进行改革。2002年，党的十六大报告中提出，各地要根据实际需要合理确定社会保障标准和水平，在有条件的地方探索建立农村养老、医疗保险和最低生活保障制度。此后，各地在对"老农保"实践的经验汲取和问题反思基础上，开始对农村养老保险制度进行改革与探索。2006年11月，劳社部发布的《劳动和社会保障事业发展"十一五"规划纲要（2006年—2010年）》指出，"要探索建立与农村经济发展水平相适应、与其他保障措施相配套的农村社会养老保障制度"②。同年，《农业税条例》废止，顺应了我国2005年提出的"工业反哺农业、城市支持农村"的战略方针，减轻了广大农民的负担，间接加大了农村老人家庭养老中的土地保障力度。2007年党的十九大报告，明确提出"要建立覆盖城乡居民的社会保障体系"，体现了社会保障的公平性原则，推动了农村社会养老保险实施范围的进一步扩大③。到2008年，全国进行"老农保"改革并探索发展"新农保"制度的县（含县级市）已经有接近500个。2008年中共中央通过的《关于推进农村改

---

① 张婷、王三秀：《新中国70年农村养老保险制度改革历程与基本经验》，《改革》2019年第8期；《新中国70年光辉历程 铸就养老产业新丰碑》，2019年12月28日（https: //baijiahao. baidu. com/s？ id = 1654122478378713178&wfr = spider&for = pc）。

② 《劳动和社会保障事业发展"十一五"规划纲要（2006年—2010年）》，2006年11月8日。

③ 张婷、王三秀：《新中国70年农村养老保险制度改革历程与基本经验》，《改革》2019年第8期。

革发展若干重大问题的决定》指出，要"按照个人缴费、集体补助、政府补贴相结合的要求，建立新型农村社会养老保险制度"①。

家庭联产承包责任制正式实施至新型农村社会养老保险制度正式实施这段时期的农村养老主要依靠家庭保障，辅之以社会保障，社会保障主要体现在农村社会养老保险制度（"老农保"）的探索建立和农村"五保"制度的发展。"老农保"是对我国农村社会养老保险制度的初探，但其互济性欠缺，保障水平低。为了保障农村"五保"制度的持续发展，与同时期养老保险等其他社会保障相协调，2006 年，国务院颁布了新的《农村五保供养工作条例》。新的工作条例指出了今后由地方人民政府财政负责农村五保供养资金，表明了政府开始负责农村五保供养人员的养老保障②。因此，此时期农村老人的养老保障仍以家庭养老为主，农村社会养老保险和"五保"制度等社会保障只起到补充性作用。

四　家庭养老与社会养老保障相结合时期（2009 年以后）

2009 年《关于开展新型农村社会养老保险试点的指导意见》的发布，标志着我国"新农保"制度的正式建立③。意见明确了"新农保"制度实行个人账户和社会统筹账户相结合的模式，社会统筹账户的开设增强了农村社会保险的互济功能，在个人缴费方面设立有多个缴费档次，按照多缴多得的原则进行待遇水平的保障。2010 年 10 月 28 日，《中华人民共和国社会保险法》（简称《社会保险法》）通过，并于次年 7 月开始实施，意味着我国从法律层面对新型农村社会养老保险的缴费模式、待遇组成和待遇领取等事项进行保障。此外，《社会保险法》还指出，"各省（含直辖市和自治区）视实际情况，可将城镇居民社会养

---

① 《中共中央关于推进农村改革发展若干重大问题的决定》，2008 年 10 月 12 日。
② 《农村五保供养工作条例》（中华人民共和国国务院令第 456 号），2006 年 1 月 21 日。
③ 《国务院关于开展新型农村社会养老保险试点的指导意见》（国发〔2009〕32 号），2009 年 9 月 4 日。

老保险和新型农村社会养老保险合并实施"①。2011年，即"新农保"制度实施两年后，试点参保人数就已达到32643.5万人，待遇领取人数为8921.8万人，基金收入1069.7亿元，基金支出587.7亿元②。2014年2月，国务院发布的《关于建立统一的城乡居民基本养老保险制度的意见》指出，要"在全国范围内建立统一的城乡居民基本养老保险制度"，在参保范围上"非国家机关和事业单位工作人员及不属于职工基本养老保险制度覆盖范围的城乡居民，可以在户籍地参加居民养老保险"③。统一的城乡居民基本养老保险制度的建立适应了当前城乡人员广泛流动的趋势，有助于打破城乡二元的割裂格局，对增强社会保障制度的公平性具有重要意义。

此外，2014年发布的《关于建立统一的城乡居民基本养老保险制度的意见》还强调，要充分发挥家庭养老的保障作用④。家庭养老作为我国传承至今的主要养老模式仍发挥着基础性作用，只是在老龄化程度加深、家庭结构小型化的背景下，国家通过发展社会养老保险来承担老年人的一部分养老责任，形成家庭保障与社会保障相结合的新时代农村养老保障体系。新时代农村养老保障体系的建设顺应了个人养老风险从家庭向社会转移的趋势，充分发挥了个人（家庭）、社会、国家在养老保障中的作用，从而减轻了农村老人的养老风险。在城乡居民社会养老保险待遇水平方面，国家也随经济社会发展进行调整。2015年人社部和财政部对全国城乡居民基本养老保险金进行调整，在原有每人每月55元基础养老金的基础上增加15元，最低标准提高至70元⑤。2018年

---

① 《中华人民共和国社会保险法》（中华人民共和国主席令第三十五号），2010年10月28日。
② 数据来源于国家统计局官网2011年年度数据。
③ 《国务院关于建立统一的城乡居民基本养老保险制度的意见》（国发〔2014〕8号），2014年2月26日。
④ 《国务院关于建立统一的城乡居民基本养老保险制度的意见》（国发〔2014〕8号），2014年2月26日。
⑤ 《人力资源社会保障部 财政部 关于提高全国城乡居民基本养老保险基础养老金最低标准的通知》（人社部发〔2015〕5号），2015年1月14日。

城乡居民基本养老保险基础养老金提高至 88 元每人每月①。同时，我国农村的社会养老保险制度也与社会救助和社会福利等农村社会保障制度不断衔接，像低保对象、特困人员、重度残疾人等特殊困难群体的养老保险费由财政按最低标准代缴，以保障其年老后的基本生计。在此时期，我国农村养老服务也开始得到发展。

第二节 农村养老服务发展状况

自 1949 年中华人民共和国成立至今，我国农村养老服务经历了国家责任从无到有，服务对象从特殊困难群体向全体农村老人扩展，服务内容从保障基本生活向关注生活质量转变，服务形式从敬老院式的集体供养向互助式养老模式发展的过程。

一 "五保"制度下的农村敬老院

中华人民共和国成立初期，受传统家庭观念和控制人口迁移政策的影响，家庭成员仍是我国农村养老服务的提供主体，由于鳏寡孤独老人缺乏家庭养老的支撑，故需要政府的帮助和支持。此后，伴随着农村生产组织从互助组、合作社到人民公社的发展，国家对农村孤寡老人的照顾被提上日程。1958 年 12 月 10 日中国共产党第八届中央委员会第六次全体会议通过的《关于人民公社若干问题的决议》中要求，"要办好敬老院，为那些无子女依靠的老年人（'五保户'）提供一个较好的生活场所"②。这一时期的敬老院主要是为农村中"五保户"提供的集中供养场所，且主办单位为人民公社。而后农村中的敬老院被大量地建立起来，以浙江省为例，截至 1958 年末，浙江省共建立敬老院 996 所，入院五保老人 2.9 万人。因集体经济财力物力有限，当时在兴办敬老院

---

① 《人力资源社会保障部 财政部关于 2018 年提高全国城乡居民基本养老保险基础养老金最低标准的通知》（人社部规〔2018〕3 号），2018 年 5 月 10 日。

② 于建嵘：《中国农民问题研究资料汇编》，中国农业出版社 2017 年版，第 1466 页。

(幸福院)等公共福利设施时,很多地方都调用了社员家庭的财物,甚至占用了民房,侵犯了农民的财产权。后来经济发生困难,对老人的供养水平急剧下降,这次兴办的敬老院大多未坚持多久就解散了[①]。

1982年,家庭联产承包责任制改革以后,很多地方的农村敬老院被保留了下来,服务对象仍然主要是"五保户",供养经费也主要由政府承担,主办主体主要为县级及乡镇政府。1994年初颁布的《农村五保供养工作条例》明确了"五保供养为农村集体福利事业,其所需的经费和实物以村提留或乡统筹的方式从中列支"[②]。因此,在中华人民共和国成立后至21世纪前,我国农村养老服务体系并未真正形成,养老服务主要依托"五保"制度,而"五保"制度又属于农村集体福利事业,其保障对象仅限于无依无靠的五保供养人员,故养老服务的形式和内容单一,保障水平仍停留在维持农村老人最低生活需要的生存层面。

二 社会化养老服务体系的建设

(一)社会化养老服务

进入21世纪后,我国开始步入老龄化社会,且人口老龄化程度日渐加深。在人口老龄化背景下,老年人对养老服务的需求也在不断增加,发达国家已经开始把注意力集中到老年人的供养问题上,既包括经济方面的供养,也包括洗衣做饭、家务劳作、陪伴聊天等生活照料和精神慰藉方面的支持,我国亦是如此,也开始重视养老服务的发展[③]。早在2011年12月,国务院办公厅就印发了《社会养老服务体系建设规划(2011—2015年)》,指导建设我国的社会养老服务体系,且在"十二五"期间该规划在各地得到认真贯彻落实,社会养老服务体系建设也取

[①] 王胜:《20世纪50年代后期中国农村建设的历史回顾》,《求实》2010年第5期。
[②] 《农村五保供养工作条例(1994年)》(中华人民共和国国务院令第141号),1994年1月23日。
[③] 陈柳宇:《农村老年生活照料问题研究》,硕士学位论文,华中科技大学,2008年。

得显著成效①。2013年《关于加快发展养老服务业的若干意见》指出，"加大对基层和农村养老服务的投入，统筹发展居家养老、机构养老和其他多种形式的养老"，体现了国家对农村养老服务重视程度的增加②。近年来我国养老服务发展迅速，农村地区养老服务也开始起步，并取得了一定的成绩。

同时，这一时期我国也在不断加强对空巢、失能、高龄等特殊老年群体养老服务需求的保障。2014年财政部和民政部以及全国老龄工作委员会办公室联合印发了《关于建立健全经济困难的高龄失能等老年人补贴制度的通知》，指出"对于经济困难的高龄、失能等老年人经有关部门鉴定后可按月享受养老服务补贴，补贴可采取现金或代金券的方式发放，由地方财政负担"③。2017年民政部等九部委联合印发了《关于加强农村留守老年人关爱服务工作的意见》，指出"农村留守老年人关爱服务是农村养老服务体系的重要组成部分"④。由此可见，养老服务的保障对象从"三无"老人逐渐扩大到空巢、留守、失能、高龄等弱势群体，顺应了经济社会发展下家庭结构的变迁和新时代的养老需求，体现了"以人民为中心"的发展理念⑤。

近年来，国家对农村养老服务体系建设的重视程度日益加深，并随着社会发展逐渐修订和完善养老服务体系和具体服务内容。在服务内容方面，更加注重医养结合以及医养康养相结合，体现了积极老龄化和健康老龄化的养老服务发展趋势。2016年12月，国务院办公厅印发了《关于全面放开养老服务市场提升养老服务质量的若干意见》，指出

---

① 聂建亮、李澍：《政府主导、多方参与与农村社会养老服务体系构建》，《重庆社会科学》2017年第3期。

② 《国务院关于加快发展养老服务业的若干意见》（国发〔2013〕35号），2013年9月13日。

③ 《财政部 民政部 全国老龄工作委员会办公室关于建立健全经济困难的高龄 失能等老年人补贴制度的通知》（财社〔2014〕113号），2014年9月10日。

④ 《关于加强农村留守老年人关爱服务工作的意见》（民发〔2017〕193号），2017年12月28日。

⑤ 黄俊辉：《农村养老服务供给变迁：70年回顾与展望》，《中国农业大学学报》（社会科学版）2019年第5期。

"依托农村社区综合服务设施,拓展养老服务功能","鼓励各地建设农村幸福院等自助式、互助式养老服务设施",这是国家对农村养老服务建设的具体化说明①。2019 年发布的《国务院办公厅关于推进养老服务发展的意见》指出,要"持续完善居家为基础、社区为依托、机构为补充、医养相结合的养老服务体系,建立健全高龄、失能老年人长期照护服务体系"②。2020 年 7 月,财政部和民政部印发的《关于加快实施老年人居家适老化改造工程的指导意见》提出,"2020 年底前,采取政府补贴等方式,对纳入分散供养特困人员和建档立卡贫困人口范围的高龄、失能、残疾老年人家庭实施适老化改造"。该适老化改造既顺应了广大农村老人居家养老的现实需求,又体现了国家在养老服务建设过程中"以人为本"的核心理念③。

党的十九大作出实施健康中国战略的重大决策部署④,在此背景下,2019 年党的十九届四中全会和 2020 年党的十九届五中全会均提出"要构建居家社区机构相协调、医养康养相结合的农村养老服务体系"。2020 年 12 月 31 日发布的《国务院办公厅关于促进养老托育服务健康发展的意见》中提出,要"优化乡村养老设施布局,整合区域内服务资源,开展社会化管理运营,不断拓展乡村敬老院服务能力和辐射范围"⑤。2021 年 2 月发布的《中共中央 国务院关于全面推进乡村振兴加快农业农村现代化的意见》中指出,要"健全县乡村衔接的三级养老服务网络,推动村级幸福院、日间照料中心等养老服务设施建设,发展

---

① 《国务院办公厅关于全面放开养老服务市场提升养老服务质量的若干意见》(国办发〔2016〕91 号),2016 年 12 月 23 日。

② 《国务院办公厅关于推进养老服务发展的意见》(国办发〔2019〕5 号),2019 年 4 月 16 日。

③ 《民政部 国家发展改革委 财政部 住房和城乡建设部 国家卫生健康委 银保监会 国务院扶贫办 中国残联 全国老龄办关于加快实施老年人居家适老化改造工程的指导意见》(民发〔2020〕86 号),2020 年 7 月 15 日。

④ 《国务院关于实施健康中国行动的意见》(国发〔2019〕13 号),2019 年 6 月 24 日。

⑤ 《国务院办公厅关于促进养老托育服务健康发展的意见》(国办发〔2020〕52 号),2020 年 12 月 31 日。

农村普惠型养老服务和互助性养老"①。2021年6月民政部发布的《"十四五"民政事业发展规划》提出,"做好城乡特困人员集中供养工作,提升特困人员供养服务设施(敬老院)集中供养和失能照料能力"②。2021年11月18日发布的《中共中央 国务院关于加强新时代老龄工作的意见》指出,要"鼓励以村级邻里互助点、农村幸福院为依托发展互助式养老服务"③。综上可知,新时代农村养老服务体系的构建需要多元主体积极参与,发挥家庭养老的基础性作用,促进居家、社区和机构三者间的功能相协调,并将医养康养相结合的服务内容嵌入养老服务模式中,从而契合农村老年人全生命周期的养老需求,实现健康老龄化和积极老龄化的养老理念。

(二)农村互助幸福院

农村互助幸福院是我国农村养老服务体系的重要组成部分。一般认为河北省邯郸市肥乡县的互助幸福院是此次农村幸福院建设兴起的源头。2008年初,该县以"村级主办、互助服务、群众参与、政府支持"为原则,在全国率先探索"集体建院、集中居住、自我保障、互助服务"的农村养老模式,为农村老人提供了所需的生活照料、精神慰藉、休闲娱乐等养老服务④。肥乡县互助幸福院模式在河北省得到大力推广,河北各地普遍加大财政投入力度,同时鼓励社会捐助,推广建设农村互助幸福院。到2011年河北省已经建成农村互助幸福院3200个,床位3.5万张⑤。河北肥乡的互助幸福院也受到了民政部的关注,2011年2月,民政部相关领导到河北省肥乡县实地调研后,认为肥乡走出了一条符合农村实际、具有当地特色的低成本养老之路,自此肥乡的经验开始向全国推广。

---

① 《中共中央 国务院关于全面推进乡村振兴加快农业农村现代化的意见》(2021年中央一号文件),2021年1月4日。
② 《民政部 国家发展和改革委员会关于印发〈"十四五"民政事业发展规划〉的通知》(民发〔2021〕51号),2021年6月18日。
③ 《中共中央 国务院关于加强新时代老龄工作的意见》,2021年11月18日。
④ 耿卫新:《河北省农村互助养老发展问题研究》,《统计与管理》2014年第12期。
⑤ 李增辉:《抱团养老 就地享福》,《人民日报》2011年8月14日。

2012年，民政部部署实施了"农村养老服务建设幸福计划"，要求在农村社区建设一批养老服务设施，为老年人提供集中养老服务，并逐步为农村老年人提供居家养老和日间照料服务[①]。为支持和帮助农村幸福院建设，2013年4月28日财政部、民政部联合下发了《中央专项彩票公益金支持农村幸福院项目管理办法》。在这一支持下，全国掀起了建设农村幸福院的高潮。如安徽省财政厅于2013年11月下拨中央专项彩票公益金4674万元，实施全省1558个农村幸福院项目[②]；宁夏在民政部、财政部实施中央专项彩票公益金支持农村幸福院建设项目后，抢抓机遇、争取项目，把农村幸福院建设作为加快推进养老服务体系建设、破解农村老人养老难题的重要举措加快推进。

三 农村养老服务发展困境

我国人口老龄化城乡倒置现象严重，但农村地区的养老服务发展却严重滞后于城市，供给仍处于兜底线和保基本的初级阶段。主要体现为以下三个方面。

一是敬老院主要服务于农村特困供养人员，其普惠性差，所起到的辐射作用有限。与此同时，农村特困老人对公办敬老院的入住意向较低，真正愿意入住敬老院的往往是生活不能自理的失能老人，而失能老人又对敬老院的护理服务提出了更高的要求，使得运营成本增加。

二是市场化养老机构发展举步维艰。在农村养老服务领域，养老服务机构所面临的经营风险较高。因务农收入低，农村老人的购买力不足，难以支付养老服务机构所需费用，而养老服务行业运作周期长、利润低，难以在短期内收回成本实现盈利。因此，社会资本往往更加愿意在城市这一需求与消费能力兼具的市场中开办养老机构[③]。

---

① 窦玉沛：《实施农村幸福院项目 着力提升老人幸福指数》，《社会福利》2013年第6期。
② 冯珉：《首批1558个农村幸福院项目启动》，《安徽日报》2013年11月19日。
③ 陈欣欣、陈燕凤、龚金泉、贾媛、孟琴琴、王格玮、王亚峰、颜力、杨鹏、赵耀辉：《我国农村养老面临的挑战和养老服务存在的突出问题》，《中国农业大学学报》（社会科学版）2021年第4期。

三是互助幸福院空壳化特征明显，发展困难。虽然互助幸福院在农村地区发展迅速，但大多存在选择性政策执行、乡村敷衍性应对以及供需矛盾等问题，难以形成组织绩效。很多农村互助幸福院的运行资金来自村集体补助和农村老人自费，而农村老人收入来源较少，主要依靠农业种植和子女供给，因此农村老人大多难以支付这笔费用，导致农村老人参与度不高。另外，农村互助幸福院在向全国推广的过程中，没有充分调动村庄社会网络中的养老资源，导致互助的内涵逐渐消失，只保留了日间照料的服务形式，互助养老名不副实。此外，对于地理环境恶劣、人口居住分散的农村，互助幸福院这种庭院式养老模式与农村老人的需求无法契合。这些问题导致当前农村互助幸福院空壳化特征明显，即很多互助幸福院已经建成，但并没有实际运行。

第三节　本章小结

本章梳理了中华人民共和国成立以来农村养老保障的嬗变历程，描述了农村养老服务的发展状况，总结了当前农村养老服务发展的困境，得出以下研究结论。

第一，农村养老保障的嬗变特征是逐渐从单一的家庭保障转向家庭与集体、家庭与社会相结合的多元保障。自中华人民共和国成立以来，我国农村养老保障经历了传统家庭养老保障时期（1949—1952年），家庭养老为主、集体保障为辅时期（1953—1981年），家庭养老为主、社会养老保障探索时期（1982—2008年），以及家庭养老保障与社会养老保障相结合时期（2009年以后）。在传统家庭养老保障时期，土地是农村老人养老的重要经济支撑，子女的赡养则是农村老人养老资源的主要来源。而后，随着农业集体化运动的开展，集体在养老保障中的作用不断增强。在家庭养老为主、集体保障为辅时期，集体通过"五保"制度对农村老人进行保障。在家庭养老为主、社会养老保障探索时期，农村社会养老保险和"五保"制度等社会保障只起到补充性作用。在家庭养老保障与社会养老保障相结合时期，个人账户和社会统筹账户相结合的社会养老保险制度在农村建立并不断完善,与社会救助和社会福利等农村社会保障制度不断衔接,同时,农村养老服务也开始得到发展。

第二,我国农村养老服务不断发展,但仍处于兜底线和保基本的初级阶段。自中华人民共和国成立以来,我国农村养老服务发展经历了国家责任从无到有,服务对象从特殊困难群体向全体农村老人扩展,服务内容从保障基本生活向关注生活质量转变,服务形式从敬老院式的集体供养向互助式养老模式发展的过程。但农村地区的养老服务发展严重滞后于城市,仍处于兜底线和保基本的初级阶段。农村养老服务发展面临以下困境:一是敬老院主要服务于农村特困供养人员,普惠性差,辐射作用有限;二是市场化养老机构发展举步维艰;三是互助幸福院空壳化特征明显,发展困难。

第三章

调查数据的获取及样本特征描述

本书的相关论述与实证分析主要基于课题组对全国 11 个省份农村老人的问卷调查数据展开。故本章将介绍调查数据的获取方式以及样本的基本特征，为之后章节的开展提供基础数据支持。

第一节 调查数据的获取

一 调查问卷设计

本书所用调查问卷的设计历时近一年，借鉴了部分文献以及中国综合社会调查（CGSS）、中国社会状况综合调查（CSS）、中国健康与养老追踪调查（CHARLS）、中国家庭追踪调查（CFPS）等全国性调查的问卷，并进行了多轮次修改以及试调查。2019 年 7 月中旬，课题组在陕西省西安市长安区郭杜街道、高新区兴隆街道分别抽取 1 个村，每个村随机抽取 10 名老人进行了试调查。试调查结束，在与相关专家讨论后对问卷进行了修订，并形成了最终的调查问卷。

调查问卷共分六个部分：第一部分为被访者个人与家庭基本情况，第二部分为被访者个人及所在家庭的生产经营与收入情况，第三部分为被访者的休闲与消费情况，第四部分为被访者的家庭关系与社会养老保险参与情况，第五部分为被访者的社会网络与社会资本情况，第六部分为被访者养老服务的需求以及养老服务的获得相关情况（问卷参见附件）。

二 调查数据获取

本书使用的数据分两个阶段采集，分别是 2019 年 7—8 月和 2021 年 1—2 月。2019 年 7 月和 8 月，课题组先后对陕西省宝鸡市凤翔县以及延安市子长县（现子长市）的农村老人开展了问卷调查。调查采用分层抽样的方法随机选取样本，在陕西省共抽取 2 个县，每个县随机抽取 2 个乡（镇），每个乡（镇）随机抽取 3 个行政村，每个行政村随机抽取 50 个左右年满 60 周岁的农村老人作为样本。这一阶段的调查共抽取了 4 个乡（镇）12 个行政村的约 570 名农村老人。这一阶段的调查均由课题组研究生组成的调查小组分赴不同村进行入户调查，调查质量较高。调查共发放问卷约 570 份，收回有效问卷 559 份。

受新冠疫情影响，2020 年寒假和 2020 年暑期的实地调研计划无法完成。因此，课题组经研究决定于 2021 年 1—2 月进行补充调查。此次调查通过公开招募方式选择调查员 20 人，并进行了为期两天的调查培训，确保调查员掌握科学的入户调查技巧。这一阶段调查了江苏、福建、山东、河北、山西、河南、湖北、湖南、云南、新疆等 10 个省份的 20 个村，每个村随机抽取 30 名农村老人作为样本。这一阶段调查共发放问卷约 600 份，收回问卷 578 份。因其中有 1 个村庄已非传统村落，不太符合抽样要求，且实际获得样本量较少，故最终保留 19 个村庄的 567 份有效问卷。至此，两个阶段的调查样本分布在 11 个省份、31 个村，共获得 1126 份有效问卷。

三 调查质量监控

保证问卷调查的信度和效度是实证研究的关键，因此对问卷调查的过程采取适度的控制非常有必要。为保证调查质量，课题组选择了接受过系统专业训练的硕士研究生以及部分优秀的本科生作为调查员，并在每次调查前都要召开培训和动员会，发放调查问卷填答说明，详细讲解问卷中的每一个问题，最大限度地统一所有调查员的评价标准。培训过程中也会组织调查员模拟调查过程，确保将调查中可能出现的问题提前暴露出来。入户调查首日结束后，各小组开会讨论调查中遇到的问题，并进行统一解决；对某些问题的错误理解进行纠正，并对问卷进行详细检查，确保之后调查的效度。每天入户调查结束后，各个小组长对小组成员当天完成的问卷进行检查，确保调查问卷质量。另外，为保证调查质量，在第二阶段调查过程中，要求调查员对每份问卷调查过程进行录音，以备核查。

第二节 样本特征描述

一 样本个人特征描述

（一）样本个人基本特征

表3-1显示，总体样本中女性比例高于男性，女性比例为53.7%，而男性比例为46.3%。样本年龄集中在80岁以下，其中60—69岁的比例最高，为54.7%；其次为70—79岁，比例为36.1%；80岁及以上的比例最低，仅为9.2%。在婚姻状况方面，已婚的所占比例达73.6%，丧偶的所占比例为25.0%，未婚与离婚的总计仅占1.4%。样本的文化程度以初中及以下为主，小学所占比例最高，为39.3%；其次为文盲/半文盲，所占比例为33.5%；初中所占比例为21.4%；高中/中专/技校只占5.8%。在自评身体健康状况方面，认为自身健康状况"很差"的占4.7%，"较差"的占19.2%，"一般"的占33.7%，"较好"的比例最高，为34.1%，"非常好"的占8.3%。

表3-1　　　　　　　　样本个人基本特征

项目	选项	频数（N）	百分比（%）
性别	男	521	46.3
	女	605	53.7
年龄	60—69岁	616	54.7
	70—79岁	406	36.1
	80岁及以上	104	9.2

续表

项目	选项	频数（N）	百分比（%）
婚姻状况	未婚	11	1.0
	已婚	829	73.6
	离婚	5	0.4
	丧偶	281	25.0
文化程度	文盲/半文盲	377	33.5
	小学	443	39.3
	初中	241	21.4
	高中/中专/技校	65	5.8
自评身体健康状况	很差	53	4.7
	较差	216	19.2
	一般	379	33.7
	较好	384	34.1
	很好	94	8.3

（二）样本生产经营与收入情况

表3-2显示，46.9%的样本已经"完全退出农业劳动和非农工作"，还有13.2%的样本"部分退出劳动，必要的时候务农或从事非农工作"。但仍然有近四成的样本（39.9%）还在从事劳动工作，处于"无休"的状态中，且以农业劳动为主，其中，29.7%的样本为"全职务农"，6.0%的样本为"兼业务农"，还有4.3%的样本为"全职从事非农工作"。

样本的个人年收入主要集中在6000元及以下，其中2001—4000元所占比例最高，为33.7%；其次是4001—6000元，比例为20.4%；样本中个人全年收入在0—2000元的低收入群体所占比例较小，为7.9%；12001—14000元所占比例最小，为3.1%。除此之外，个人年收入在6001—8000元、8001—10000元、10001—12000元以及14000元以上的样本所占比例分别为11.2%、6.3%、4.5%以及12.9%。

表 3-2　　　　　　　　样本生产经营与收入情况

项目	选项	频数（N）	百分比（%）
劳动工作状况	全职务农	334	29.7
	兼业务农	67	6.0
	全职从事非农工作	48	4.3
	部分退出劳动，必要的时候务农或从事非农工作	149	13.2
	完全退出农业劳动和非农工作	528	46.9
个人全年收入	0—2000 元	89	7.9
	2001—4000 元	379	33.7
	4001—6000 元	230	20.4
	6001—8000 元	126	11.2
	8001—10000 元	71	6.3
	10001—12000 元	51	4.5
	12001—14000 元	35	3.1
	14000 元以上	145	12.9

这里进一步分析了样本个人全年收入的结构（见表 3-3）。个人全年收入均值中最高的两项分别是社会养老保险金收入和非农工作纯收入，分别为 3109.387 元/年和 1902.079 元/年，然后是子女及其他家庭成员供养（赡养性质），均值为 1462.610 元/年，农业生产纯收入均值为 1036.088 元/年，排到第四位，其他收入项目均值基本都不足 1000元/年。这说明社会养老保险金在农村老人的个人收入中作用明显，同时可以看出，虽然大多数农村老人的收入主要依靠自身的劳动，但子女及其他家庭成员的供养在农村老人的晚年生活中也发挥着不可替代的作用。

表 3-3　　　　　　　　样本收入结构　　　　　　　　（元/年）

收入项目	均值	标准差
农业生产纯收入	1036.088	2251.157
非农工作纯收入	1902.079	6535.307

续表

收入项目	均值	标准差
土地出租/入股收入	118.047	520.276
农业补贴	172.038	350.911
社会养老保险金收入	3109.387	7746.677
高龄补贴	206.040	452.132
子女及其他家庭成员供养（赡养性质）	1462.610	3396.103
其他收入（低保、五保、房屋出租等）	475.783	1432.827

（三）样本闲暇与消费情况

表3-4描述了样本的闲暇与休闲情况。数据显示，绝大部分样本使用手机，占比为78.1%。样本每天花在休闲娱乐上的时间均值为3.65小时，其中，近半数样本每天花在休闲娱乐活动上的时间为2.1—4小时，占比为46.1%；每天花在休闲娱乐活动上的时间为4小时以上及0—2小时的样本占比接近，分别为27.5%与26.4%。总体来看，样本休闲娱乐活动时间较为充裕。在休闲娱乐时间较为充裕的情况下，样本对自身休闲娱乐状况的满意度总体较高，对休闲娱乐状况"非常不满意"及"不太满意"的仅占1.2%和5.2%；近半数样本对休闲娱乐状况"比较满意"，占比为44.5%；对休闲娱乐状况满意度为"一般"及"非常满意"的占比分别为32.2%及17.0%。

农村老人个人消费支出水平普遍较低。表3-4显示，在样本个人全年消费支出方面，半数以上样本个人全年消费支出在2001—8000元范围内，其中个人全年消费支出在2001—4000元、4001—6000元以及6001—8000元范围的占比分别为21.7%、21.0%以及12.5%；个人全年消费支出在0—2000元范围的样本仅占9.6%；个人全年消费支出8000元以上的样本合计占总体样本的35.2%，其中个人全年消费支出在8001—10000元、10001—12000元、12001—14000元以及14000元以上范围占比分别为8.6%、7.3%、4.2%以及15.1%。

表3-4　　　　　样本闲暇、休闲情况与消费支出水平

项目	选项	频数（N）	百分比（%）
是否在使用手机	是	879	78.1
	否	247	21.9
每天花在休闲娱乐活动上的时间	0—2小时	297	26.4
	2.1—4小时	519	46.1
	4小时以上	310	27.5
对休闲娱乐状况的满意度	非常不满意	13	1.2
	不太满意	58	5.2
	一般	363	32.2
	比较满意	501	44.5
	非常满意	191	17.0
个人消费支出水平	0—2000元	108	9.6
	2001—4000元	244	21.7
	4001—6000元	237	21.0
	6001—8000元	141	12.5
	8001—10000元	97	8.6
	10001—12000元	82	7.3
	12001—14000元	47	4.2
	14000元以上	170	15.1

表3-5显示，农村老人个人年均消费支出为9401.537元，其中，医疗支出年均2860.352元，是消费支出的最大组成部分，食品支出年均2336.293元，是第二大支出。除此之外，快速消费品支出、服装支出、居住支出、通信支出等全年消费数额较低，均值均在1000元以下。

表3-5　　　　　样本消费支出结构　　　　　　　　　　（元/年）

项目	均值	标准差
个人食品支出	2336.293	2899.928
个人服装支出	242.081	441.379

续表

项目	均值	标准差
个人购房等支出	393.082	4700.907
个人居住支出	740.432	1080.488
个人耐用消费品支出	233.068	2784.309
个人快速消费品支出	914.293	1348.588
个人交通通信支出	451.870	791.812
个人教育支出	154.134	1319.216
个人文化休闲娱乐支出	110.538	489.594
个人医疗支出	2860.352	14688.783
个人人情送礼支出	838.071	1635.169
个人赡养支出	127.324	640.306
个人全年总支出	9401.537	17005.190

(四)样本养老金享受情况

表3-6显示,90.0%的样本表示清楚自己每月领取多少养老金,其中,每月领取的养老金数额集中于0—150元之间的样本占比最高,为76.7%,每月领取养老金数额在151—300元、301—450元、451—600元以及600元以上范围的样本占比分别为14.5%、2.5%、0.6%以及5.7%。总体来看,农村老人每月领取养老金的数额较少。

表3-6　　　　　　样本养老金领取情况

项目	选项	频数(N)	百分比(%)
是否清楚每月领多少养老金	是	1013	90.0
	否	113	10.0
每月领取养老金的数额	0—150元	777	76.7
	151—300元	147	14.5
	301—450元	25	2.5
	451—600元	6	0.6
	600元以上	58	5.7

表3-7显示了农村老人对养老金的认知情况。调查结果显示,认

为目前养老金"待遇一般"的样本占比最高,为31.3%,认为"待遇比较低"的样本占比次之,为30.7%,认为"待遇很低"的样本占比达28.4%,而认为目前养老金"待遇比较高"的占7.5%,认为"待遇很高"的仅占1.2%。以上结果表明,大部分农村老人认为目前社会养老保险的养老金待遇偏低。

那么养老金在提高农村老人生活水平中有怎样的作用呢?表3-7显示,有8.3%的样本表示养老金对提高生活水平"没什么作用",有高达59.3%的样本表示"有一点作用",有23.6%的样本表示"有较大的作用",仅有8.1%的样本表示"作用非常大"。这一结果的出现可能是因为目前农村老人绝大多数享受的养老金为城乡居民基本养老保险的基础养老金,而基础养老金的数额普遍偏低,所以导致养老金对提高农村老人生活水平虽然有作用,但作用不大。

既然大部分农村老人认为目前社会养老保险的养老金待遇偏低,且对提高生活水平的作用不大,那么他们是否满意当前农村的社会养老保险制度呢?表3-7显示,对当前农村的社会养老保险制度"比较满意"的样本所占比例最高,为30.3%,其次为"一般满意",所占比例为29.1%,再次是"非常满意"与"不太满意",比例分别为15.9%和18.4%,而选择"很不满意"的比例仅为5.6%。由此而知,虽然当前社会养老保险的养老金对提高农村老人生活水平的作用较小,但农村老人普遍满意当前农村的社会养老保险制度。这主要是因为我国传统观念中,养老问题主要由子女负责,属于子女的家庭义务而非社会责任,所以60岁及以上的农村老人对于当前的农村社会养老保险制度普遍持满意态度。

表3-7　　　　　　　　　样本社会养老保险评价情况

项目	选项	频数（N）	百分比（%）
目前养老金待遇评价	待遇很低	320	28.4
	待遇比较低	346	30.7
	待遇一般	353	31.3
	待遇比较高	84	7.5
	待遇很高	14	1.2
养老金对提高生活水平的作用	没什么作用	93	8.3
	有一点作用	669	59.3
	有较大的作用	266	23.6
	作用非常大	91	8.1
对养老保险制度的满意度	很不满意	63	5.6
	不太满意	207	18.4
	一般满意	328	29.1
	比较满意	341	30.3
	非常满意	179	15.9

二　样本所在家庭特征描述

（一）样本所在家庭人口特征

表3-8是对样本所在家庭基本人口特征的描述。从家庭代际数来看，样本所在家庭最大代际数为5，最小代际数为1，代际数的均值为3.107，标准差为0.465，也即样本所在家庭代际数以3代为主。从子女及孙子女数量来看，样本所在家庭中儿子数的均值为1.586，标准差为0.916，女儿数的均值为1.449，标准差为1.027；孙子数和孙女数的均值分别为1.489和1.179，外孙子数和外孙女数的均值分别为1.287和1.138。从居住房屋常住人口来看，常住在一起的家人数的均值为2.773，标准差为1.700。常住人口中18周岁以下的家人数的均值为0.456，标准差为0.830；18周岁至59周岁的家人数的均值为0.608，标准差为1.042；60周岁及以上的人口均值为1.702，标准差为0.480。综上，农村老人的居住方式一般为老年夫妻同时与1到2名家人一起居住。

表 3-8　　样本所在家庭基本人口特征

项目	均值	标准差	最小值	最大值
家庭代际数	3.107	0.465	1	5
儿子数	1.586	0.916	0	6
女儿数	1.449	1.027	0	6
孙子数	1.489	1.401	0	18
孙女数	1.179	1.193	0	9
外孙子数	1.287	1.329	0	10
外孙女数	1.138	1.325	0	9
常住地在本村的儿子数	0.549	0.883	0	6
常年在外打工或做买卖的儿子数	0.989	0.915	0	5
常住在一起的家人数	2.773	1.700	1	10
18 周岁以下的家人数	0.456	0.830	0	4
18 至 59 周岁的家人数	0.608	1.042	0	6
60 岁及以上的家人数	1.702	0.480	1	4

表 3-9 是对样本及其配偶健在兄弟姐妹数量的描述。数据显示，样本本人健在兄弟姐妹数的均值为 2.727，标准差为 1.821，最大值为 10，应该说农村老人的兄弟姐妹相对较多。本人健在哥哥数的均值为 0.548，标准差为 0.764，最大值为 5；本人健在弟弟数的均值为 0.848，标准差为 1.006，最大值为 6；本人健在姐姐数的均值为 0.567，标准差为 0.845，最大值为 7；本人健在妹妹数的均值为 0.768，标准差为 0.955，最大值为 5。

样本配偶健在兄弟姐妹数的均值为 2.442，标准差为 1.942，最大值为 13；配偶健在哥哥数的均值为 0.511，标准差为 0.793；配偶健在弟弟数的均值为 0.786，标准差为 1.007；配偶健在姐姐数的均值为 0.513，标准差为 0.876；配偶健在妹妹数的均值为 0.672，标准差为 1.005。

表3-9　　样本个人及配偶健在兄弟姐妹数量

项目	均值	标准差	最小值	最大值
本人健在兄弟姐妹数	2.727	1.821	0	10
本人健在哥哥数	0.548	0.764	0	5
本人健在弟弟数	0.848	1.006	0	6
本人健在姐姐数	0.567	0.845	0	7
本人健在妹妹数	0.768	0.955	0	5
配偶健在兄弟姐妹数	2.442	1.942	0	13
配偶健在哥哥数	0.511	0.793	0	5
配偶健在弟弟数	0.786	1.007	0	6
配偶健在姐姐数	0.513	0.876	0	9
配偶健在妹妹数	0.672	1.005	0	9

(二) 样本所在家庭经营与收入情况

调查结果显示，绝大多数样本所在家庭拥有耕地（含租用），占比为69.4%，所在家庭未拥有耕地（含租用）的样本仅占30.6%。同时，样本所在家庭集体分配耕地亩数均值为5.678，标准差为6.223；实际经营耕地亩数均值为7.199，标准差为71.634，这表明样本所在家庭拥有耕地（含租用）面积的差异较大（见表3-10）。

表3-10　　样本所在家庭拥有耕地情况　　　　　　　　　（亩）

项目	均值	标准差
所在家庭集体分配耕地	5.678	6.223
所在家庭实际经营耕地	7.199	71.634

调查中大部分受访样本所在家庭收入统一核算的人数较少，且收入水平较低，主要依靠国家保障性收入和子女赡养费。表3-11显示，家庭收入中最高的两项分别是社会养老保险金收入和非农工作纯收入，均值分别为4922.901元/年和4218.606元/年，然后是子女及其他家庭成员供养（赡养性质），均值达到了2084.947元/年，农业生产纯收入均值为

1900.676元/年,排到第四位,其他收入项目均值基本都不足1000元/年。

此外,调查结果显示,多数样本认为其家庭经济状况在当地老人群体中"处于平均水平"(64.7%),然后是认为"低于平均水平"(20.6%),还有5.5%的样本认为所在家庭经济状况"远低于平均水平",而认为"高于平均水平""远高于平均水平"的比例分别仅为9.0%、0.2%。总体来看,农村老人对自己所在家庭经济状况的评价相对保守,这可能体现了"不露富"的心态。从家庭收入满意度角度看,41%的样本对其所在家庭收入感到"一般满意",感到"比较满意"和"非常满意"的比例分别为24.7%和10.3%,而感到"不太满意"和"非常不满意"的比例分别为18.5%和5.5%。应该说,农村老人对其所在家庭的收入满意度相对较高。

表3-11　　　　　　　　样本所在家庭收入结构　　　　　　　　(元/年)

收入项目	均值	标准差
农业生产纯收入	1900.676	4850.176
非农工作纯收入	4218.606	11389.624
土地出租/入股收入	196.693	913.558
农业补贴	253.617	431.478
社会养老保险金收入	4922.901	11129.619
高龄补贴	300.373	612.467
子女及其他家庭成员供养(赡养性质)	2084.947	4455.593
其他收入(低保、五保、房屋出租等)	767.645	2584.548

(三)样本所在家庭消费支出情况

表3-12显示,有13.1%的样本所在家庭全年消费支出在0—4000元范围,25.1%的样本所在家庭全年消费支出在4000—8000元范围,18.8%的样本所在家庭全年消费支出在8000—12000元范围,14.3%的样本所在家庭全年消费支出在12000—16000元范围。样本所在家庭全年消费支出在16000元以上的占比最高,为28.7%。

表 3-12　　　　　　　　样本所在家庭消费支出情况

选项	频数（N）	百分比（%）
0—4000 元	147	13.1
4001—8000 元	283	25.1
8001—12000 元	212	18.8
12001—16000 元	161	14.3
16000 元以上	323	28.7

表 3-13　　　　　　　样本所在家庭消费支出结构　　　　　（元/年）

项目	均值	标准差
家庭食品支出	4329.984	5290.196
家庭服装支出	533.570	1439.051
家庭购房等支出	617.242	7726.408
家庭居住支出	1290.062	1725.979
家庭耐用消费品支出	313.764	3162.440
家庭快速消费品支出	1564.644	2093.221
家庭交通通信支出	929.963	2524.829
家庭教育支出	460.222	2583.397
家庭文化休闲娱乐支出	213.372	1249.763
家庭医疗支出	4017.922	13755.406
家庭人情送礼支出	1366.027	2710.162
家庭赡养支出	214.076	1427.823
家庭全年总支出	15850.847	20979.971

表 3-13 进一步描述了样本所在家庭的消费支出结构情况。结果显示，样本所在家庭消费支出的均值为 15850.847 元/年，且样本所在家庭各项目支出的标准差较大，这表明样本所在家庭的消费支出情况差异较大。样本所在家庭全年支出均值大于 1000 元的项目由高到低分别为"家庭食品支出""家庭医疗支出""家庭快速消费品支出""家庭人情送礼支出"与"家庭居住支出"。说明除了日常生活的消费支出，农村老人的消费支出情况与其健康状况及社会网络有很大联系。除此之外，其他项目全年支出均值皆小于 1000 元。值得注意的是，样本所在家庭的"家庭文化休闲娱乐支出"的均值最小，说明农村老人一般不愿意

将收入用于文化产品的消费。

（四）样本所在家庭的代际关系

调查数据显示，绝大多数样本不需要照料自己的父母，占比为94.0%，只有3.8%的样本表示父母需要照料，1.2%的样本表示配偶的父母需要照料，还有1.0%的样本表示自己和配偶的父母都需要照料（见表3－14）。可见，大多数样本不需要考虑对上一辈的赡养问题，最主要的原因是样本本身年龄已经超过60周岁，他们的父母很多都已经去世，所以对上一辈赡养的可能性较小。

此外，对农村老人子女家庭经济状况调查显示（见表3－14），有4.4%的样本表示子女家经济"都比较困难"，有16.9%的样本表示"大部分比较困难"，有40.9%的样本表示子女家经济"宽裕和困难各一半"，有26.7%的样本表示子女家经济"大部分比较宽裕"，仅有9.9%的样本表示子女家经济"都比较宽裕"。可见，农村老人对子女家经济状况的评价并不十分乐观。

那么，农村老人与子女的关系如何呢？对农村老人与儿子关系的调查结果显示（见表3－14），有0.5%的样本表示与儿子"都不太亲近"，有1.0%的样本表示与大部分儿子"不亲近"，有8.5%的样本表示与儿子"亲近与不亲近的差不多"，有6.3%的样本表示与大部分儿子"比较亲近"，有高达75.0%的样本表示与儿子"都比较亲近"。同样，对农村老人与女儿关系的调查结果显示，有0.6%的样本表示与女儿"都不太亲近"以及"大部分不亲近"，有6.3%的样本表示与女儿"亲近与不亲近的差不多"，有5.2%的样本表示与大部分女儿"比较亲近"，有高达71.2%的样本表示与女儿"都比较亲近"。可见，农村老人与子女的关系大部分是比较亲近的，家庭关系较为和睦。

调查结果还显示，农村老人普遍对自己与子女的关系表示满意。表3－14显示，48.8%的样本表示"比较满意"自己与子女之间的关系，34.5%的样本表示"很满意"自己与子女之间的关系，两者合计达到83.3%；13.3%的样本对自己与子女之间的关系表示"一般满意"，而表示"不太满意"和"很不满意"的样本比例仅分别为1.6%和0.4%。这表明农村老人和子女间关系相对融洽，同时也印证了农村老人与子女关系大部分是比较亲近的。

表3-14　　　　　　　　样本所在家庭的代际关系

项目	选项	频数（N）	百分比（%）
自己（或者配偶）父母需要照料状况	父母需要照料	43	3.8
	配偶的父母需要照料	14	1.2
	自己和配偶的父母都需要照料	11	1.0
	不需要	1058	94.0
子女家经济状况	都比较困难	49	4.4
	大部分比较困难	190	16.9
	宽裕和困难各一半	461	40.9
	大部分比较宽裕	301	26.7
	都比较宽裕	111	9.9
与儿子的关系	都不太亲近	6	0.5
	大部分不亲近	11	1.0
	亲近与不亲近的差不多	96	8.5
	大部分比较亲近	71	6.3
	都比较亲近	844	75.0
	不适用	98	8.7
与女儿的关系	都不太亲近	7	0.6
	大部分不亲近	7	0.6
	亲近与不亲近的差不多	71	6.3
	大部分比较亲近	58	5.2
	都比较亲近	802	71.2
	不适用	181	16.1
与子女关系的满意度	很不满意	5	0.4
	不太满意	18	1.6
	一般满意	150	13.3
	比较满意	550	48.8
	很满意	389	34.5

第四章

农村老人的养老服务需求及服务可及性

农村老人的养老服务需求是农村养老服务供给的导向标,掌握农村老人的养老服务需求是研究农村养老服务供给的出发点。因此,本章将探讨农村老人的养老服务需求及其生成机制,同时对养老服务的可及性进行描述。

第一节 农村老人的养老服务需求及其影响因素

一 农村老人的养老服务需求

基于已有研究,本书将农村老人的养老服务需求分为生活照料、医疗护理、精神慰藉3大类共12个小项进行测量。其中,生活照料服务包含"清扫房间、整理物品""换洗衣被""帮忙烧饭、清洗餐具"3个小项;医疗护理服务包含"提供常用药品""陪伴就医或住院陪床""医疗保健知识普及""上门医疗""定期体检"5个小项;精神慰藉服务包含"聊天解闷、排解情绪""心理辅导""组织娱乐活动""外出旅游"4个小项。

统计结果显示,农村老人对养老服务的需求存在异质性,即对不同方面的需求水平存在差异。相较而言,农村老人对生活照料服务(各项得分均值为1.642,介于"不需要"与"不太需要"之间)的需求水平低于对精神慰藉服务（各项得分均值为2.028，介于"不太需要"与"比较需要"之间）的需求水平，远低于对医疗护理服务（各项得分均值为2.437）的需求水平。为进一步了解农村老人对养老服务需求的情况，研究还对农村老人养老服务需求的频次分布进行了统计（见表4-1）。

在生活照料服务各项目上，样本老人选择"不需要"的比例均为最高，其中选择不需要"清扫房间、整理物品"的比例为62.0%，选择不需要"换洗衣被"的比例为62.4%，选择不需要"帮忙烧饭、清洗餐具"的比例为62.8%。同时，选择不太需要"清扫房间、整理物品""换洗衣被""帮忙烧饭、清洗餐具"等生活照料服务项目的样本比例分别为18.6%、18.6%和17.8%。仅有7.3%的样本非常需要"清扫房间、整理物品"，7.1%的样本非常需要"换洗衣被"，7.2%的样本非常需要"帮忙烧饭、清洗餐具"（见表4-1）。生活照料虽然是农村养老服务的基础项目，但农村老人基本可以依靠自我、配偶或子女来获得这方面的支持，因此其对生活照料服务需求程度较低。

调查数据显示，农村老人普遍对医疗护理服务有较高的需求（见表4-1）。45.8%的样本对"提供常用药品"有需求（28.9%+16.9%），41.8%的样本对"陪伴就医或住院陪床"有需求（24.9%+16.9%），52.7%的样本对"医疗保健知识普及"有需求（33.3%+19.4%），61.4%的样本对"上门医疗"有需求（34.9%+26.5%），70.4%的样本对"定期体检、义诊"有需求（39.6%+30.8%）。即农村老人最需要的医疗护理服务为定期的体检和义诊，然后是上门医疗，接着是医疗保健知识普及，最后是提供常用药品和陪伴就医或住院陪床。随着年龄的增长，农村老人的身体健康状况逐渐变差，因此农村老人更加重视对身体健康的维护，同时由于农村地区医疗护理服务的可及性较差，因此农村老人对医疗护理服务项目的需求水平更高。

表 4-1　　　　　　　农村老人的养老服务需求　　　　　　　　(%)

内容	项目	不需要	不太需要	比较需要	非常需要
生活照料	清扫房间、整理物品	62.0	18.6	12.0	7.3
	换洗衣被	62.4	18.6	11.9	7.1
	帮忙烧饭、清洗餐具	62.8	17.8	12.2	7.2
医疗护理	提供常用药品	39.7	14.5	28.9	16.9
	陪伴就医或住院陪床	42.0	16.2	24.9	16.9
	医疗保健知识普及	34.0	13.2	33.3	19.4
	上门医疗	28.0	10.6	34.9	26.5
	定期体检、义诊	21.0	8.6	39.6	30.8
精神慰藉	聊天解闷、排解情绪	35.2	14.2	30.8	19.9
	心理辅导	53.1	16.7	20.8	9.4
	组织娱乐活动	47.4	15.7	26.0	10.8
	外出旅游	51.6	16.1	23.5	8.8

在精神慰藉服务的各项目中，农村老人除了对"聊天解闷、排解情绪"有较高需求之外，其他方面需求水平均相对较低（见表4-1）。针对"聊天解闷、排解情绪"的项目，有30.8%的样本选择"比较需要"，19.9%的样本选择"非常需要"，两者合计达到50.7%。而对"心理辅导""组织娱乐活动""外出旅游"等项目的需求比例分别为30.2%（20.8%＋9.4%）、36.8%（26.0%＋10.8%）、32.3%（23.5%＋8.8%）。同时，对"心理辅导"和"外出旅游"项目表示"不需要"的样本均超过半数，比例分别达到53.1%和51.6%。

二　影响农村老人养老服务需求的因素

（一）分析框架与研究假设

众所周知，之所以会出现"养老服务"，主要是因为个体的生、老、病、死是受生命周期约束的，个体在生命周期后期各种生理机能衰退时，就需要外部的支持和帮助。在我国传统文化中，"养儿防老"的观念深入人心。进入生命周期后期的农村老人，主要依赖家庭，特别子女提供养老支持，当家庭支持充足时，来自家庭外的养老服务便很难介入；而当家庭支持不足时，农村老人对社会养老服务的需求就会生成。综上，农村老人之所以会产生对养老服务的需求，一方面是生命周期向后推移使然，另一方面是家庭承担的养老保障不足使然。因此，本章将主要分析生命周期以及家庭保障对农村老人养老服务需求的影响，具体的分析框架见图4-1。

生命周期因素
◆ 年龄
◆ 身体健康状况

家庭保障因素
◆ 婚姻状况　◆ 配偶健康状况
◆ 居住状况　◆ 与配偶亲密关系
◆ 儿子数量　◆ 与儿子关系
◆ 女儿数量　◆ 与女儿关系

控制变量
◆ 性别
◆ 受教育年限
◆ 个人收入水平对数
◆ 所在村养老服务供给场所状况
◆ 所在村经济状况
◆ 所在村与县城距离
◆ 所在地区

农村老人养老服务需求

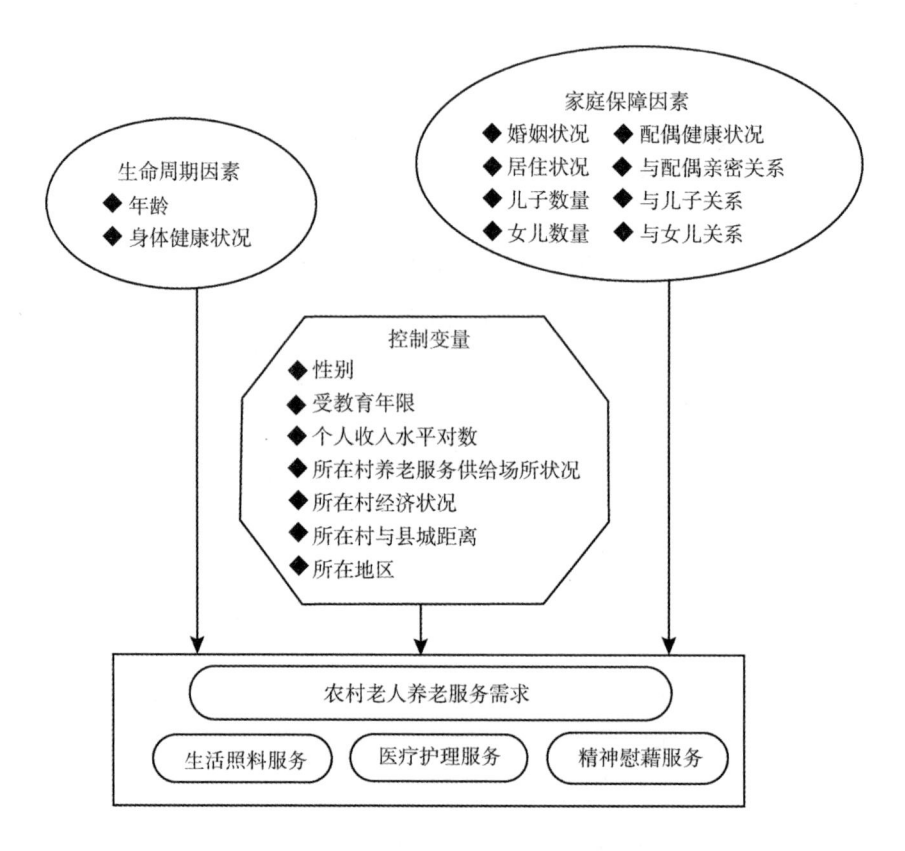

生活照料服务　　医疗护理服务　　精神慰藉服务

图4-1　农村老人养老服务需求影响因素分析框架

"生命周期"原为生物学术语，属于生命科学领域，指一个生物体从出生到死亡所经历的各个阶段和整个过程。后经引申和扩展，广义的生命周期理论成为一种在社会科学各学科中应用颇为广泛的研究方法。

本章关注的养老服务与生命周期的生物属性高度相关，所以这里仍然关注生命周期的本义。目前学界对人生命周期的划分已达成基本共识，基于年龄标准可以将生命周期大致分为五个阶段：第一阶段是婴儿期（0—3岁），第二阶段是幼儿期（3—6岁），第三阶段是青少年期（6—20岁），第四阶段是成年期（20—60岁），第五阶段是老年期（60岁及以上）。在人的自然生命周期中，身体机能会随着年龄的增长逐渐发育至完善，到达峰顶后，身体的部分器官功能会逐渐退化。人一旦步入老年期，也即进入了"养老"阶段，身体机能迅速衰退，自理能力逐渐下降，也就更加需要他人的照料及陪护。因此，随着生命周期的向后推移，农村老人对养老服务的需求就会增加，故这里提出关于生命周期的研究假设：

假设4.1：随着生命周期的向后推移，农村老人对养老服务的需求随之增加。

年龄是生命周期的一个核心变量，而身体机能是影响老人养老服务需求的硬性指标[①]。进入老年期的农村老人，随着年龄的增长，身体机能将必然衰退，自我照料的能力也会越来越差。当农村老人身体机能衰退到失去完全自理能力时，就会产生对外部养老支持的依赖。养老服务正是这样一种外部养老支持，因此，随着年龄的增长，农村老人对养老服务的需求就会增加。除年龄之外，身体健康状况也是表征生命周期的一个重要变量。当人进入老年期，身体抵抗能力逐渐下降，患病率随之增加。国家卫健委2019年发布的数据显示，我国有超过1.8亿老人患有慢性病，患有一种及以上慢性病的比例高达75%，失能、部分失能老人约4000万，老年痴呆症患者900多万。患病将很大程度上影响农村老人的自理能力，在患病状态下农村老人对养老服务的需求会随之增加。因此这里进一步提出以下研究假设：

假设4.1.1：农村老人的年龄越大，其对养老服务的需求越高。

假设4.1.2：农村老人的身体健康状况越差，其对养老服务的需求

---

① 王琼：《城市社区居家养老服务需求及其影响因素——基于全国性的城市老年人口调查数据》，《人口研究》2016年第1期。

越高。

家庭在每个人生命中都是不可替代的存在，家庭所滋生的血亲价值，促使年老之后在家中养老、得到家庭成员的照料成为中国人养老的首选方式，家庭养老也因此成为中国传统社会的基本养老模式。尤其在传统农村社会，配偶、子女甚至亲朋好友等共同承担着农村老人生活照料、精神慰藉和经济供养等责任，农村养老始终在家庭范围之内①。家庭养老实质上是在缺少制度性社会保障背景下，家庭应对老人年龄增长、身体健康状况变差、自我照料能力不足的必然选择。随着农村经济社会的快速发展，养老服务提供主体趋向多元化，家庭外养老服务供给成为可能。若农村老人的基本需求从家庭中得不到满足，那么就有可能转向家庭之外寻求或购买养老服务②。虽然家庭养老在农村具有扎实的社会文化根基与深厚的亲情底蕴，但在农村经济社会结构发生剧烈变化，尤其是农村老人养老依赖的家庭成员发生乡城转移或者发生其他变故时，农村老人面向社会的养老服务需求就会生成。因此，这里认为家庭保障的不足是农村老人养老服务需求的重要生成机制。故这里进一步提出家庭保障不足假设：

假设4.2：家庭的养老保障不足，将导致农村老人对养老服务有更高的需求。

一般来说，家庭中养老支持力主要来源于子女、配偶或亲属③，其中子女是最主要的。但在当今农村劳动力乡城迁移普遍化的情况下，农村老人与子女之间长期聚少离多，农村老人的日常生活一般由自己或其配偶负责，当农村老人处于不能完全自理状态时，配偶就成为农村老人生活照料的主体，更是农村老人精神生活的重要依赖④。因此，对于农

---

① 陈其芳、曾福生：《中国农村养老模式的演变逻辑与发展趋势》，《湘潭大学学报》（哲学社会科学版）2016年第4期。
② 黄健元、贾林霞：《家庭养老功能的变迁与新时代家庭养老功能的发挥》，《中州学刊》2019年第12期。
③ 穆光宗：《家庭养老面临的挑战以及社会对策问题》，《中州学刊》1999年第1期。
④ 胡芳肖、李蒙娜、张迪：《农村老年人养老服务方式需求意愿及影响因素研究——以陕西省为例》，《西安交通大学学报》（社会科学版）2016年第4期。

村老人来说，配偶在一定程度上会影响其对养老服务的需求。据此提出以下的研究假设：

假设4.2.1：相对于无配偶的农村老人，有配偶的农村老人对养老服务的需求更低。

假设4.2.2：配偶的身体健康状况越差，农村老人对养老服务的需求越高。

假设4.2.3：与配偶的关系越亲密，农村老人对养老服务的需求越低。

在中国传统的家庭结构中，老人多与其后代共同居住生活，这样更有利于"反馈模式"的实现。费孝通曾指出，在西方社会子女没有赡养父母的义务，而在中国子女赡养父母是其义不容辞的责任。在中国是甲代抚育乙代，乙代赡养甲代，乙代抚育丙代，丙代又赡养乙代，下一代对上一代都要反馈的模式，即"反馈模式"[①]。随着中国经济持续快速发展，农村大量青壮年劳动力外流，导致农村老人空巢化现象突出，促使农村老人居住安排的传统模式发生了改变。农村老人与家人，尤其是与子女不能共同居住，就导致农村家庭养老资源获取的便利性不足，农村老人为应对养老压力而接受社会提供养老服务的可能性就会产生。基于以上论述，研究认为居住方式对农村老人养老服务需求有一定程度的影响，故提出以下研究假设：

假设4.2.4：相比与家人共同居住的农村老人，没有与家人共同居住的农村老人对养老服务的需求更高。

子女是农村老人家庭养老支持的主要提供者。在农村社会，老人由于身体状况等原因而产生的生活照料、医疗护理等需求主要由子女满足[②]，精神慰藉也主要由子女提供。所以子女数量的多少将很大程度上决定农村老人可获得家庭养老资源的数量，在子女数量减少的情况下，

---

① 费孝通：《家庭结构变动中的老年赡养问题——再论中国家庭结构的变动》，《北京大学学报》（哲学社会科学版）1983年第3期。

② 张文娟、魏蒙：《城市老年人的机构养老意愿及影响因素研究——以北京市西城区为例》，《人口与经济》2014年第6期。

农村老人更容易产生对外部养老服务的需求。当然除了子女数量外,家庭养老条件或资源是否充足也受到代际关系的影响①。当农村老人与子女关系融洽时,其可获得更多养老资源,尤其是较高的精神满足,相反当农村老人与子女关系并不融洽时,其可获得的养老资源将被消减。因此,与子女关系越差,农村老人对养老服务的需求水平可能越高。据此提出以下研究假设:

假设4.2.5:儿子数量越少,农村老人对养老服务的需求越高。

假设4.2.6:女儿数量越少,农村老人对养老服务的需求越高。

假设4.2.7:与儿子关系越亲近,农村老人对养老服务的需求越低。

假设4.2.8:与女儿关系越亲近,农村老人对养老服务的需求越低。

(二) 变量测量

农村老人对养老服务的需求为研究的因变量,包含两个层面:一是总体层面的养老服务需求,二是依据养老服务内容进行划分的具体层面的养老服务需求。因变量的测量来自问卷中的题目"您需要以下哪些养老服务"。基于已有研究,这里将养老服务划分为生活照料、医疗护理、精神慰藉3个方面,共有12个子项进行测量(见表4-1)。生活照料服务变量由"清扫房间、整理物品""换洗衣被""帮忙烧饭、清洗餐具"3个子项进行测量,医疗护理服务变量由"提供常用药品""陪伴就医或住院陪床""医疗保健知识普及""上门医疗""定期体检、义诊"5个子项进行测量,精神慰藉服务变量由"聊天解闷、排解情绪""心理辅导""组织娱乐活动""外出旅游"4个子项进行测量。老人对养老服务各项目的需求水平由低到高分别赋值1—4分,各项目得分加总形成因变量得分。这样生活照料服务需求得分在3—12分,医疗护理服务需求得分在5—20分,精神慰藉服务需求得分在4—16分,养老服务需求(精神慰藉+生活照料+医疗护理)得分在12—48分。同时,

---

① 田北海、王彩云:《城乡老年人社会养老服务需求特征及其影响因素——基于对家庭养老替代机制的分析》,《中国农村观察》2014年第4期。

这里的因变量为连续变量,因此选择线性回归模型探讨生命周期变量与家庭保障变量对农村老人养老服务需求的影响。

自变量包括生命周期和家庭保障两个方面。根据已有研究以及前文分析,构建生命周期变量时选取了年龄、身体健康状况两个指标。家庭保障变量则选取了婚姻状况、配偶健康状况、与配偶亲密关系、居住状况、儿子数量、女儿数量、与儿子关系、与女儿关系等8个指标。

表 4-2　　　　　　　　　变量的描述性统计

变量名称	变量说明/单位	均值	标准差
自变量			
生命周期变量			
年龄	单位:周岁	69.716	6.664
身体健康状况	很差=1,较差=2,一般=3,较好=4,很好=5	3.222	1.003
家庭保障变量			
婚姻状况	有配偶=1,无配偶=0	0.736	0.441
配偶健康状况	很差=1,较差=2,一般=3,较好=4,很好=5	2.417	1.708
与配偶亲密关系	最先与配偶分享开心和难过=1,其他=0	0.559	0.497
居住状况			
寡居	寡居=1,其他=0	0.157	0.364
与配偶独居	与配偶居住=1,其他=0	0.457	0.498
多代同堂	多代同堂=1,其他=0	0.385	0.487
儿子数量	单位:个	1.586	0.916
女儿数量	单位:个	1.449	1.027
与儿子关系	都不亲近=1,大部分不亲近=2,亲近与不亲近差不多=3,大部分比较亲近=4,都比较亲近=5	4.542	0.846
与女儿关系	都不亲近=1,大部分不亲近=2,亲近与不亲近差不多=3,大部分比较亲近=4,都比较亲近=5	4.457	0.899
控制变量			

续表

变量名称	变量说明/单位	均值	标准差
性别	男 = 1，女 = 0	0.463	0.498
受教育年限	单位：年	3.895	3.542
个人收入水平对数	个人全年收入水平取对数	8.594	0.895
所在村养老服务供给场所状况	有 = 1，无 = 0	0.161	0.367
所在村经济状况	低于平均水平 = 1，平均水平左右 = 2，高于平均水平 = 3	2.208	0.576
所在村与县城距离	单位：公里	15.111	13.951
所在地区			
东部	东部 = 1，其他 = 0	0.206	0.405
中部	中部 = 1，其他 = 0	0.243	0.429
西部	西部 = 1，其他 = 0	0.552	0.498

表 4 - 3　　农村老人养老服务需求影响因素的 OLS 回归结果

变量	模型 4 - 1	模型 4 - 2	模型 4 - 3	模型 4 - 4
生命周期变量				
年龄	0.158***	0.071***	0.074***	0.014
	(0.045)	(0.014)	(0.024)	(0.019)
身体健康状况	-1.043***	-0.376***	-0.648***	-0.019
	(0.255)	(0.081)	(0.139)	(0.106)
家庭保障变量				
婚姻状况（参照：无配偶）	1.418*	-0.209	1.178**	0.449
	(0.861)	(0.274)	(0.469)	(0.357)
居住状况（参照：多代同堂）				
寡居	2.632***	0.170	1.575***	0.887**
	(0.892)	(0.284)	(0.486)	(0.369)
与配偶独居	0.453	-0.017	0.287	0.183
	(0.600)	(0.191)	(0.327)	(0.249)

续表

变量	模型4-1	模型4-2	模型4-3	模型4-4
儿子数量	0.436 (0.328)	-0.095 (0.104)	0.246 (0.179)	0.285** (0.136)
女儿数量	-0.019 (0.291)	-0.025 (0.092)	-0.019 (0.158)	0.025 (0.120)
与儿子的关系	-0.625* (0.363)	-0.104 (0.115)	-0.372* (0.198)	-0.148 (0.150)
与女儿的关系	-0.418 (0.354)	-0.145 (0.113)	-0.132 (0.193)	-0.142 (0.147)
控制变量				
性别（参照：女性）	-0.338 (0.557)	0.321* (0.177)	-0.390 (0.304)	-0.269 (0.231)
受教育年限	-0.026 (0.078)	-0.035 (0.025)	0.036 (0.043)	-0.028 (0.032)
个人收入水平对数	0.701** (0.313)	0.098 (0.099)	0.266 (0.170)	0.337*** (0.130)
所在村养老服务供给场所状况（参照：无）	-0.872 (0.691)	-0.158 (0.220)	-0.446 (0.376)	-0.268 (0.286)
所在村经济状况	-0.518 (0.452)	-0.074 (0.144)	-0.363 (0.246)	-0.081 (0.187)
所在村与县城距离	-0.063*** (0.020)	-0.017*** (0.006)	-0.029*** (0.011)	-0.017** (0.008)
所在地区（参照：西部）				
东部	-0.732 (0.686)	-0.374* (0.218)	-1.013*** (0.374)	0.654** (0.284)
中部	2.316*** (0.659)	0.663*** (0.210)	0.426 (0.359)	1.227*** (0.273)
常量	15.985*** (4.514)	2.158 (1.435)	8.977*** (2.460)	4.850*** (1.870)
R^2	0.084	0.094	0.072	0.051

注：括号中为标准误；* $p<0.1$，** $p<0.05$，*** $p<0.01$。

表4-4　有配偶农村老人养老服务需求影响因素的OLS回归结果

变量	模型4-5	模型4-6	模型4-7	模型4-8
生命周期变量				
年龄	0.168***	0.064***	0.068**	0.036
	(0.056)	(0.017)	(0.030)	(0.023)
身体健康状况	-0.783**	-0.460***	-0.452**	0.129
	(0.329)	(0.103)	(0.179)	(0.136)
家庭保障变量				
配偶健康状况	-0.543*	-0.145	-0.440***	0.042
	(0.293)	(0.091)	(0.159)	(0.121)
与配偶亲密关系（参照：其他）	0.664	0.062	0.560	0.042
	(0.692)	(0.216)	(0.377)	(0.286)
居住状况（参照：多代同堂）				
寡居	2.999	-0.705	3.836***	-0.133
	(2.197)	(0.685)	(1.196)	(0.907)
与配偶独居	0.480	-0.045	0.387	0.139
	(0.610)	(0.190)	(0.332)	(0.252)
儿子数量	0.397	-0.162	0.095	0.465***
	(0.408)	(0.127)	(0.222)	(0.169)
女儿数量	-0.267	-0.136	-0.203	0.071
	(0.357)	(0.111)	(0.194)	(0.147)
与儿子的关系	-0.402	-0.062	-0.278	-0.062
	(0.446)	(0.139)	(0.243)	(0.184)
与女儿的关系	-0.081	-0.166	0.137	-0.052
	(0.432)	(0.135)	(0.235)	(0.179)
控制变量				
性别（参照：女性）	-0.063	0.234	-0.180	-0.118
	(0.638)	(0.199)	(0.347)	(0.263)
受教育年限	-0.001	-0.031	0.055	-0.025
	(0.092)	(0.029)	(0.050)	(0.038)

续表

变量	模型4-5	模型4-6	模型4-7	模型4-8
个人收入水平对数	0.649*	0.209*	0.053	0.387**
	(0.384)	(0.120)	(0.209)	(0.159)
所在村养老服务供给场所状况（参照：无）	-0.965	0.009	-0.578	-0.396
	(0.789)	(0.246)	(0.429)	(0.326)
所在村经济状况	-0.757	-0.083	-0.542*	-0.132
	(0.524)	(0.163)	(0.285)	(0.216)
所在村与县城距离	-0.076***	-0.019**	-0.030**	-0.026**
	(0.026)	(0.008)	(0.014)	(0.011)
所在地区（参照：西部）				
东部	0.110	-0.148	-0.572	0.830**
	(0.827)	(0.258)	(0.450)	(0.342)
中部	3.050***	0.799***	0.866**	1.386***
	(0.780)	(0.243)	(0.424)	(0.322)
常量	15.594***	2.305	11.560***	1.729
	(5.458)	(1.702)	(2.970)	(2.254)
R^2	0.092	0.101	0.085	0.069

注：括号中为标准误；* $p<0.1$，** $p<0.05$，*** $p<0.01$。

同时，为尽可能消除遗漏变量造成的误差，这里借鉴已有的文献，选取性别、受教育年限、个人收入水平对数、所在村养老服务供给场所状况、所在村经济状况、所在村与县城的距离以及所在地区等作为控制变量，与自变量一起纳入回归模型。变量的描述性统计结果见表4-2。

（三）结果与分析

表4-3与表4-4展示了生命周期、家庭保障对农村老人养老服务需求的影响。根据婚姻状况，将农村老人划分为无配偶的农村老人与有配偶的农村老人，而家庭保障变量中配偶健康状况变量和与配偶亲密关系变量无法适用于无配偶的农村老人，故表4-3涵盖了所有的样本量，展示了生命周期、家庭保障中婚姻状况变量对农村老人养老服务需求的

影响，而表4-4则剔除了无配偶的样本，主要展示家庭保障中配偶健康状况变量和与配偶亲密关系变量对农村老人养老服务需求的影响。在表4-3和表4-4中，模型4-1和模型4-5的因变量均为养老服务需求，模型4-2和模型4-6的因变量均为生活照料服务需求，模型4-3和模型4-7的因变量均为医疗护理服务需求，模型4-4和模型4-8的因变量均为精神慰藉服务需求。各模型中变量的方差膨胀因子（VIF）均远小于10，表明变量之间不存在严重的多重共线性问题。

模型4-1的结果显示，表征生命周期的年龄变量和身体健康状况变量均在$p<0.01$的水平上显著影响农村老人的养老服务需求，其中年龄变量的影响为正，身体健康状况变量的影响为负，即农村老人的年龄越大，其对养老服务的需求越高，农村老人的身体健康状况越差，其对养老服务的需求也越高。因此，假设4.1.1和假设4.1.2均得到了验证。

在表征家庭保障的变量中，模型4-1显示，婚姻状况变量在$p<0.1$的水平上显著正向影响农村老人的养老服务需求，即相对于无配偶的农村老人来说，有配偶的农村老人对养老服务的需求更高，假设4.2.1未得到验证。模型4-5的结果显示，配偶健康状况变量在$p<0.1$的水平上显著负向影响农村老人的养老服务需求，说明农村老人配偶的身体健康状况越好，其对养老服务的需求越低，假设4.2.2得到了验证。与配偶亲密关系变量未通过显著性检验，则假设4.2.3未得到验证。在模型4-1中，居住状况变量中的寡居在$p<0.01$的水平上显著正向影响农村老人的养老服务需求，即相对多代同堂的居住状况，寡居农村老人对养老服务的需求更为强烈，不过与配偶独居农村老人跟多代同堂农村老人的养老服务需求之间不存在显著差异，即相对于与家人共同居住的农村老人，没有与家人共同居住农村老人对养老服务的需求更高，假设4.2.4得到了验证。与儿子关系变量在$p<0.1$的水平上显著负向影响农村老人的养老服务需求，即与儿子关系越亲近的农村老人，其对养老服务的需求越低，假设4.2.7得到了验证。而儿子数量、女儿数量以及与女儿关系等变量均未通过显著性检验，说明假设4.2.5、假设4.2.6和假设4.2.8均未得到验证。

在控制变量中，个人收入水平对数、所在村与县城距离以及所在地区（中部）等变量均通过了显著性检验。个人收入水平对数变量在 $p<0.05$ 的水平上显著正向影响农村老人的养老服务需求，说明个人收入水平越高的农村老人，其养老服务需求越高。所在村与县城距离变量在 $p<0.01$ 的水平上显著负向影响农村老人的养老服务需求，说明所在村与县城距离越远的农村老人，其养老服务需求越低。中部地区变量在 $p<0.01$ 的水平上显著正向影响农村老人的养老服务需求，即相对于居住在西部地区的农村老人，居住在中部地区的农村老人的养老服务需求更高。

综合模型 4-2 到模型 4-4 可以发现，年龄变量在 $p<0.01$ 的水平上显著正向影响农村老人的生活照料服务需求和医疗护理服务需求，但对精神慰藉服务需求的影响却不显著，即随着农村老人年龄的增长，其对生活照料服务和医疗护理服务的需求越来越高。身体健康状况变量在 $p<0.01$ 的水平上显著负向影响农村老人的生活照料服务需求和医疗护理服务需求，但对精神慰藉服务需求的影响仍不显著，即农村老人身体健康状况越差，其对生活照料服务和医疗护理服务的需求越高。由此可知，随着生命周期的向后推移，农村老人对生活照料服务和医疗护理服务的需求增加，但对精神慰藉服务的需求变化不大。

进一步分析家庭保障变量对农村老人生活照料服务需求、医疗护理服务需求和精神慰藉服务需求的影响发现，婚姻状况变量仅在 $p<0.05$ 的水平上显著正向影响农村老人医疗护理服务需求，即相对于无配偶的农村老人，有配偶的农村老人对医疗护理服务的需求更高。配偶健康状况变量仅在模型 4-7 中通过显著性检验，其在 $p<0.01$ 的水平上显著负向影响农村老人对医疗护理服务的需求，即农村老人配偶的身体健康状况越好，农村老人对医疗护理服务的需求越低。在居住状况中，寡居变量仅未通过对生活照料服务需求的影响，而在 $p<0.01$ 的水平上显著正向影响农村老人对医疗护理服务的需求，即相对于多代同堂的农村老人，寡居的农村老人对医疗护理服务的需求更高；同时，寡居变量也在 $p<0.05$ 的水平上显著正向影响农村老人对精神慰藉服务的需求，即相对于多代同堂的农村老人，寡居的农村老人对精神慰藉服务的需求更

高。儿子数量变量仅通过了农村老人对精神慰藉服务需求的显著性检验，即儿子数量越多，农村老人对精神慰藉服务的需求越高。与儿子的关系变量仅通过了农村老人对医疗护理服务需求的显著性检验，在 $p < 0.1$ 的水平上显著负向影响农村老人对医疗护理服务的需求，即与儿子关系越亲近的农村老人，其对医疗护理服务的需求越低。

在控制变量中，性别变量仅在 $p < 0.1$ 的水平上显著正向影响农村老人对生活照料服务的需求，即相对于女性农村老人，男性农村老人对生活照料服务的需求更高。个人收入水平对数变量仅在 $p < 0.01$ 的水平上显著正向影响农村老人对精神慰藉服务的需求，说明收入水平越高的农村老人，其对精神慰藉服务的需求越高。所在村与县城距离变量均显著负向影响农村老人对生活照料服务的需求、对医疗护理服务的需求以及对精神慰藉服务的需求。东部地区变量在模型 4-2 到 4-4 中均通过了显著性检验，其中东部地区变量在 $p < 0.1$ 的水平上显著负向影响农村老人对生活照料服务的需求，即相对于居住在西部地区的农村老人，居住在东部地区的农村老人对生活照料服务的需求更低；东部地区变量在 $p < 0.01$ 的水平上显著负向影响农村老人对医疗护理服务的需求，即相对于居住在西部地区的农村老人，居住在东部地区的农村老人对医疗护理服务的需求更低；东部地区变量在 $p < 0.05$ 的水平上显著正向影响农村老人对精神慰藉服务的需求，即相对于居住在西部地区的农村老人，居住在东部地区的农村老人对精神慰藉服务的需求更高。中部地区变量仅未通过农村老人对医疗护理服务需求的显著性检验，其中中部地区变量在 $p < 0.01$ 的水平上显著正向影响农村老人对生活照料服务的需求，即相对于居住在西部地区的农村老人，居住在中部地区的农村老人对生活照料服务的需求更高；中部地区变量在 $p < 0.01$ 的水平上显著正向影响农村老人对精神慰藉服务的需求，即相对于居住在西部地区的农村老人，居住在中部地区的农村老人对精神慰藉服务的需求更高。

第二节 农村老人获得养老服务的状况及其养老服务方式选择

一 农村老人所在村庄养老服务场所的基本情况

农村老人所在村庄的养老服务场所是农村老人最主要的活动场地,通过询问被访者所在村是否有专门提供养老服务的场所(如幸福院等),可以来考察农村社区开展养老服务的情况(见表4-5)。

表4-5 农村社区养老服务状况

项目	选项	频数(N)	百分比(%)
本村是否有专门提供养老服务的场所(如幸福院等)	有	181	15.9
	没有	884	77.7
	不清楚	72	6.3
本村专门提供养老服务的场所(如幸福院等)是否已开放运营	是	135	74.6
	否	46	25.4
多久去一次养老服务场所	从来没去过	83	61.5
	很少去	30	22.2
	经常去	10	7.4
	几乎每天都去	12	8.9
没有去使用设施的原因	行动不便	6	7.2
	料理家务和农活	12	14.5
	照料(外)孙子女	3	3.6
	活动中心条件差	2	2.4
	距离太远	8	9.6
	自己不满足条件	36	43.4

调查询问了农村老人"本村是否有专门提供养老服务的场所(如幸福院等)",但仅有15.9%的样本表示本村有专门提供养老服务的场所,高达77.7%的样本表示本村没有专门提供养老服务的场所,当然

也有 6.3% 的样本并不清楚本村有没有专门提供养老服务的场所。可见，在大部分农村地区是没有开设专门的养老服务场所的。

针对所在村已有养老服务场所的样本，调查进一步询问了养老服务场所是否已开放运营。结果显示，有 74.6% 的样本表示已开放运营，也有 25.4% 的样本表示没有开放运营，说明在设有专门养老服务场所的村庄，大部分的养老服务场所是开放的。

针对养老服务场所已开放运营的样本，调查又进一步询问了其去养老服务场所（如幸福院）的频率。调查发现，有高达 61.5% 的样本"从来没有去过"，也有 22.2% 的样本表示"很少去"，选择"经常去"和"几乎每天都去"的样本比例分别为 7.4% 和 8.9%。总体来说，绝大部分的样本基本没有去过本村专门的养老服务场所。由此可见，农村养老服务场所的利用率并不高。

对样本没有去过养老服务场所的原因进行调查发现，选择"自己不满足条件"的样本比例最高，为 43.4%，其次是选择"料理家务和农活"的样本，占比 14.5%，而表示"行动不便""照料（外）孙子女""活动中心条件差""距离太远"的样本比例均不足 10%。

二　农村老人入住养老机构的意愿

养老院、养老公寓等是机构养老的主要载体，调查询问了农村老人对养老院、老年公寓等养老机构的了解程度，发现有高达 72.6% 的样本对养老院、老年公寓等养老机构不了解，还有 21.5% 的样本表示对养老院、老年公寓等养老机构了解一点，也有 4.3% 的样本表示比较了解，仅有 1.6% 的样本表示对养老院、老年公寓等养老机构非常了解。调查还询问了农村老人所在乡镇（街道）是否有养老院、老年公寓等养老机构，有 46.2% 的样本表示"没有"，选择"有"和"不清楚"的样本比例分别为 39.6% 与 14.2%（见表 4-6）。

根据调查数据发现（见表 4-6），有高达 69.1% 的样本表示周围没有老人去养老院、老年公寓等养老机构，还有 22.3% 的样本表示周围很少有老人去养老院、老年公寓等养老机构，也有 8.4% 的样本表示周围有一些老人去养老院、老年公寓等养老机构，仅有 0.3% 的样本表示周围有非常多的老人去养老院、老年公寓等养老机构。当询问农村老人"您是否愿意去养老院、老年公寓等养老机构养老"时,发现仅有20.3%的样本表示"愿意",而选择"不愿意"的样本比例高达79.8%。同时,还询问了农村老人"您的家人愿意您去养老院吗",有65.3%的样本表示"不愿意",仅有12.3%的样本表示"愿意"。总体来看,农村老人对机构养老十分抗拒,这也为农村地区开展机构养老服务增加了难度。

表4-6 农村老人对机构养老的认知

项目	选项	频数(N)	百分比(%)
对养老院、老年公寓等养老机构的了解程度	不了解	825	72.6
	了解一点	245	21.5
	比较了解	49	4.3
	非常了解	18	1.6
所在的乡镇(街道)是否有养老院、老年公寓等养老机构	有	450	39.6
	没有	525	46.2
	不清楚	162	14.2
周围的老人是否有去养老院、老年公寓等养老机构养老	没人去	786	69.1
	很少有人去	253	22.3
	有一些人去	95	8.4
	非常多的人去	3	0.3
是否愿意去养老院、老年公寓等养老机构	愿意	230	20.3
	不愿意	907	79.8
家人是否愿意您去住养老院	愿意	140	12.3
	不愿意	742	65.3
	意见不统一	43	3.8
	不知道	212	18.6

三 农村老人的养老服务方式选择

研究对农村老人最希望获得的养老服务方式进行了调查。将农村老人最希望获得的养老服务方式进行多重响应分析,发现样本的第一选择仍然是家庭养老,选择"住在家里,依靠家人照顾"的样本比例高达

89.0%，说明在当前家庭养老功能正在逐渐弱化的背景下，家庭养老仍在农村占据主要地位。第二选择是"住在家里，社会提供服务的居家养老"，样本占比39.7%，说明有将近四成的农村老人可以接受住在家里，由社会提供服务的居家养老，也反映出农村老人安土重迁的思想，不愿远离家庭。选择"'日间统一照料，夜间分散居住'的幸福院、日间照料中心"和"全托式的养老院"的样本比例分别为24.7%和20.6%（见表4-7）。

表4-7　　　　农村老人对养老服务方式的选择偏好　　　　（%）

选项	婚姻状况		经济条件		总样本
	无配偶	有配偶	条件差	条件好	
全托式的养老院	26.5	18.5	16.7	24.5	20.6
"日间统一照料，夜间分散居住"的幸福院、日间照料中心	24.5	24.8	23.4	26.1	24.7
住在家里，社会提供服务的居家养老	38.9	39.9	37.8	41.5	39.7
住在家里，依靠家人照顾	86.2	90.0	94.0	84.0	89.0
其他方式	0.3	0.1	0	0.4	0.2

根据婚姻状况与经济条件进一步进行分群分析，发现农村老人希望获得的养老服务方式在有配偶与无配偶的两个样本群体中存在相似性（见表4-7）。在有无配偶的两个群体中，样本选择"住在家里，依靠家人照顾"的比例均为最高，分别为90.0%和86.2%，其次均是选择"住在家里，社会提供服务的居家养老"的样本，占比分别为39.9%和38.9%，但无配偶的样本选择"全托式的养老院"的比例为26.5%，比有配偶的样本选择"全托式的养老院"的比例（18.5%）高8个百分点，说明无配偶的样本更易接受机构养老。在以经济状况为分群标准的两个样本群体中，选择"住在家里，依靠家人照顾"的比例仍为最高，但经济条件差的样本选择"住在家里，依靠家人照顾"的比例比经济条件好的样本选择"住在家里，依靠家人照顾"的比例高10个百

分点，占比分别为94.0%和84.0%；经济条件好的样本选择"全托式的养老院"比经济条件差的样本选择"全托式的养老院"比例高将近8个百分点，占比分别为24.5%和16.7%，说明经济条件好的样本，更易接受机构养老；经济条件差的样本选择"住在家里，社会提供服务的居家养老"和"'日间统一照料，夜间分散居住'的幸福院、日间照料中心"的比例分别为37.8%和23.4%；经济条件好的样本选择"住在家里，社会提供服务的居家养老"和"'日间统一照料，夜间分散居住'的幸福院、日间照料中心"的比例分别为41.5%和26.1%。

第三节 本章小结

了解农村老人对养老服务的需求，厘清影响农村老人养老服务需求的因素，并对当前农村老人养老服务的可及性进行梳理，是解决农村地区养老服务供需失衡的基础。本章基于对11个省份农村老人的问卷调查数据，对农村老人的养老服务需求以及服务可及性进行分析，得出以下研究结论。

第一，农村老人对养老服务的需求水平相对较低，且对不同养老服务内容的需求程度存在差异。农村老人对医疗护理服务的需求最为突出，其次是精神慰藉服务需求，最后是生活照料服务需求。

第二，生命周期是农村老人养老服务需求产生的基础性机制，即农村老人产生养老服务需求是生命周期使然。研究结果显示，年龄变量和身体健康状况变量对农村老人养老服务需求的影响显著。从养老服务需求的具体层面上看，农村老年人的生命周期对其生活照料服务和医疗护理服务需求的影响较为突出，而对精神慰藉服务需求的影响则不显著。随着生命周期的向后推移，即农村老人的年龄越大，身体健康状况越差，其对生活照料服务和医疗护理服务的需求越多。

第三，家庭保障不足是农村老人养老服务需求的主要生成机制。婚姻状况变量、配偶健康状况变量以及居住状况中的寡居变量对农村老人养老服务需求的影响显著。从养老服务需求的具体层面上看，婚姻状况变量仅显著正向影响农村老人对医疗护理服务的需求；配偶健康状况变量显著负向影响农村老人对生活照料服务的需求和医疗护理服务需求；在居住状况中，寡居变量显著正向影响农村老人对医疗护理服务的需求和精神慰藉服务的需求。儿子数量变量显著正向影响农村老人对精神慰藉服务的需求，即儿子数量越多，农村老人对精神慰藉服务的需求越高。

第四，受思想观念与经济能力的影响，农村老人对家庭之外的社会养老服务接受程度仍然较低，更希望居家养老或就近养老。但村庄内设的养老服务场所作为开展农村养老活动的重要场地，普及率较低，大部分农村地区并没有开设专门的养老服务场地。即使部分农村地区开设了专门的养老服务场所，其利用率也非常低。另外，养老机构作为提供养老服务的另一重要载体，在农村开设的数量较少，仍存在巨大的成长空间。

本章研究为农村养老服务供给研究提供了基础导向。农村老人"重家庭—低经济"的养老服务需求特点迫使农村养老服务供给不得不探寻新的方式，而依托社会网络的农村养老服务供给模式为农村养老服务实践提供了一个新的视角。

第五章

农村老人的社会网络及其典型特征

本书的核心在于依托社会网络构建农村养老服务供给的创新模式，因此，需要首先了解农村老人的社会网络。本章基于实地调查数据，对农村老人的社会网络进行描述，归纳农村老人社会网络的特征，并进一步分析影响农村老人社会网络特征生成的因素。

第一节 农村老人社会网络的测量工具

一 测量工具的选取：拜年网与支持网

社会网络理论假设网络内的每个行动者都与其他行动者有着或多或少的关系，并将这些错综复杂的关系简化成网络结构，以网络结构的特征和变化为分析视角来描述行动者之间的关系及关系结构对群体功能或群体内部个体的影响[1]。对个人社会网络进行测量的常用方法之一为行为测量法，即通过询问受访者的交往行为来测量其社会网络，而由于人际交往的行为多种多样，不同的研究在测量时所设计的测量工具也各不相同。如张文宏利用北京城区的大规模"讨论网"调查资料，探讨了中国城市居民社会网络的阶层构成模式及其结构特征[2]；赖蕴宽则在研

---

[1] 方然：《"社会资本"的中国本土化定量测量研究》，社会科学文献出版社2014年版，第55页。

[2] 张文宏：《中国城市的阶层结构与社会网络》，上海人民出版社2006年版。

究中测量了配偶、父母、公婆、亲属、同事的情感支持网和功能支持网①。

一般测量社会网络的工具有"支持网""拜年网""讨论网""饮食网"等,不同的测量工具各有侧重,体现了社会网络的不同特征。在中国,"拜年"为个体提供了一个重现、维护以及扩展社会网络的最佳时机,给多少人拜年、给什么职业和职位的人拜年能很好地反映个体的网络关系和社会资源存量②,且拜年网中成员稳定性较高,对研究中国社会更为有效和真实③。"支持网"作为社会网络分析中的一个重要分支,是社会个体能够获得各种资源或帮助的社会关系体现④,也是对正式的社会保障体系的一种补充。尤其是在中国社会转型时期,社会中的压力群体和弱势群体增加,"支持网"在人们遇到问题和获取资源时所发挥的作用更不可小觑,是测量社会网络的有效工具。基于已有的理论基础及本书研究使用的问卷内容,在此选取"拜年网"和"支持网"作为农村老人社会网络的测量工具。

二 拜年网与支持网的测度

社会网络的特征可以用网络规模、社会联系的来源、网络构成异质性、联系频率、社会参与频率、互惠、多样性以及社会联系的类别和强度等来测量,其中常用的指标有社会网络规模、关系种类、异质性、网络关系强度等。为了全方位多角度地探讨农村老人社会网络的特征,这里从网络规模、网络异质性、网络位差、网络交往频率等维度对农村老人的拜年网与支持网进行测度。

---

① Lai G., "Social Support Network in Urban Shanghai", *Social Networks*, 2001, Vol. 23, No. 1, pp. 73 – 85.

② 邹宇春、敖丹:《自雇者与受雇者的社会资本差异研究》,《社会学研究》2011 年第 5 期。

③ 边燕杰:《城市居民社会资本的来源及作用:网络观点与调查发现》,《中国社会科学》2004 年第 3 期。

④ 林聚任:《社会网络分析:理论、方法与应用》,北京师范大学出版社 2009 年版,第 32 页。

(一) 拜年网的测度

拜年网是针对中国社会提出的一种社会网络，是被访者在春节期间以各种方式互相拜年的人所形成的社会网络。在2003年、2006年和2008年的中国综合社会调查（CGSS）中都询问了关于拜年网的问题。拜年网具体的调查内容一般包括：（1）拜年者中亲属的人数、亲密朋友的人数、其他人的人数，以及由之推出拜年网的规模及各类关系所占比例；（2）在社会等级结构中从高到低列出一些职业，询问被访者的拜年者中是否有从事这些职业的；（3）列出不同的工作单位类型，询问被访者的拜年者中是否有在这些单位工作的[①]。边燕杰、李煜在对拜年网的研究中，提出社会网络资本总量由四个变量构成：（1）拜年交往者所涉及的职业个数，（2）他们的职业地位总分，（3）拜年交往者所涉及的单位类型个数，（4）他们的单位类型总分[②]。

在借鉴已有研究成果的基础上，这里对农村老人过年的地点、互相拜年的人数、与本村人互相拜年的多少、是否与不同关系和不同职业的人员拜年等进行了询问，以此了解其拜年网的特征。具体的问题包括："最近一次春节，您在哪里过的"，答案分别为"在家乡""在子女所在城市""其他"；"您采用以下哪种方式拜年"，答案分别为"登门拜年""打电话拜年""短信/微信拜年""其他"；"您大概与多少人互相拜年，其中亲属多少人，非亲属多少人"，并以此测量其拜年网的网络规模；"您是否与具有下列关系的人互相拜年"，答案包括"亲属关系""邻居关系""同学关系""工作关系""居住关系（租客、房东等）""管理关系""朋友关系""其他关系"，并以此测量其拜年网关系构成的异质性；"您是否与从事下列职业的人互相拜年"，答案包括"教师""政府工作人员""党群工作人员""国有企业、事业单位工作人员""警察""法律工作人员""个体企业的管理及业务人员""机关、企事业单位临时工""企业老板""个体经营者""娱乐场所、饭店、餐饮服

[①] 王卫东：《中国社会文化背景下社会网络资本的测量》，《社会》2009年第3期。
[②] 边燕杰、李煜：《中国城市家庭的社会网络资本》，《清华社会学评论》2001年第2期。

务人员""建筑工人""门卫或保安""司机""保姆""农业从业者""其他",并以此测量其拜年网职业构成的异质性和网络位差。

(二) 支持网的测度

社会支持可分为两类:一类为正式支持,主要为政府、社会正式组织提供的制度性支持;另一类为非正式支持,主要是指由家庭、朋友和熟人等提供的帮助,而支持网即为提供非正式支持的资源网络。支持网常用提名法和定位法进行测量,提名法要求被访者说出某一特定情境下与自己有联系的个体姓名,然后依次询问被提及者的相关情况[①]。定位法由林南提出,通过对社会中常见的社会阶层或职业进行分类抽样,然后让被访者说出每一阶层中的熟人以及与这个熟人的关系[②]。戴博诺·范德伍特(Debra Vandervoort)将社会支持分为数量和质量两部分来测量,数量部分用调查对象的儿女、亲属和朋友的总数来衡量,质量部分则要求调查对象分别回答自己与配偶、子女、亲属、朋友及他人关系的满意程度[③]。贺寨平则将支持网分为情感支持网和实际支持网,并考察了社会支持网与农村老人身心状况之间的关系[④]。在借鉴已有研究成果的基础上,这里对农村老人与各类人员打交道的频繁程度、与家人/亲戚以及朋友的交往情况、向他人寻求帮助和支持的情况进行了询问,以此了解其支持网的特征。

这里设置了6个问题分别询问农村老人与家人/亲戚或朋友可以见面或联系、可以放心地聊自己的私事、可以为自己提供帮助的人数,并分为6个不同的等级进行赋值,以此测量被访者的支持网规模。这里的规模并非具体准确的数字,但却可以反映不同对象的支持网的规模差异。具体问题和赋值情况如表5-1所示。

[①] 王卓、曹丽:《四川农村低保居民社会支持网研究——以L县团仓村为例》,《社会科学研究》2013年第1期。

[②] Lin N., Ensel W. M., Vaughn, J. C., "Social Resources and Strength of Ties: Structural Factors in Occupational Status Attainment", *American Social Review*, 1981, Vol. 4, pp. 393-405.

[③] Vandervoort D., "Quality of Social Support in Mental and Physical Health", *Current Psychology*, 1999, Vol. 18, No. 2, pp. 205-221.

[④] 贺寨平:《社会经济地位、社会支持网与农村老年人身心状况》,《中国社会科学》2002年第3期。

表 5-1　农村老人支持网规模量表及赋值情况

问题	没有	1个	2个	3—4个	5—8个	≥9
您一个月至少能与几个家人/亲戚见面或联系？	0	1	2	3	5	9
您能和几个家人/亲戚放心地谈您的私事？	0	1	2	3	5	9
当您需要时，有几个家人/亲戚可以给您提供帮助？	0	1	2	3	5	9
您一个月至少能和几个朋友见面或联系？	0	1	2	3	5	9
您能和几个朋友放心地谈您的私事？	0	1	2	3	5	9
当您需要时，有几个朋友可以给您提供帮助？	0	1	2	3	5	9

表 5-2　农村老人支持网异质性变量的测量问题

序号	问题
1	假如您与您的配偶或子女有严重的矛盾甚至发生争吵，通常会有谁来帮助解决矛盾？
2	假如您心情压抑想同某人谈谈，您会找谁谈这些问题？
3	假如您需要对生活中的重大问题进行咨询，您曾征求过谁的意见？
4	假如您家中有些活需要别人帮忙，您会请谁来帮忙？
5	假如您或您家中人患了重病卧床不起或需要送往医院治疗，您会请谁过来照顾您或帮您做家务？
6	假如您需要借某种工具，您会向谁借呢？
7	假如您需要借一笔钱，您会向谁借呢？
8	假如您在填表时遇到了问题，您会请谁来帮助您？
9	近一时期如果您需要和人一同外出，您会选择谁和您搭伴？
10	您和谁至少每月交往一次，如喝酒、相互拜访、聊天、打牌？
11	假如您需要和别人进行经济上的合作，您最愿意和谁搭成伙伴？
12	您的家人中若有外出打工的，或去医院看病，曾经得到过谁的帮助？

这里将农村老人在日常生活中可能遇到的各种困难设置成12个问题，并据此询问他们在遇到这些困难时会选择的求助对象，包括干部、熟人、邻居、朋友、兄弟、姐妹、配偶的直系亲属、其他较近的亲戚、同家族成员、其他远亲、其他关系等。具体的问题如表5-2所示，以此测量被访者支持网的网络异质性。

此外，还询问了农村老人与自己家里人、本家族成员、亲戚、邻居、朋友和本村人6种互动对象打交道的频繁程度，并根据农村老人与互动对象的亲密关系将自己家里人、亲戚、本家族成员划分为内网，将邻居、朋友、本村人划分为外网。具体的问题与赋值情况如表5-3所示，以此测量被访者支持网的交往频率。

表5-3　　　　　农村老人支持网交往频率量表及赋值情况

交往对象	从不	很少	有时	经常
自己家里人	1	2	3	4
亲戚	1	2	3	4
本家族成员	1	2	3	4
邻居	1	2	3	4
朋友	1	2	3	4
本村人	1	2	3	4

第二节　农村老人社会网络的特征

一　拜年网特征

表5-4显示，在过年地点方面，96.2%的样本过年地点为家乡，3.4%的样本在子女所在的城市过年，另有少数样本（0.4%）在其他地方过年。在拜年方式的选择上，92.1%的样本拜年时会采取登门拜年的方式，30.0%的样本会打电话拜年，3.8%的样本会用短信或微信拜年，0.4%的样本用其他方式拜年。

农村老人与亲属和非亲属互相拜年的人数见表5-5。拜年人数越多代表其拜年网规模越大，反之则代表其拜年网规模越小。表5-5显示，样本与亲属拜年人数的最小值为0，最大值为230，均值为16.722，标准差为12.817；与非亲属拜年人数的最小值为0，最大值为300，均值为6.449，标准差为14.744；拜年总人数的最小值为0，最大值为330，均值为23.171，标准差为21.389。由此可见，农村老人与亲属拜年的人数要多于非亲属，但总体上农村老人拜年网的规模并不大且不同样本之间的拜年网规模存在较大的差异。

表5-4 农村老人的过年地点及拜年方式

项目	选项	频数（N）	百分比（%）
过年地点	在家乡	1083	96.2
	在子女所在城市	38	3.4
	其他	5	0.4
拜年方式（多选）	登门拜年	1037	92.1
	打电话拜年	338	30.0
	短信/微信拜年	43	3.8
	其他	4	0.4

表5-5 农村老人的拜年人数

项目	最小值	最大值	均值	标准差
亲属	0	230	16.722	12.817
非亲属	0	300	6.449	14.744
总人数	0	330	23.171	21.389

表5-6展示了农村老人与本村人互相拜年的情况。其中，大部分样本都会与本村人互相拜年，不与本村人互相拜年的样本占比为36.8%。在与本村人互相拜年的样本中，有23.4%的样本会与少部分本村人互相拜年，6.6%的样本互相拜年的人中有一半是本村人，12.3%的样本互相拜年的人中多半是本村人，21.0%的样本互相拜年的人中基本都是本村人。

表5-6　　农村老人与本村人互相拜年的情况

选项	频数（N）	百分比（%）
没有本村人	414	36.8
少部分本村人	263	23.4
本村占一半	74	6.6
多半是本村人	138	12.3
基本都是本村人	237	21.0

表5-7显示，绝大部分（99.6%）的样本都会与有亲属关系的人互相拜年，也有较多样本会与邻居（34.7%）、朋友（35.5%）相互拜年。除此之外，还会与有同学关系（3.2%）、工作关系（6.4%）、居住关系（租客、房东等）（0.1%）、管理关系（0.5%）、其他关系（0.6%）的人互相拜年。

根据询问的结果，若农村老人与具有某种关系的对象互相拜年，便将其赋值为1，否则为0，最后将这8种关系构成的得分加总形成拜年网关系异质性变量，取值范围为0—8，分值越高表示农村老人拜年网的关系异质性越高。统计结果显示，样本拜年网关系异质性得分的最小值为0，最大值为5，均值为1.806，说明其拜年网关系异质性较低，也即农村老人拜年对象的关系类型较为单一。

表5-7　　农村老人拜年网的关系构成

选项	频数（N）	百分比（%）	选项	频数（N）	百分比（%）
亲属关系	1121	99.6	居住关系	1	0.1
邻居关系	391	34.7	管理关系	6	0.5
同学关系	36	3.2	朋友关系	400	35.5
工作关系	72	6.4	其他关系	7	0.6

在样本拜年对象的职业构成中（见表5-8），农业从业者所占的比例最大，为86.8%，其次是个体经营者，所占比例为18.1%。除此之

外，样本拜年网的职业构成所占比例从高到低依次为教师（17.5%），建筑工人（16.0%），个体企业的管理及业务人员（12.1%），娱乐场所、饭店、餐饮服务人员（9.4%），政府工作人员（7.5%），其他（7.5%），国有企业、事业单位工作人员（7.3%），司机（5.4%），机关、企事业单位临时工（4.6%），党群工作人员（3.7%），门卫或保安（2.7%），警察（2.2%），保姆（1.9%），企业老板（1.7%），法律工作人员（1.3%）。

根据询问的结果，若农村老人与从事某种职业的对象互相拜年，便将其赋值为1，否则为0，最后将这17种职业构成的得分加总形成拜年网职业异质性变量，取值范围为0—17，分值越高表示农村老人拜年网的职业异质性越高。统计结果显示，样本拜年网职业异质性均值为2.057，说明其拜年网职业异质性较低，也即大部分农村老人拜年对象的职业类型较为单一。综合农村老人拜年网关系异质性和职业异质性得分，可以说农村老人拜年网总体异质性较低。

表5-8　　农村老人拜年网中拜年对象的职业构成

选项	频数（N）	百分比（%）	选项	频数（N）	百分比（%）
教师	197	17.5	企业老板	19	1.7
政府工作人员	85	7.5	个体经营者	204	18.1
党群工作人员	42	3.7	建筑工人	180	16.0
国有企业、事业单位工作人员	82	7.3	娱乐场所、饭店、餐饮服务人员	106	9.4
警察	25	2.2	门卫或保安	30	2.7
法律工作人员	15	1.3	司机	61	5.4
个体企业的管理及业务人员	136	12.1	机关、企事业单位临时工	52	4.6
保姆	21	1.9	农业从业者	977	86.8
其他	86	7.5			

表 5-9　农村老人拜年网中拜年对象的职业构成得分

职业名称	得分	职业名称	得分
政府工作人员	8	业务员及管理者	6
党群工作人员	8	机关、企事业单位临时工	5
企业老板	8	娱乐场所饭店、餐饮服务人员	4
国有企业、事业单位工作人员	7	门卫或保安	4
教师	7	司机	4
警察	7	保姆	3
法律工作人员	7	建筑工人	3
个体经营者	6	农业从业者	2

注：因"其他"选项具体职业不明确，因此无对应得分，在分析中不参与计算。"其他"选项占比较低，对统计结果影响并不大。

另外，借鉴王卫东关于社会网络的研究，网络成员中职业声望最高和最低的差（全距），是将职业声望评价最高者的职业声望评价得分减去评价最低者的声望评价得分[1]。在拜年网的具体操作中，这里借鉴洪岩璧的研究[2]，参照 6 类 EGP 编码将拜年网中职业划分为六个职业阶层地位，分别为：（1）农民；（2）工人，包括技术工人和体力工人；（3）服务人员；（4）个体工商户；（5）办事人员；（6）管理者和专业人员，包括国家机关党群组织企业负责人、专业技术人员、企业中层、机关中层和一般干部。然后对这六个职业阶层赋值（见表 5-9），赋值越大意味该职业声望越高。接着，选取出每个样本所在网络中职业声望最高者和最低者，将两者之差作为网络位差。样本拜年网网络位差的最小值为 0，最大值为 8，均值为 1.820，标准差为 2.220，也即整体上样本拜年网网络位差较小。

综上所述，农村老人拜年网的网络规模较小，网络异质性较低，网

---

[1] 王卫东：《中国城市居民的社会网络资本与个人资本》，《社会学研究》2006 年第 3 期。

[2] 洪岩璧：《再分配与幸福感阶层差异的变迁（2005—2013）》，《社会》2017 年第 2 期。

络位差较小。

二 支持网特征

(一) 支持网规模

表 5-10 显示，更多的样本一个月至少能与 3—4 个家人/亲戚见面或联系 (40.1%)、放心地谈私事 (42.5%)。当样本有需要，24.2% 的样本有 3—4 个家人/亲戚可以提供帮助，但没有家人/亲戚提供帮助的样本更多 (35.4%)。27.4% 的样本一个月内不与朋友见面或联系，但仍有 24.3% 的样本一个月至少能和 3—4 个朋友见面或联系。37.7% 的样本没有朋友能放心地谈私事，且当样本有需要时，35.4% 的样本没有朋友可以提供帮助。由此可见，农村老人与家人/亲戚的交往程度要比朋友密切，但从家人/亲戚和朋友处所获取的社会支持均较少。

表 5-10　　农村老人社会交往及社会支持情况　　(%)

选项	一个月至少能与几个家人/亲戚见面或联系	能和几个家人/亲戚放心地谈私事	当需要时，有几个家人/亲戚可以提供帮助	一个月至少能与几个朋友见面或联系	能和几个朋友放心地谈私事	当有需要时，有几个朋友可以提供帮助
没有	3.1	9.8	35.4	27.4	37.7	35.4
1 个	6.0	12.8	8.7	6.5	10.7	8.7
2 个	25.8	21.6	17.8	17.3	23.4	17.8
3—4 个	40.1	42.5	24.2	24.3	18.7	24.2
5—8 个	15.5	8.5	6.0	12.1	5.2	6.0
≥9 个	9.6	4.9	7.8	12.3	4.4	7.8

表 5-11　　农村老人支持网规模

项目	最小值	最大值	均值	标准差
家庭网络	0	27	9.457	5.250
朋友网络	0	27	6.817	6.514
总体支持网	0	54	16.274	9.946

为了进一步探讨农村老人支持网的规模特征，将家人/亲戚交往作为家庭网络规模指标，朋友交往作为朋友网络规模指标，二者之和作为总体社会网络规模指标，并将6级选项的得分进行加总，家庭网络规模和朋友网络规模得分均在0—27之间，总体支持网规模得分在0—54之间，得分越高表示农村老人的支持网规模越大。统计显示，样本家庭网络规模的得分均值为9.457，朋友网络规模的得分均值为6.817，总体支持网规模的得分均值为16.274（见表5-11）。可以看出，农村老人支持网总体网络规模偏小，且家庭网络规模大于朋友网络规模。

（二）支持网异质性

根据巴勒内尔（Bar-reea）的观点，社会支持从功能或方式角度可以划分为：物质帮助、行为支持、亲密的互动、指导、反馈、正面的社会互动等6种形式[①]。物质帮助是指提供金钱、实物等有形帮助。表5-12显示，较多样本表示当需要借钱时，会向儿子（38.8%）和女儿（32.9%）借钱，除此之外也有部分样本会选择向兄弟（22.9%）和姐妹（18.2%）借钱。当问到假如做生意愿意跟谁合作时，愿意和儿子合作的样本占比最多，为27.7%。由此可见，当农村老人需要经济支持或是生产经营方面的互助时，会以家庭成员以及由家庭关系延伸而成的族亲、姻亲为主。由于邻里地域靠近，所谓"远亲不如近邻"，因此农村老人在日常小事方面，互助主要以邻里为主。调查结果显示，当需要借工具（农具等）时，表示会向邻居（80.9%）、熟人（47.1%）、朋友（22.1%）借的样本较多。在填表（如账单、写信、看信、填个人信息等）时遇到了问题，向邻居（46.1%）、熟人（35.1%）、儿子（32.1%）寻求帮助的样本比例较高，除此之外也有较多样本会选择向干部（20.2%）和女儿（20.0%）寻求帮助。

---

① 张羽、邢占军：《社会支持与主观幸福感关系研究综述》，《心理科学》2007年第6期。

表5-12　农村老人社会支持情况

(%)

选项	矛盾解决	心情压抑谈话	重大问题咨询	需要帮忙时帮忙	家中患病住院帮家务	借工具	借钱	填表	一同外出	每月交往	经济合作	外出帮忙
配偶	25.1	43.6	37.1	20.0	27.5	4.2	6.0	12.9	30.6	19.4	9.9	19.5
父母	1.1	1.2	1.3	0.4	0.6	0.4	0.4	0.2	0.3	1.1	0.0	2.0
儿子	41.5	41.7	64.8	46.7	66.8	10.1	38.8	32.1	12.0	19.1	27.7	32.0
女儿	35.3	39.3	48.8	25.9	54.9	7.1	32.9	20.0	8.9	14.0	18.7	25.9
干部	4.0	1.1	2.5	0.7	0.4	1.4	1.2	20.2	1.4	2.3	0.8	3.3
熟人	18.3	24.2	12.1	35.6	7.7	47.1	16.0	35.1	42.9	44.6	16.1	14.9
邻居	19.2	30.3	11.5	51.7	13.9	80.9	17.8	46.1	53.8	58.2	15.9	14.3
朋友	7.4	20.7	11.5	21.2	5.2	22.1	17.1	17.0	32.8	40.5	20.2	20.2
兄弟	7.9	5.7	10.5	7.2	9.0	5.5	22.9	2.8	2.2	7.2	13.7	15.5
姐妹	7.1	6.5	7.7	4.3	6.4	3.4	18.2	1.8	2.2	6.0	7.3	11.2
配偶的直系亲属	5.2	2.1	4.5	2.0	6.2	1.5	6.4	0.9	1.0	4.6	6.0	9.1
其他较近的亲戚	4.8	2.6	3.7	4.1	7.5	3.1	7.7	2.1	1.0	3.8	6.7	14.9
同家族成员	13.7	6.4	9.8	8.0	9.3	4.4	14.8	3.1	4.2	10.7	18.1	22.6
其他远亲	0.5	0.6	0.3	0.4	0.2	0.4	0.4	0.1	0.1	0.4	0.7	2.1
其他关系	6.1	2.1	2.7	2.8	3.7	2.7	3.8	3.1	3.0	2.5	8.4	10.9

注：此题为多选题，故各求助对象的比例合计大于100%。

行为支持是指分担劳动等活动。农村地区邻里之间只要没有发生过大的矛盾冲突，在日常小事上一般都是相互帮助的。调查结果显示，在对"假如您家中有些活需要别人帮忙，您会请谁来帮忙（搬家具、大袋粮食和重物等）"的回答中，51.7%的样本选择请邻居帮忙，46.7%的样本选择请儿子帮忙，另有35.6%和25.9%的样本选择请熟人和女儿帮忙。但是当遭遇家中人患了重病卧床不起或需要送往医院治疗等重要事情时，调查结果显示，请儿子（66.8%）、女儿（54.9%）、配偶（27.5%）过来照顾或帮做家务的样本居多。此外，农民外出就业依然主要依靠亲缘关系和地缘关系获得就业信息和就业机会。调查结果显示，当家人外出打工或去医院看病时，样本由多到少分别曾经得到过儿子（32.0%）、女儿（25.9%）、同家族成员（22.6%）、朋友（20.2%）、配偶（19.5%）、兄弟（15.5%）、熟人（14.9%）、其他较近的亲戚（14.9%）、邻居（14.3%）、姐妹（11.2%）、其他关系（10.9%）、配偶的直系亲属（9.1%）、干部（3.3%）、其他远亲（2.1%）、父母（2.0%）的帮助。

亲密的互动包括倾听、表示尊重、关怀、理解等。调查结果显示，样本与配偶或子女发生矛盾时，比例由多到少通常会有儿子（41.5%）、女儿（35.3%）、配偶（25.1%）、邻居（19.2%）、熟人（18.3%）、同家族成员（13.7%）、兄弟（7.9%）、朋友（7.4%）、姐妹（7.1%）、其他关系（6.1%）、配偶的直系亲属（5.2%）、其他较近的亲戚（4.8%）、干部（4.0%）、父母（1.1%）、其他远亲（0.5%）帮助解决矛盾。

指导包括提供建议、信息或指导等。调查结果显示，样本曾因生活中的重大问题征求过儿子（64.8%）、女儿（48.8%）、配偶（37.1%）、熟人（12.1%）、邻居（11.5%）、朋友（11.5%）、兄弟（10.5%）、同家族成员（9.8%）、姐妹（7.7%）、配偶的直系亲属（4.5%）、其他较近的亲戚（3.7%）、其他关系（2.7%）、干部（2.5%）、父母（1.3%）、其他远亲（0.3%）的意见。

反馈是指对他人的行为、思想和感受给予反馈。调查结果显示，样本心情压抑主要会找配偶（43.6%）、儿子（41.7%）、女儿

(39.3%)、邻居（30.3%）、熟人（24.2%）、朋友（20.7%）谈话。除此之外，也有小部分样本同样会选择和同家族成员（6.4%）、姐妹（6.5%）、兄弟（5.7%）、其他较近的亲戚（2.6%）、其他关系（2.1%）、配偶的直系亲属（2.1%）、父母（1.2%）、干部（1.1%）、其他远亲（0.6%）谈谈，可以看出，家庭给人带来的心理和精神上的安全感和慰藉是任何其他主体都不能替代的。

正面的社会互动是指为了娱乐和放松而参与的社会互动。调查结果显示，样本每个月中交往（喝酒、相互拜访、聊天、打牌等）频率最高的是邻居（58.2%），其次是熟人（44.6%）、朋友（40.5%），选择邻居（53.8%）、熟人（42.9%）、朋友（32.8%）搭伴外出的样本占比也较高。也就是说，在相对封闭的农村社会，农村老人基于地缘关系网络进行社会活动的现象依然普遍存在。

为了进一步探讨农村老人支持网的异质性特征，根据询问的结果，只要出现某种求助对象，无论其出现频率多少，该求助对象就赋值为1，而始终没有出现的求助对象则赋值为0，最后将除配偶、父母、儿子、女儿之外的11种求助对象得分加总形成网络异质性变量[①]，取值范围为0—11，分值越高表示农村老人支持网的网络异质性越高。统计结果显示，农村老人支持网的网络异质性均值为4.490，说明农村老人支持网的网络异质性较低，也即农村老人在需要社会支持时所寻求的帮助对象类型较为单一。

（三）支持网交往频率

从表5-13可以看出，样本与自己家里人（88.2%）、本村人（62.6%）、邻居（58.1%）、本家族成员（45.1%）、亲戚（41.3%）、朋友（36.6%）"经常联系"的比例均高于"从不联系""很少联系""有时联系"，说明农村老人交往仍然是以血缘、亲缘、地缘为基础的乡土关系网络为主。

[①] 因配偶、父母、儿子、女儿本质上属于家人，而这里的支持网异质性主要是测量家人之外的支持主体，所以这里在统计时将配偶、父母、儿子、女儿排除在外。

表5-13 农村老人与他人打交道的频繁程度 （%）

选项	自己家里人	本家族成员	亲戚	邻居	朋友	本村人
从不	0.5	1.1	1.2	1.2	15.4	1.9
很少	2.0	18.3	17.6	9.9	14.7	13.9
有时	5.4	31.6	36.0	26.9	29.5	21.7
经常	88.2	45.1	41.3	58.1	36.6	62.6

格兰诺维特根据互动频率、感情深度、亲密程度、互惠广度等标准将人际社会关系分为强关系和弱关系两类①。为了进一步探讨农村老人支持网的交往频率特征，这里将自己家里人、亲戚、本家族成员划分为内网，将邻居、朋友、本村人划分为外网。将网络中成员的互动频率等级赋值为"从不"=1，"很少"=2，"有时"=3，"经常"=4。然后将内网和外网的交往频率分别加总，二者分值均在3—12之间。从表5-14可以看出，农村老人支持网内网交往频率得分的均值为10.365，外网交往频率得分的均值为9.835，均与总分较为接近。这说明农村老人与内外网网络成员均有较高的交往频率，但与内网成员的交往频率高于外网。

表5-14 农村老人支持网交往频率

项目	最小值	最大值	均值	标准差
内网交往频率	3	12	10.365	1.561
外网交往频率	3	12	9.835	1.935
弱关系纽带	0.3	3	0.960	0.208

由于农村老人在社会交往中内外网均会有所涉及，这里将外网交往频率与内网交往频率的比例作为弱关系纽带，以更好地明确农村老人在选择内外网时的倾向，弱关系纽带得分越高说明农村老人在社会交往时

---

① Granovetter M. S., "Economic Action and Social Structure: The Problem of Embedness", *American Journal of Sociology*, 1985, Vol. 91, No. 3, pp. 481-510.

更倾向于选择外网成员,反之说明农村老人在社会交往时更倾向于选择内网成员。统计结果显示,样本弱关系纽带得分均值为0.960,也即外网交往频率要小于内网,说明农村老人在社会交往时更倾向于选择内网成员。

综上所述,在农村老人支持网中,家庭网络规模大于朋友网络规模,但总体网络规模偏小,网络异质性较低,且内网交往频率大于外网交往频率。

第三节 农村老人社会网络的影响因素

一 分析框架

对于农村老人而言,其社会网络的结构和特征首先会受到自身个体因素的影响,而在以亲缘血缘为基础的农村社会中,大部分农村老人的社会网络依旧是以配偶和子女为中心的家庭依赖性网络[①],因此家庭因素对农村老人社会网络的影响也不可忽视。农村相较于城市基础设施和物质条件较差,村与村间隔较远,加之农村老人行动不便,使得许多农村老人主要的活动空间只能局限于自己所在的村庄。在这种情况下,社区因素与地区因素也很有可能对农村老人的社会网络产生影响。基于此,本节将从个人因素、家庭因素、社区因素、地区因素四个方面探讨农村老人社会网络的影响因素,并将个人因素细分为性别、年龄、受教育年限、个人收入水平、自评健康状况、外出务工经商经历;家庭因素细分为子女数量、居住方式;社区因素细分为所在村是否有祠堂、所在村与县城距离、所在村地形;地区因素即所在地区,包括东部、中部、西部。具体的分析框架见图5-1。

---

① 刘爱玉、杨善华:《社会变迁过程中的老年人家庭支持研究》,《北京大学学报》(哲学社会科学版) 2000 年第 3 期。

```
┌─────────────────────┐           ┌─────────────────────┐
│ ◆个人因素            │           │ ◆家庭因素            │
│   性别              │           │   子女数量           │
│   年龄              │           │   居住方式           │
│   受教育年限         │           │                     │
│   个人收入水平       │           │                     │
│   自评健康状况       │           │                     │
│   外出务工经商经历    │           │                     │
└─────────┬───────────┘           └──────────┬──────────┘
          ↓                                   ↓
      ╭────────────────────────────────────────────╮
      │           农村老人社会网络                    │
      │   ┌──────────┐        ┌──────────┐         │
      │   │  拜年网   │        │  支持网   │         │
      │   └──────────┘        └──────────┘         │
      ╰────────────────────────────────────────────╯
          ↑                                   ↑
┌─────────┴───────────┐           ┌──────────┴──────────┐
│ ◆社区因素            │           │ ◆地区因素            │
│   是否有祠堂         │           │   东部               │
│   与县城距离         │           │   中部               │
│   地形              │           │   西部               │
└─────────────────────┘           └─────────────────────┘
```

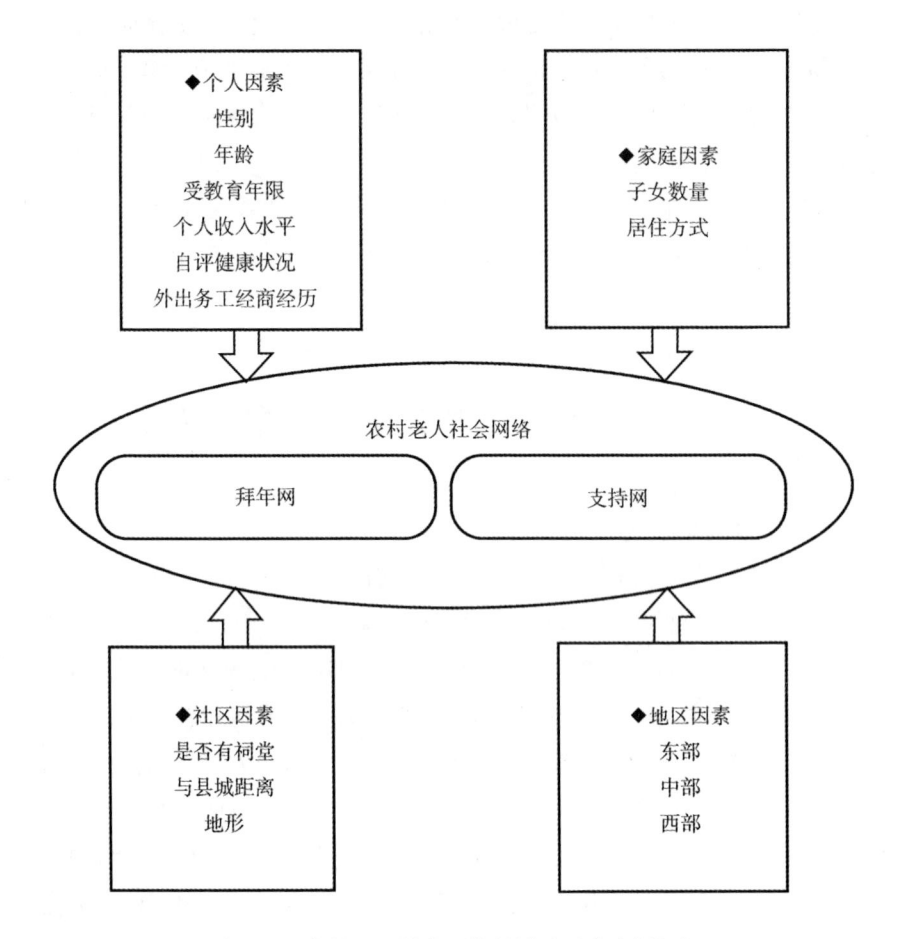

图 5-1　农村老人社会网络的影响因素分析框架

在个人因素方面，受传统农村"男主外，女主内"思想的影响，一般认为男性的社会网络规模和网络位差要大于女性，网络异质性和弱关系纽带要高于女性。年龄越大的农村老人，社会经历和接触到的交往对象可能越丰富，其网络规模和网络位差便可能越大，网络异质性和弱关系纽带可能越高。但当年龄增加到一定程度后，农村老人社会网络的网络规模、网络异质性、网络交往频率也有可能因为网络内成员的去世等原因而不如从前。受教育年限越高的农村老人，在受教育过程中所接触到的交往对象可能越多，其网络规模和网络位差便可能越大，网络异质性和弱关系纽带可能越高。个人收入水平越高的农村老人，所需进行的社会活动和社会交往可能更多，其网络规模和网络位差便可能越大，网络异质性和弱关系纽带可能越高。自评健康状况越好，农村老人越有良好的身体和精神条件进行社会交往，其网络规模和网络位差便可能越大，网络异质性和弱关系纽带可能越高。另外，有外出务工经商经历的农村老人可能在务工经商的过程中接触到更多的交往对象，所进行的社会交往活动也可能更多，其网络规模和网络位差便可能更大，网络异质性和弱关系纽带可能更高。

在家庭因素方面，子女数量越多的农村老人，越有可能为了子女进行更多的社会交往，也更有可能融入子女的社会网络中，所以其网络规模和网络位差便可能更大，网络异质性和网络交往频率可能越高。相对于寡居的农村老人，与配偶独居和与子女等同居的农村老人更可能融入同住家人的社会网络中，其社会网络规模可能更大。但相对于寡居的农村老人，其他居住方式的农村老人由于与家人同住，社会交往的对象也有可能仅局限于自己家里人，此时其网络异质性可能较低，网络位差可能更小，内网交往频率可能更高，但外网交往频率可能更低。

在社区因素方面，有祠堂的村庄更有可能以此举办各种社会活动，从而扩大农村老人的社会网络规模和网络位差，提高其网络异质性和弱关系纽带。距离县城越近的村庄，村里的农村老人与外界联系和交往可能越方便，他们的社会网络规模和网络位差便可能更大，网络异质性和弱关系纽带可能更高。相对于所在村位于丘陵/山地地形的农村老人，所在村位于平原地区的农村老人由于地形出行较为方便，有利于其社会网络规模和网络位差的增大，也有利于提高其网络异质性和弱关系纽带。

在地区因素方面，一般认为相对于西部地区，中东部地区的经济和交通更为发达便利，地形也更有利于交往，所以相较于西部地区的农村老人，中东部地区农村老人的社会网络规模和网络位差可能更大，网络异质性和弱关系纽带可能更高。

二 变量操作化

（一）因变量

1. 拜年网

农村老人拜年网的网络规模通过其相互拜年人数的多少来考察，拜年人数越多其拜年网网络规模越大，反之，则代表其拜年网网络规模越小（见表5-5）。农村老人拜年网的关系异质性通过其与相互拜年成员的关系构成来考察（见表5-7），农村老人拜年网的职业异质性通过其相互拜年成员的职业构成来考察（见表5-8）。农村老人拜年网的网络位差通过其拜年网中不同职业的声望赋值来考察（见表5-9），选取出每个样本所在拜年网中职业声望最高者和最低者，将两者之差作为网络位差得分。

2. 支持网

农村老人支持网的规模通过其社会交往成员的规模来考察（见表5-11）。农村老人支持网的异质性通过其寻求帮助的对象类型来考察，具体问题见表5-12。农村老人支持网的网络交往频率通过其与各类人员打交道的频繁程度来考察，具体的问题和赋值见表5-13。另外，将外网交往频率与内网交往频率的比例作为弱关系纽带，得分越高说明农村老人与外网成员的交往频率越高，也即农村老人在社会交往时更倾向于与外网成员交往。

（二）自变量

自变量包括农村老人的个人因素、家庭因素、社区因素和地区因素，其中个人因素包括性别、年龄、受教育年限、个人收入水平对数、自评健康状况、外出务工经商经历；家庭因素包括子女数量、居住方式；社区因素包括所在村是否有祠堂、所在村与县城距离、所在村地形；地区因素即所在地区，分为西部、中部、东部。需要说明的是，个人收入水平对数以问题"过去一年，您个人的全年收入"取对数来测量，将农村老人的各项收入、国家给予的补贴、家庭成员的供养等加总后形成个人收入水平；自评健康状况以问题"您觉得现在身体状况如何"来测量，答案包括"很差""较差""一般""较好""很好"；外出务工经商经历的答案包括"近10年内出去过""10年之前出去过""没有出去过",这里将"近10年内出去过""10年之前出去过"归为"有外出务工经商经历",将"没有出去过"归为"无外出务工经商经历"。居住方式包括寡居、与配偶独居、与子女等同居三种形式。所在村地形包括"平原""丘陵""山地",其中将"丘陵""山地"合并为"丘陵/山地"。自变量的描述性统计结果见表5-15。

表5-15 自变量的描述性统计

变量	变量说明/单位	均值	标准差
性别	男=1,女=0	0.463	0.499
年龄	单位:岁	69.716	6.664
受教育年限	单位:年	3.895	3.542
个人收入水平对数	个人全年收入水平取对数	8.594	0.895
自评健康状况	很差=1,较差=2,一般=3,较好=4,很好=5	3.222	1.003
外出务工经商经历	有外出务工经商经历=1,无外出务工经商经历=0	0.315	0.465
子女数量	单位:人	3.036	1.212
居住方式			
寡居	寡居=1,其他=0	0.157	0.364
与配偶独居	与配偶独居=1,其他=0	0.457	0.498
与子女等同居	与子女等同居=1,其他=0	0.385	0.487
所在村是否有祠堂	有祠堂=1,无祠堂=0	0.117	0.322
所在村与县城距离	单位:公里	15.111	13.951
所在村地形	平原=1,丘陵/山地=0	0.545	0.498
所在地区			
西部	西部=1,其他=0	0.206	0.405
中部	中部=1,其他=0	0.243	0.429
东部	东部=1,其他=0	0.552	0.498

三 结果与分析

(一)农村老人拜年网的影响因素

表5-16展示了农村老人拜年网特征的影响因素,其中模型5-1

的因变量为拜年网规模，模型 5-2 的因变量为拜年网网络位差，模型 5-3 的因变量为拜年网关系异质性，模型 5-4 的因变量为拜年网职业异质性。

模型 5-1 显示，在个人因素中，受教育年限变量和外出务工经商经历变量显著正向农村老人拜年网规模，也就是说，受教育年限越高，农村老人拜年网规模越大；相对于没有外出务工经商经历的农村老人，有外出务工经商经历的农村老人拜年网规模更大。家庭因素中的各变量对农村老人拜年网规模的影响不显著。在社区因素中，相对于所在村没有祠堂的农村老人，所在村有祠堂的农村老人拜年网规模更小，这可能是因为所在村有祠堂的农村老人拜年的成员更局限于宗族成员。另外，相对于所在村地形为丘陵/山地的农村老人，所在村地形为平原的农村老人拜年网规模更小，这可能是因为平原地区的农村老人在日常交往时相对方便和频繁，因此在拜年时不那么看重拜年人数的多少。在地区因素方面，相对于西部地区的农村老人，中东部地区农村老人拜年网的规模更大。

模型 5-2 显示，性别变量和所在村是否有祠堂变量显著负向影响农村老人拜年网网络位差，受教育年限、外出务工经商经历、居住方式中的与配偶同居、所在地区中的中部地区等变量显著正向影响农村老人拜年网网络位差。也就是说，相对于女性，男性农村老人拜年网网络位差更小，这可能是因为男性往往更愿意与自己社会地位相似的人交往和拜年，导致其拜年网网络位差较小。另外，相较于所在村没有祠堂的农村老人，所在村有祠堂的农村老人拜年网网络位差更小，这可能是因为所在村有祠堂的农村老人拜年对象更局限于村里人和宗族成员，而这些人的异质性较低。除此之外，受教育年限越高，农村老人拜年网网络位差越大；相对于没有外出务工经商经历的农村老人，有外出务工经商经历的农村老人拜年网网络位差更大；相对于寡居的农村老人，与配偶独居的农村老人拜年网网络位差更大；相对于西部地区的农村老人，中部地区农村老人拜年网网络位差更大。

模型 5-3 显示，个人因素中，性别、受教育年限、个人收入水平对数、外出务工经历等变量均显著正向影响农村老人拜年网关系异质性。也就是说，相对于女性，男性农村老人拜年网关系异质性更高；受教育年限越高、个人收入水平越高的农村老人，拜年网关系异质性越高；相对于没有外出务工经商经历的农村老人，有外出务工经商经历的农村老人拜年网关系异质性更高。在家庭因素中，相对于寡居的农村老人，与配偶独居和与子女等同居的农村老人拜年网关系异质性更高。在社区因素中，所在村与县城距离越近的农村老人拜年网关系异质性越高。在地区因素中，相对于西部地区的农村老人，中东部地区的农村老人拜年网关系异质性更高。

模型 5-4 显示，个人因素中，性别、受教育年限、个人收入水平对数、自评健康状况、外出务工经历等变量通过了显著性检验，其中性别变量显著负向影响农村老人拜年网职业异质性，其他变量均显著正向影响农村老人拜年网职业异质性。具体来看，相对于女性，男性农村老人拜年网职业异质性更低。除此之外，受教育年限越高、个人收入水平越高、自评健康状况越好的农村老人，拜年网职业异质性越高；相对于没有外出务工经历的农村老人，有外出务工经历的农村老人拜年网职业异质性更高。家庭因素对农村老人拜年网职业异质性的影响不显著。在社区因素中，相对于所在村没有祠堂的农村老人，所在村有祠堂的农村老人拜年网职业异质性更低，这可能是因为他们在过年时更倾向于和宗族成员及村里人相互拜年，而这些人的异质性较低。在地区因素中，相对于西部地区的农村老人，中东部地区的农村老人拜年网职业异质性更高。

表 5-16　　农村老人拜年网影响因素的 OLS 回归结果

变量	模型 5-1	模型 5-2	模型 5-3	模型 5-4
性别（参照：女性）	-1.321 (1.460)	-0.564 *** (0.152)	0.094 * (0.054)	-0.350 ** (0.102)
年龄	-0.063 (0.109)	0.008 (0.011)	-0.001 (0.004)	0.003 (0.008)
受教育年限	0.631 ** (0.197)	0.053 ** (0.020)	0.019 ** (0.007)	0.051 *** (0.014)

续表

变量	模型5-1	模型5-2	模型5-3	模型5-4
个人收入水平对数	1.251	0.295	0.137***	0.128**
	(0.795)	(0.083)	(0.030)	(0.056)
自评健康状况	-0.168	0.070	-0.015	0.087*
	(0.640)	(0.067)	(0.024)	(0.045)
外出务工经商经历（参照：无外出务工经商经历）	5.584***	0.723***	0.118**	0.492***
	(1.459)	(0.152)	(0.054)	(0.102)
子女数量	0.473	-0.046	-0.037	-0.022
	(0.599)	(0.062)	(0.022)	(0.042)
居住方式（参照：寡居）				
与配偶独居	2.170	0.415**	0.125*	0.213
	(1.871)	(0.194)	(0.070)	(0.131)
与子女等同居	1.643	0.235	0.153**	0.092
	(1.890)	(0.196)	(0.070)	(0.133)
所在村是否有祠堂（参照：没有祠堂）	-4.224*	-0.397*	-0.117	-0.276*
	(2.302)	(0.239)	(0.086)	(0.162)
所在村与县城距离	-0.052	0.003	0.005**	0.001
	(0.049)	(0.005)	(0.002)	(0.003)
所在村地形（参照：丘陵/山地）	-2.543*	0.227	-0.071	-0.097
	(1.349)	(0.140)	(0.050)	(0.095)
所在地区（参照：西部）				
中部	8.576***	0.543**	0.801***	0.266**
	(1.615)	(0.168)	(0.070)	(0.113)
东部	5.339**	0.135	0.990***	0.295**
	(1.964)	(0.204)	(0.073)	(0.138)
常量	10.163	-2.118**	0.203	0.148
	(10.169)	(1.056)	(0.378)	(0.714)
R^2	0.056	0.074	0.315	0.065

注：括号中为标准误；*$p<0.1$，**$p<0.05$，***$p<0.01$。

(二) 农村老人支持网的影响因素

表5-17展示了农村老人支持网特征的影响因素,其中,模型5-5的因变量为支持网规模,模型5-6的因变量为支持网异质性,模型5-7的因变量为支持网弱关系纽带。

模型5-5显示,个人因素中的个人收入水平对数、自评健康状况、外出务工经历等变量均显著正向影响农村老人的支持网规模。也就是说,个人收入水平越高,自评健康状况越好,农村老人支持网规模越大;相对于没有外出务工经商经历的农村老人,有外出务工经商经历的农村老人支持网规模更大。家庭因素中,子女数量越多的农村老人支持网规模越大;相对于寡居的农村老人,与配偶独居和与子女等同居的农村老人支持网规模更大。社区因素中,相对于所在村没有祠堂的农村老人,所在村有祠堂的农村老人支持网网络规模更小,这可能是因为所在村有祠堂的农村老人更愿意与村内成员和宗族成员交往;相对于所在村地形为丘陵/山地的农村老人,所在村地形为平原的农村老人支持网规模更大。地区因素方面,相对于西部地区的农村老人,中东部地区农村老人的支持网规模更大。

模型5-6显示,个人因素中的年龄变量、个人收入水平对数变量通过了显著性检验,其中年龄负向影响农村老人支持网异质性,个人收入水平对数正向影响农村老人支持网异质性。也就是说,年龄越大的农村老人支持网异质性越低,这可能与农村老人晚年社交活动的减少相关,而个人全年收入越高的农村老人支持网异质性越高。家庭因素中的子女数量显著负向影响农村老人支持网异质性,也即子女数量越多的农村老人支持网异质性越低,这可能是因为子女数量越多的老人越倾向于向子女寻求社会支持。社区因素中,相对于所在村没有祠堂的农村老人,所在村有祠堂的农村老人支持网异质性更低,这可能是因为所在村有祠堂的农村老人更倾向于向村庄、宗族内成员寻求社会支持;所在村与县城距离越近的农村老人支持网异质性越低;相对于所在村地形为丘陵/山地的农村老人,所在村地形为平原的农村老人支持网异质性更高。地区因素方面,相对于西部地区的农村老人,中部地区的农村老人支持网异质性更低,而东部地区农村老人与西部地区农村老人网络异质性之间的差异并不显著。

模型5-7显示，个人因素中，个人收入水平对数、自评健康状况、外出务工经历等变量通过了显著性检验。具体来看，个人收入水平越高的农村老人，弱关系纽带程度越高，也即个人收入水平越高的农村老人越倾向于与外网成员交往。而自评健康状况越好的农村老人弱关系纽带程度越低，这可能是因为健康状况好的农村老人更愿意把精力分配在与自己亲近的成员身上。另外，相对于没有外出务工经商经历的农村老人，有外出务工经商经历的农村老人弱关系纽带程度更高，更倾向于与外网成员交往。在家庭因素中，子女数量越多的农村老人弱关系纽带程度越低；相对于寡居的农村老人，与配偶独居和与子女等同居的农村老人弱关系纽带程度越低。在社区因素中，相对于所在村位于山地/丘陵的农村老人，所在村位于平原的农村老人弱关系纽带程度越高，这可能是因为平原地区的农村老人与外界的交往联系更为方便。而地区因素对农村老人弱关系纽带的影响不显著。

表5-17　　农村老人支持网影响因素的OLS回归结果

变量	模型5-5	模型5-6	模型5-7
性别（参照：女性）	-0.668 (0.652)	0.016 (0.137)	0.000 (0.014)
年龄	-0.065 (0.049)	-0.020* (0.010)	0.000 (0.001)
受教育年限	0.125 (0.088)	0.022 (0.019)	-0.001 (0.002)
个人收入水平对数	1.735*** (0.355)	0.174** (0.075)	0.014* (0.008)
自评健康状况	0.688** (0.286)	0.045 (0.060)	-0.010* (0.006)
外出务工经商经历（参照：没有外出务工经商经历）	2.212** (0.651)	0.024 (0.137)	0.032** (0.014)

续表

变量	模型5-5	模型5-6	模型5-7
子女数量	1.168***	-0.138**	-0.018**
	(0.267)	(0.056)	(0.006)
居住方式（参照：寡居）			
与配偶独居	1.493*	0.102	-0.059**
	(0.835)	(0.176)	(0.018)
与子女等同居	3.743***	0.171	-0.066***
	(0.843)	(0.178)	(0.018)
所在村是否有祠堂（参照：没有祠堂）	-2.486**	-1.017***	-0.002
	(1.027)	(0.178)	(0.022)
所在村与县城距离	-0.025	-0.018***	0.001
	(0.022)	(0.005)	(0.000)
所在村地形（参照：丘陵/山地）	2.932***	0.349**	0.056***
	(0.602)	(0.127)	(0.013)
地区因素（参照：西部）			
中部	2.898***	-0.589***	0.011
	(0.720)	(0.152)	(0.016)
东部	3.414***	0.067	0.011
	(0.876)	(0.185)	(0.019)
常量	-5.188	4.766***	0.896***
	(4.538)	(0.957)	(0.099)
R^2	0.131	0.077	0.070

注：括号中为标准误；*$p<0.1$，**$p<0.05$，***$p<0.01$。

第四节　本章小结

本章选取拜年网和支持网作为农村老人社会网络的测量工具，并从网络规模、网络异质性、网络位差、网络交往频率等方面对其特征进行了考察。研究发现，无论是以拜年网还是支持网进行测量，农村老人的社会网络均具有网络规模小、网络异质性低、网络位差小、内网交往频率大于外网交往频率的特征。另外，通过对农村老人社会网络影响因素的分析发现，农村老人个人因素、家庭因素、社区因素、地区因素均会对其社会网络特征产生一定影响。

在农村老人的拜年网方面，受教育年限越高、有外出务工经商经历、中东部地区的农村老人拜年网规模更大，而所在村有祠堂、所在村地形为平原的农村老人拜年网规模更小。在网络位差方面，男性、所在村有祠堂的农村老人拜年网络位差更小，而受教育年限越高、个人收入水平越高、有外出务工经商经历、与配偶独居、中部地区的农村老人拜年网网络位差更大。在网络异质性方面，男性网络关系异质性更高，而女性网络职业异质性更高。除此之外，个人因素中个人收入水平越高、受教育年限越高、自评健康状况越好、有外出务工经商经历的农村老人拜年网异质性更高。社区因素中，与配偶独居和与子女等同居的农村老人拜年网关系异质性更高，所在村与县城距离越近的农村老人拜年网关系异质性越高，而所在村没有祠堂的农村老人拜年网职业异质性更高。另外，相对于西部地区的农村老人，中东部地区的农村老人拜年网异质性更高。

在农村老人的支持网方面，个人收入水平越高、自评健康状况越好、有外出务工经商经历、子女数量越多、与配偶独居和与子女等同居、所在村有祠堂、所在村地形为平原、中东部地区的农村老人支持网规模更大。个人收入水平越高、所在村地形为平原的农村老人支持网异质性更高，而年龄越大、子女数量越多、所在村有祠堂、所在村与县城距离越近、中部地区的农村老人支持网异质性更低。另外，个人收入水平越高、有外出务工经商经历、所在村位于平原的农村老人，弱关系纽带程度更高；而自评健康状况越好、子女数量越多、与配偶独居和与子女等同居的农村老人弱关系纽带程度更低。

第六章

社会网络与农村老人
养老风险感知

社会网络具有聚纳养老资源的作用。农村老人通过动员自身所处社会关系网中的资源可以获取一定的社会支持来消减其养老风险，从而降低自身对养老风险的感知水平。本章基于前一章对农村老人社会网络特征的分析，进一步探讨社会网络与农村老人养老风险感知的关系，以期揭示社会网络聚纳养老资源的能力。

第一节 理论与假设

一 文献综述

农村老人养老面临诸多风险，如身体失能风险、陪伴缺失风险和经济依赖风险等。陈敬胜认为这些养老风险的出现，与当前我国农村社会结构的变迁、传统养老模式的式微以及城镇化风险向农村地区渗透等因素密切相关[1]。并且在当前的低生育时代，养老风险会因为持续的低生育风险加上长寿风险而不断加剧[2]。面对养老风险，农村老人最主要的

---

[1] 陈敬胜：《我国乡村养老新风险及其治理》，《海南大学学报》（人文社会科学版）2020年第5期。
[2] 穆光宗：《低生育时代的养老风险》，《华中科技大学学报》（社会科学版）2018年第1期。

化解方式是家庭支持①。家庭养老不仅具有内在的经济合理性，还有利于促进代际交流，达到对老年人亲情慰藉的作用②。近年来，随着家庭结构的变迁，"女儿养老"逐渐发展成为我国农村养老秩序的新成分③，其不仅能够消减农村老人的养老担心，还增强了家庭养老模式的适应性。但是，传统农业社会的变迁依旧动摇了农村家庭养老的根基，使得社会养老成为我国农村未来养老的核心途径④。此外，还有学者提出通过构建多元化的养老方式来化解当前农村养老面临的困境⑤。

多样化的养老策略在消减农村老人的养老风险方面发挥了重要作用，其中，社会网络是重要的选择之一。社会网络是社会资本的重要载体，是社会中的个体行动者之间因为互动形成的相对稳定的关系体系⑥。在农村，村民之间因交往互动而形成的社会关系网络会对农村老人的生活产生影响。处于社会网络之中的成员可以通过彼此之间的信息共享与互动交流来获取自身所需的资源。根据社会关系护航理论（Social Convoy Model），个体在成长过程中会因自身和客观环境的变化而经历不同的人生阶段，并在不同的阶段中不断获取来自社会关系网络的支持和帮助，为生活保驾护航⑦。农村老人处于生命周期的后期阶段，由于身体机能的下降以及成年子女外出流动导致儿女养老功能的退化，社

---

① 于长永：《他们在担心什么？——脆弱性视角下农村老年人的养老风险与养老期望探究》，《华中科技大学学报》（社会科学版）2018 年第 1 期。

② 郭德奎：《浅谈农村家庭养老模式的完善与重构》，《中共太原市委党校学报》2012 年第 1 期。

③ 望超凡、甘颖：《农村家庭变迁与女儿养老》，《华南农业大学学报》（社会科学版）2019 年第 2 期。

④ 穆怀中、陈曦：《人口老龄化背景下农村家庭子女养老向社会养老转变路径及过程研究》，《人口与发展》2015 年第 1 期。

⑤ 赵强社：《农村养老：困境分析、模式选择与策略构想》，《农业经济问题》2016 年第 10 期。

⑥ Wassermans F., *Social Network Analysis: Methods and Applications*, Cambridge: Cambridge University Press, 1994.

⑦ Antonucci T. C., Ajrouch K. J., Birditt K. S., "The Convoy Model: Explaining Social Relations from a Multidisciplinary Perspective", *The Gerontologist*, 2014, Vol. 54, No. 1, pp. 82 – 92.

会网络成为其在未来养老时得以依靠的重要生存策略①。并且社会网络中蕴含的个人层面和社会层面的社会资本，能够给农村老人带来多种信息、物质资源、精神支持和社会庇护等网络效益，这些网络效益又通过改善农村老人的物质条件、陪伴缺失、尊重需要等来达到养老保障功能的实现②。

社会网络除了可以通过提供各种资源保障老年人的养老外，还能对他们的心理健康产生影响。有学者对1000名65岁及以上的老年人调查发现，个体社会网络和孤独发生的频率直接相关，并且是影响生活质量最重要的因素③；池上新认为社会关系网络的规模和质量能够给农村留守老人的心理健康带来积极影响④；唐丹、徐瑛利用2014年中国老年社会追踪调查（CLASS）数据研究发现，社会网络这一外在应对资源能够对留守老人心理健康产生显著影响，并且家庭网络是留守老人最重要的外在应对资源⑤。除了心理层面，学界还从其他方面研究了社会网络对老年人产生的影响。宋晓莹、曹洁利用CGSS2012年的微观数据研究发现，社会网络的规模及异质性对农村老人的再就业具有较强的正向效应⑥。韦璞通过对贵州省贫困农村地区老年人社会网络的抽样调查研究发现，邻居朋友等非亲缘社会网络在老年人的情感支持中发挥了重要作用⑦。

---

① 允春喜、徐西庆：《社会网络视角下农村养老问题研究》，《天府新论》2013年第6期。

② 钱锡红、申曙光：《非正式制度安排的老年人养老保障：解析社会网络》，《改革》2011年第9期。

③ Bowling A., Gabriel Z., "An Integrational Model of Quality of Life in Older Age: Results from the ESRC/MRC HSRC Quality of Life Survey in Britain", *Social Indicators Research*, 2004, Vol. 69, No. 1, pp. 1–36.

④ 池上新：《社会网络、心理资本与居民健康的城乡比较》，《人口与发展》2014年第3期。

⑤ 唐丹、徐瑛：《应对方式、社会网络对留守老人抑郁症状的作用及机制分析》，《人口研究》2019年第5期。

⑥ 宋晓莹、曹洁：《积极老龄化视域下社会网络对老年人再就业的影响效应研究》，《中国矿业大学学报》（社会科学版）2021年第4期。

⑦ 韦璞：《贫困地区农村老年人社会支持网初探》，《人口与发展》2010年第2期。

已有研究为本章研究奠定了坚实基础，但仍存在以下两点不足：一是已有研究主要聚焦于探讨农村老人面临的整体性养老风险，而作为养老风险的外在表现，养老风险感知应该成为实证研究的关键变量；二是已有研究主要探讨了社会网络在老年人养老、心理健康、情感支持等方面的影响，以及家庭养老、社会养老对农村老人养老风险的消减作用，而较少有学者将这二者联系起来进行研究，探讨社会网络在消减农村老人养老风险方面的作用。基于此，本章利用对 11 个省 1126 名农村老人的问卷调查数据，尝试在描述农村老人养老风险感知基础上，探讨社会网络对农村老人养老风险感知的消减效用。

二 研究框架与假设

同一村庄的村民之间存在复杂的熟人关系网络以及质朴的互惠、信任与合作关系，村庄内的每个老年人都以自身为中心生发出一定的社会关系网络，网络中的个人通过自觉或不自觉承担养老责任的方式，为老年人提供物质或情感支持[①]，并通过开发其内部蕴含的养老服务资源满足老年人的养老需求[②]。本章的分析框架见图 6-1。

网络规模是社会网络的首要特征，一般来说，个体拥有的社会关系越多，其社会网络规模越大[③]。已有研究证明，网络规模与资源获取之间存在正相关关系，并且随着社会网络规模的扩大，资源的获取会更加容易[④]。即在农村社会中，社会网络规模越大的农村老人越容易获取网络内的养老资源来应对其养老时的基本生活需求，从而降低个人的养老风险感知水平。由此提出假设 6.1：

假设 6.1：网络规模越大，农村老人的养老风险感知水平越低。

[①] 允春喜、徐西庆：《社会网络视角下农村养老问题研究》，《天府新论》2013 年第 6 期。

[②] 秦俭：《农村独居老人养老困境及其化解之道——以社会支持网络理论为分析视角》，《湖南社会科学》2013 年第 3 期。

[③] 赵丹、余林：《社会交往对老年人认知功能的影响》，《心理科学进展》2016 年第 4 期。

[④] 杨特、赵文红、周密：《网络规模对创业资源获取的影响：创业者先前经验的调节作用》，《科技进步与对策》2018 年第 2 期。

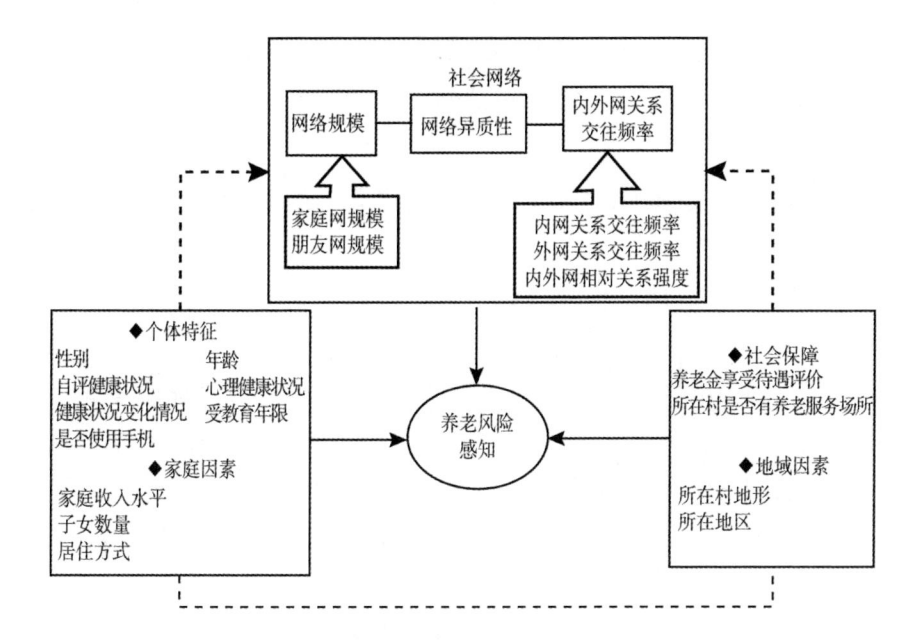

图 6-1　农村老人养老风险感知影响因素分析框架

老年人的社会网络结构主要是由血缘关系和地缘关系构成[①]，他们的非正式社会支持主要来源于家庭网络，首先是家人和亲戚，其次为朋友和邻居等[②]。据此，可以根据农村老人与主要交往对象之间的关系，将网络规模划分为家庭网规模和朋友网规模。家庭作为从古至今最重要的共同体单元，是农村老人养老的首要选择，家庭网所蕴含的资源更是农村老人获得生活照料、经济支持以及情感慰藉的主要来源。核心家庭结构的大量出现使得农村"祖孙三代"或"四世同堂"式的较大规模的家庭网络土崩瓦解，农村老人的养老风险感知水平相应提高。家庭网规模的萎缩，使得以邻居朋友等地缘关系为主的朋友网成为农村老人消减养老风险尤其是陪伴缺失风险的替代性选择，拥有较大规模的朋友网

[①] 张友琴：《老年人社会支持网的城乡比较研究——厦门市个案研究》，《社会学研究》2001年第4期。

[②] 刘燕、纪晓岚：《老年人社会网络规模及结构研究——兼论独生子女家庭的养老困境》，《大连理工大学学报》（社会科学版）2013年第3期。

络不仅是抑制老年人抑郁心理产生的有效方法①，还是其在遇到危机时受到多方援助和参加老年群体活动的重要渠道。由此提出假设6.1.1和假设6.1.2：

假设6.1.1：家庭网规模越大，农村老人的养老风险感知水平越低。

假设6.1.2：朋友网规模越大，农村老人的养老风险感知水平越低。

费孝通提出的"差序格局"理论所代表的亲疏远近结构形象地表达了中国人的特色人际关系网络②，同时也说明了社会网络具有异质性。社会网络异质性程度越高，获得其中蕴含的多元且非冗余资源的概率就越大③。农村社会是"人情"社会的集中体现，在农村老人步入老年阶段后，其在生命周期中所经历和拥有的人际关系网络是十分庞大且繁杂的，这样高度的网络异质性同样能够给其带来丰富的养老资源以应对未来的养老风险。但是高度的网络异质性同时也意味着网络中包含着各式各样的成员，网底和网顶之间的网差也会较大。根据社会比较理论，社会比较的类型可按比较对象的不同分为上行比较、平行比较和下行比较三种④，上行比较即个体一般喜欢与比自己等级高的他人进行比较从而达到自我进步的目的⑤。因此，对于农村老人来说，一是其跟网络内各种各样的成员打交道，能够了解到更多的关于养老的信息，特别是了解到一定的负面信息时，会增加其养老风险感知；二是农村老人在

---

① Singh L., Singh P. K., Arokiasamy P., "Social Network and Mental Health among Older Adults in Rural Uttar Pradesh India: A Cross-sectional Study", *Journal of Cross-Cultural Gerontology*, 2016, Vol. 2, pp. 173 – 192.

② 李黎明、杨梦瑶、李晓光：《多重社会网络与城镇居民的主观幸福感——基于JS-NET2014—2016追踪数据的实证研究》，《社会学评论》2020年第2期。

③ 霍生平、刘海：《返乡创客社会网络异质性、知识隐默性与利用式创新研究——基于创业拼凑的中介作用》，《软科学》2020年第4期。

④ Festinge R. L., "A Theory of Social Comparison Processes", *Hum Relat*, 1954, Vol. 7, No. 7, pp. 117 – 140.

⑤ Wheele R. L. "Motivation as a Determinant of Upward Comparison", *Journal of Experimental Social Psychology*, 1966, Vol. 1, pp. 27 – 31.

进行上行比较时，会形成较高的养老期望，与现实形成落差，所以其担心养老问题的可能性较高。由此提出一对竞争性假设：

假设6.2.1：社会网络异质性程度越高，农村老人养老风险感知水平越低。

假设6.2.2：社会网络异质性程度越高，农村老人养老风险感知水平越高。

因彼此之间关系的亲疏远近，人们在与网络内部成员交往时的互动频率也不同。农村老人的网络关系交往频率就是其与不同强度类型网络成员的接触频率。基于此标准，这里将社会网络中与农村老人互动频率高的家人、亲戚、本家族成员等强关系作为农村老人的内网，将与之互动频率低的邻里、朋友、同村村民等弱关系作为农村老人的外网。社会资源嵌入社会网络中，社会网络中养老资源的互惠、信息的流动以及精神层面的支持均来自网络内部成员之间的交往互动。农村老人可以通过网络关系直接或间接获取资源，以强关系成员为主的内网可以传递高质量的信息，而以弱关系成员为主的外网也可以通过充当关系桥梁来拓展外部资源，从而得到更多异质且冗余度较低的信息，降低养老风险[①]。此外，农村老人在与内外网成员交往时会存在相对关系强度，即存在相对于农村老人与外网关系的交往频率，其与内网关系的交往频率更高的可能性，这时说明农村老人与内网关系的交往强度更高，相应地，他们的养老风险感知水平也会更低。由此提出以下假设：

假设6.4：内网关系交往频率越高，农村老人养老风险感知水平越低。

假设6.5：外网关系交往频率越高，农村老人养老风险感知水平越低。

假设6.6：内外网相对关系强度越高，农村老人养老风险感知水平越低。

---

① 琚春华、傅小康、邹江波：《融入社会关系强度的个人信用价值度量模型研究》，《系统科学与数学》2020年第3期。

第二节 变量操作化

一 因变量

本章的因变量是农村老人的养老风险感知,根据前文研究假设并借鉴已有研究①,将因变量养老风险感知操作化为身体失能风险感知、经济依赖风险感知以及陪伴缺失风险感知三个维度。通过询问农村老人"您担心以后生活不能够自理吗""您担心以后在经济上完全依赖别人吗""您担心以后缺少陪伴感到孤独吗"这三个问题来获得对应以上三个维度的答案,将选项分别赋值为"非常担心"=5,"比较担心"=4,"一般"=3,"不太担心"=2,"完全不担心"=1,分值越高表示农村老人的养老风险感知水平越高(见表6-1)。

表6-1 养老风险感知维度量表及评分标准

问题	非常担心	比较担心	一般	不太担心	完全不担心
您担心以后生活不能够自理吗?	5	4	3	2	1
您担心以后在经济上完全依赖别人吗?	5	4	3	2	1
您担心以后缺少陪伴感到孤独吗?	5	4	3	2	1

为了从总体上测量农村老人的养老风险感知水平,这里运用主成分法对3个维度进行因子分析,提取了1个公因子。因子分析中,KMO值为0.725,Bartlett球形检验达到了0.00的显著水平,提取的公因子累计方差百分比为76.589%,因子分析结果比较理想。为了达到更好的分析效果,这里将公因子进行了指数化转换。指数=(因子值+B)×A;A=99/(因子最大值-因子最小值);B=(因子最大值-因子最小值)/99-因子最小值。

---

① 张戈:《我国城市第一代独生子女父母的养老焦虑研究》,硕士学位论文,首都经济贸易大学,2008年。

二 自变量

自变量包括网络规模、网络异质性和交往频率等。

首先是网络规模变量。本章借鉴 Lubben 等人编制的社会网络量表测量农村老人的社会网络状况[①]。调查分别询问了农村老人与家人/亲戚或朋友可以见面、可以聊私事、可以提供帮助的人数等级，并设置 6 个问题和 6 级选项分别赋值，赋值情况如表 6-2 所示。在测量时，将前 3 个问题中的家人/亲戚交往作为家庭网络规模指标，后 3 个问题中的朋友交往作为朋友网络规模指标，二者之和作为社会网络规模指标。将 6 级选项的得分进行加总后，家庭网络规模和朋友网络规模得分均在 0—27 之间，网络规模得分在 0—54 之间，得分越高，表示农村老人的社会网络规模越大。

表 6-2 社会网络量表及评分标准

网络类别	问题	没有	1 个	2 个	3—4 个	5—8 个	≥9 个
家庭网络	您一个月至少能与几个家人/亲戚见面或联系？	0	1	2	3	5	9
	您能和几个家人/亲戚放心地谈您的私事？	0	1	2	3	5	9
	当您需要时，有几个家人/亲戚可以给您提供帮助？	0	1	2	3	5	9
朋友网络	您一个月至少能和几个朋友见面或联系？	0	1	2	3	5	9
	您能和几个朋友放心地谈您的私事？	0	1	2	3	5	9
	当您需要时，有几个朋友可以给您提供帮助？	0	1	2	3	5	9

---

① 唐丹、徐瑛：《应对方式、社会网络对留守老人抑郁症状的作用及机制分析》，《人口研究》2019 年第 5 期。

其次是网络异质性变量。为测量该变量，本章将被访者在日常生活中可能遇到的各种困难设置成12个问题，并据此询问他们在遇到这些问题时会选择的求助对象，这些求助对象包括干部、熟人、邻居、朋友、兄弟、姐妹、配偶的直系亲属、其他较近的亲戚、同家族成员、其他远亲、其他关系11种。根据询问的结果，只要出现某种求助对象，无论其出现频率多少，该求助对象就赋值为1，而始终没有出现的求助对象则被赋值为0，最后将这11种求助对象得分加总形成网络异质性变量，取值范围为0—11，分值越高表示农村老人的网络异质性越高（见表6-3）。

表6-3　　　　　　　网络异质性变量的测量问题

序号	问题
1	假如您与您的配偶或子女有严重的矛盾甚至发生争吵，通常会有谁来帮助解决矛盾？
2	假如您心情压抑想同某人谈谈，您会找谁谈这些问题？
3	假如您需要对生活中的重大问题进行咨询，您曾征求过谁的意见？
4	假如您家中有些活需要别人帮忙，您会请谁来帮忙？
5	假如您或您家中人患了重病卧床不起或需要送往医院治疗，您会请谁过来照顾您或帮您做家务？
6	假如您需要借某种工具，您会向谁借呢？
7	假如您需要借一笔钱，您会向谁借呢？
8	假如您在填表时遇到了问题，您会请谁来帮助您？
9	近一时期如果您需要和人一同外出，您会选择谁和您搭伴？
10	您和谁至少每月交往一次，如喝酒、相互拜访、聊天、打牌？
11	假如您需要和别人进行经济上的合作，您最愿意和谁搭成伙伴？
12	您的家人中若有外出打工的，或去医院看病，曾经得到过谁的帮助？

最后是内网关系交往频率、外网关系交往频率和内外网相对关系强度变量。根据前文研究假设，本章通过"互动频率"即通过询问被访者与各类人员打交道的频繁程度来测量以上变量。其中，打交道的人员主要包括自己家里人、本家族成员、亲戚、邻居、朋友和本村人6种互

动对象，这里根据农村老人与互动对象的亲密关系将自己家里人、亲戚、本家族成员三者划分为内网，将邻居、朋友、本村人划分为外网。并且根据网络成员的互动频率等级赋值为"从不"=1，"很少"=2，"有时"=3，"经常"=4（见表5-3）。然后将内网和外网的来往频率分别加总，分值在3—12之间。为了更为精准地测算农村老人与内外网之间交往的相对关系强度，这里将内网与外网的比例设置为内外网相对关系强度变量，将分值结果大于等于1的赋值为"1"，表示农村老人相较于外网成员与内网成员的交往关系强度更高，分值结果小于1的赋值为"0"，表示农村老人相较于内网成员与外网成员的交往关系强度更高。

三 控制变量

基于已有研究结果，这里选取性别、年龄、自评健康状况、心理健康状况、健康状况变化情况、受教育年限、是否使用手机、养老金享受待遇评价、家庭全年收入水平对数、子女数量、居住方式、所在村是否有养老服务场所、所在村地形以及所在地区作为控制变量。其中，心理健康状况这一变量是将问卷中关于心情沮丧或抑郁的问题进行反向测量，并由原先的赋值情况"从不"=1、"很少"=2、"有时"=3、"经常"=4、"总是"=5，重新赋值为"很差"=1、"较差"=2、"一般"=3、"较好"=4、"很好"=5。子女数量和居住方式与家庭保障相关，养老金享受待遇评价和所在村是否有养老服务场所与社会保障相关，所以均进行了控制。变量的描述性统计结果见表6-4。

表6-4　　　　　　　　变量的描述性统计

变量名称	变量说明/单位	均值	标准差
因变量			
养老风险感知指数	养老风险因子进行指数化转化	57.541	31.100
自变量			
网络规模	取值在0—54之间	16.274	9.946

续表

变量名称	变量说明/单位	均值	标准差
家庭网规模	取值在 0—27 之间	9.457	5.250
朋友网规模	取值在 0—27 之间	6.817	6.514
网络异质性	取值在 0—11 之间	4.490	2.022
内网关系交往频率	取值在 3—12 之间	10.365	1.561
外网关系交往频率	取值在 3—12 之间	9.835	1.935
内外网相对关系强度	与内网成员的交往关系强度更高 =1，与外网成员的交往关系强度更高 =0	0.465	0.499
控制变量			
性别	男 =1，女 =0	0.463	0.499
年龄	单位：周岁	69.716	6.664
自评健康状况	很差 =1，较差 =2，一般 =3，较好 =4，很好 =5	3.222	1.003
心理健康状况	很差 =1，较差 =2，一般 =3，较好 =4，很好 =5	3.552	1.096
健康状况变化情况	变差了 =1，差不多没变 =2，变好了 =3	1.648	0.597
受教育年限	单位：年	3.895	3.542
是否使用手机	是 =1，否 =0	0.781	0.414
养老金享受待遇评价	待遇很低 =1，待遇比较低 =2，待遇一般 =3，待遇比较高 =4，待遇很高 =5	2.218	0.981
家庭收入水平对数	家庭全年收入水平取对数	9.131	0.944
子女数量	单位：人	3.036	1.212
居住方式			
单独居住	单独居住 =1，其他 =0	0.157	0.364
与配偶单独居住	与配偶单独居住 =1，其他 =0	0.457	0.498
与子女等一起居住	与子女等一起居住 =1，其他 =0	0.385	0.487
所在村是否有养老服务场所	有 =1，无/不清楚 =0	0.161	0.367
所在村地形	平原 =1，丘陵/山地 =0	0.545	0.498

续表

变量名称	变量说明/单位	均值	标准差
所在地区			
东部	东部=1，其他=0	0.206	0.405
中部	中部=1，其他=0	0.243	0.429
西部	西部=1，其他=0	0.552	0.498

第三节 结果与分析

一 社会网络对农村老人养老风险感知的影响分析

表6-5是社会网络对农村老人养老风险感知影响的OLS回归结果。模型6-1主要展示了网络规模、网络异质性、内外网关系交往频率对农村老人养老风险感知的影响。在控制其他变量后，网络规模显著负向影响农村老人的养老风险感知，即网络规模越大，农村老人的养老风险感知水平越低，假设6.1得到验证。网络异质性则显著正向影响农村老人的养老风险感知，假设6.2.2得到验证。农村老人可能是因与网络成员交往时产生了上行比较，较高的养老期望与现实形成对比，导致其养老风险感知水平较高。内网关系交往频率对农村老人养老风险感知的影响并不显著，但外网关系交往频率却显著正向影响农村老人的养老风险感知。内网对应的是与农村老人关系亲密的自己家里人、亲戚和本家族成员，当农村老人与这类强关系成员交往时，不仅能够获得基本的生活照料，还能获得精神慰藉等养老资源，所以内网关系交往频率并不会提高农村老人的养老风险感知水平。但内网关系交往频率也不会显著降低他们的养老风险感知水平，这是因为随着城镇化的迅速发展，农村子女纷纷外出务工谋求更好的发展，其与农村老人的空间距离加大，在农村老人有养老资源需求时，农村子女无法做到"侍奉在侧"，所以相对来说，内网关系交往频率并不会显著降低他们的养老风险感知水平。而农村老人是可以将外网作为关系桥梁来拓展外部资源的，但同时农村老人依旧会受到地位落差及偏好心理的影响，对外部资源产生一种抵触心

理，优越的外部资源与贫瘠的自身条件相比，容易降低农村老人的自我认同感，从而导致其养老风险感知水平的升高。

模型 6-2 展示了家庭网规模、朋友网规模、网络异质性和内外网关系交往频率对农村老人养老风险感知的影响。首先是家庭网规模变量，模型 6-2 显示家庭网规模显著负向影响农村老人的养老风险感知，假设 6.1.1 得到验证。这是因为家庭自古以来就是农村老人养老的首要选择，家庭网络是以血缘关系为联结的共同体单位，更可以为农村老人提供生活照料、经济支持以及精神慰藉等养老资源，从各维度消减农村老人的养老风险感知。其次是朋友网规模变量，朋友网规模对农村老人养老风险感知的影响并不显著，假设 6.1.2 未得到验证。这可能是因为养老是农村老人个体的事情，所以相比于朋友网，其更多依靠的是家庭网。网络异质性以及内网关系交往频率、外网关系交往频率这三个自变量对农村老人养老风险感知的影响结果与模型 6-1 一致，再次验证了前文的研究结果。

模型 6-3 和模型 6-4 主要展示了内外网相对关系强度对农村老人养老风险感知的影响。模型结果均显示，内外网相对关系强度越高，农村老人的养老风险感知水平越低，假设 6.6 得到验证。这说明农村老人与网络成员中关系亲密的内网成员互动频率较外网成员更高，其获得的基本养老资源也更为丰富，养老风险感知水平也会降低。模型 6-3 和模型 6-4 其余自变量的结果与模型 6-1 和模型 6-2 一致。

表 6-5 还展示了控制变量对农村老人养老风险感知的影响。性别、年龄、自评健康状况、心理健康状况、养老金享受待遇评价、子女数量、所在村是否有养老服务场所、所在村地形这些控制变量均显著影响农村老人的养老风险感知。其中，只有子女数量的影响是正向的，其余均为负向，说明农村老人的子女数量越多，农村老人的养老风险感知水平越高。子女越多的农村家庭，农村老人在照顾子女时的精力越有限，越难做到"一碗水端平"，从而导致子女间及亲子间的矛盾，子女在成年后特别是成家后越可能不愿承担赡养老人的责任，所以农村老人的养老风险感知水平会越高。

表 6-5　社会网络对农村老人养老风险感知影响的 OLS 回归结果

变量	模型 6-1	模型 6-2	模型 6-3	模型 6-4
网络规模	-0.554*** (0.104)		-0.421*** (0.097)	
家庭网规模		-1.150*** (0.197)		-1.068*** (0.193)
朋友网规模		-0.106 (0.163)		0.054 (0.156)
网络异质性	1.333*** (0.453)	1.289*** (0.451)	1.541*** (0.453)	1.464*** (0.450)
内网关系交往频率	-0.196 (0.670)	0.215 (0.676)		
外网关系交往频率	2.775*** (0.549)	2.266*** (0.565)		
内外网相对关系强度			-7.185*** (1.767)	-5.915*** (1.787)
控制变量				
性别（参照：女性）	-4.048** (1.887)	-3.972** (1.877)	-3.931** (1.897)	-3.860** (1.885)
年龄	-0.317** (0.157)	-0.342** (0.157)	-0.365** (0.158)	-0.394** (0.157)
自评健康状况	-4.101*** (0.979)	-3.871*** (0.976)	-4.042*** (0.982)	-3.765*** (0.978)
心理健康状况	-1.830** (0.882)	-1.916** (0.878)	-1.712* (0.886)	-1.813** (0.881)
健康状况变化情况	1.674 (1.548)	1.684 (1.540)	1.491 (1.557)	1.512 (1.547)
受教育年限	0.192 (0.274)	0.171 (0.274)	0.164 (0.277)	0.150 (0.275)
是否使用手机（参照：否）	-3.461 (2.280)	-3.709 (2.269)	-3.227 (2.290)	-3.589 (2.277)

续表

变量	模型6-1	模型6-2	模型6-3	模型6-4
养老金享受待遇评价	-5.884*** (0.932)	-5.827*** (0.927)	-6.387*** (0.935)	-6.254*** (0.929)
家庭收入水平对数	-1.519 (1.038)	-1.627 (1.033)	-1.110 (1.039)	-1.262 (1.033)
子女数量	1.650** (0.840)	1.974** (0.840)	1.741** (0.841)	2.124** (0.842)
居住方式（参照：单独居住）				
与配偶单独居住	-0.652 (2.651)	-0.191 (2.641)	-0.541 (2.659)	0.061 (2.647)
与子女等一起居住	-4.105 (2.697)	-2.646 (2.715)	-4.468* (2.703)	-2.741 (2.723)
所在村是否有养老服务场所（参照：无/不清楚）	-5.503** (2.417)	-5.795** (2.406)	-5.175** (2.428)	-5.572** (2.415)
所在村地形（参照：丘陵/山地）	-4.394** (1.866)	-4.123** (1.858)	-3.504* (1.863)	-3.419* (1.852)
所在地区（参照：西部）				
东部	-4.611* (2.422)	-3.903 (2.418)	-5.395** (2.424)	-4.630* (2.417)
中部	-1.768 (2.276)	-1.938 (2.265)	-1.640 (2.288)	-1.837 (2.274)
常量	106.634*** (15.634)	110.596*** (15.593)	131.978*** (14.472)	135.124*** (14.404)
R^2	0.168	0.177	0.158	0.169

注：括号中为标准误；*p<0.1，**p<0.05，***p<0.01。

在其余显著的控制变量中，相对于女性来说，男性的养老风险感知水平更低，可能因为女性相对来说在农村中处于较为弱势和被动的地位，因而其养老风险感知水平也会更高。年龄越大，农村老人的养老风险感知水平越低，可能因为年龄越大的农村老人对于一些养老资源的稀缺状况已经不太在意，所以他们的养老风险感知水平越低。自评健康状况和心理健康状况越好,农村老人的养老风险感知水平越低,也越不担心自身的养老问题。养老金享受待遇评价越高,农村老人的养老风险感知水平越低。应该说,养老金待遇越高,农村老人越能享受国家的保障,养老风险感知水平就会降低。所在村有养老服务场所的,农村老人的养老风险感知水平更低。养老服务场所可以为农村老人提供所需要的服务,因此,所在村有养老服务场所的农村老人养老风险感知水平更低。所在村地形为平原的,农村老人的养老风险感知水平更低,这是因为平原地区的农村交通更加便利,经济发展状况也更好,所以农村老人的养老风险感知水平会更低。此外,所在地区为东部的除模型 6-2 不显著外,其余模型均显著,与子女等一起居住的居住方式也仅在模型 6-3 中显著。除以上变量外,其余控制变量对农村老人养老风险感知的影响均不显著。

二 稳健性检验

为便于分析,这里采用替换被解释变量的方法来进行稳健性检验,即将原先通过因子分析的主成分法提取出的养老风险感知这一因变量替换为由身体失能风险感知、经济依赖风险感知和陪伴缺失风险感知三者之和形成的因变量。表 6-6 显示了稳健性检验的结果,网络规模、家庭网规模以及内外网相对关系强度都显著负向影响农村老人的养老风险感知,朋友网规模和内网关系交往频率对其没有显著影响,网络异质性和外网关系交往频率仍显著正向影响农村老人的养老风险感知,这一结果与前文表 6-5 的 OLS 回归模型结果是一致的,表明本章的分析结果比较稳健。

表 6-6　　　稳健性检验结果(替换被解释变量)

变量	模型 6-5	模型 6-6	模型 6-7	模型 6-8
网络规模	-0.067*** (0.013)		-0.051*** (0.012)	

续表

变量	模型6-5	模型6-6	模型6-7	模型6-8
家庭网规模		-0.140***		-0.130***
		(0.024)		(0.023)
朋友网规模		-0.012		0.007
		(0.020)		(0.019)
网络异质性	0.162***	0.157***	0.184***	0.178***
	(0.055)	(0.055)	(0.055)	(0.055)
内网关系交往频率	-0.023	0.027		
	(0.081)	(0.082)		
外网关系交往频率	0.336***	0.274***		
	(0.067)	(0.068)		
内外网相对关系强度			-0.872***	-0.718***
			(0.214)	(0.217)
控制变量	已控制	已控制	已控制	已控制
常量	15.735***	16.219***	18.812***	19.196***
	(1.897)	(1.892)	(1.756)	(1.748)
R^2	0.167	0.176	0.157	0.169

注：括号中为标准误；* $p<0.1$，** $p<0.05$，*** $p<0.01$。

第四节 本章小结

为揭示社会网络聚纳养老资源的能力，本章利用对11个省份1126名农村老人的问卷调查数据，探索了社会网络对农村老人养老风险感知的消减作用。研究结论如下：第一，网络规模越大，农村老人的养老风险感知水平越低。社会网络规模越大的农村老人维系与扩充养老资源的能力就越强，就越容易获取网络内的养老资源来应对其养老时的基本生活需求。第二，家庭网规模可以显著消减农村老人的养老风险感知，而朋友网规模对农村老人养老风险感知的影响并不显著。第三，网络异质性显著正向影响农村老人的养老风险感知。第四，内网关系交往频率对农村老人养老风险感知的影响不显著，但外网关系交往频率却显著正向影响农村老人的养老风险感知，并且内外网相对关系强度越高，农村老人的养老风险感知水平越低。第五，在控制变量中，性别、年龄、自评健康状况、心理健康状况、养老金享受待遇评价、子女数量、所在村是否有养老服务场所、所在村地形等均显著影响农村老人的养老风险感知。

家庭是农村老人安度晚年并获取经济支持与精神慰藉等基本需求的首要场所，社会养老是为农村老人晚年生活保驾护航的重要方式，在这两种养老方式均面临不同程度困境的情况下，社会网络通过影响信息的传播流动、养老资源的获取、精神层面的陪伴支持或通过增进内部成员之间互利互惠的机会，在农村老人获取养老资源消减养老风险方面发挥了重要的作用。本章研究可以说检验了社会网络在消减农村老人养老风险方面的作用。在社会网络包括的众多变量中，网络规模及家庭网规模在消减农村老人养老风险感知方面始终能够发挥重要作用。家庭网络是以农村老人的血缘关系为纽带联结而成的，家庭养老依旧是应对我国农村人口老龄化问题的基础手段。内外网相对关系强度越高越能消减农村老人的养老风险感知，这说明农村老人更倾向于利用与之互惠交往程度较深的内网成员所提供的养老资源来消减自身可能面临的养老风险。

第七章

社会网络与农村老人提供养老服务的意愿

第六章实证检验了社会网络与农村老人养老风险感知之间的关系，展示了社会网络聚纳养老资源的能力。而要构建依托社会网络的农村养老服务供给模式，需要明确社会网络与农村老人提供养老服务意愿之间的关系。故本章将探讨社会网络对农村老人提供养老服务意愿的影响及其影响路径。

第一节 农村老人提供养老服务意愿的特征

一 农村老人提供养老服务意愿的频次分析

表7-1为农村老人提供养老服务意愿的频次分析结果。表7-1显示，在生活照料方面，有50.7%的样本愿意为其他村民提供生活照料，有55.9%的样本愿意为朋友提供生活照料，另外还有67.6%的样本愿意为家族或亲戚提供生活照料；在精神慰藉方面，有七成多（74.9%）的样本愿意为其他村民提供精神慰藉，78.8%的样本愿意为朋友提供精神慰藉，83.8%的样本愿意为家族或亲戚提供精神慰藉；在医疗护理方面，有超过四成（43.1%）的样本愿意为其他村民提供医疗护理，有49.1%的样本愿意为朋友提供医疗护理，有64.2%的样本愿意为家族或亲戚提供医疗护理。可以发现，愿意为家族或亲戚提供养老服务的农

村老人比例明显要高于愿意为其他村民以及愿意为朋友提供养老服务的农村老人比例。从农村老人愿意提供的养老服务内容方面看，愿意提供生活照料的样本比例范围为50.7%—67.6%，愿意提供精神慰藉的样本比例范围为74.9%—83.8%，愿意提供医疗护理的样本比例范围为43.1%—64.2%。从总体趋势来看，农村老人更愿意为他人提供精神慰藉服务，然后是生活照料服务，最后是医疗护理服务。

综上所述，农村老人为社会网络提供养老服务的意愿（此处的养老服务包括生活照料、精神慰藉及医疗护理）因服务内容以及服务对象的不同而产生差异。在服务内容方面，农村老人首先更倾向于为他人提供精神慰藉服务，其次是生活照料服务、医疗护理服务；在服务对象方面，农村老人为家族或亲戚提供养老服务的意愿明显高于其他村民、朋友。这说明在农村地区村民往往生活在一个彼此联系紧密的熟人社会之中，基于家族血缘关系所形成的地方价值观会潜移默化地影响着村民个体的行为[1]，体现了典型的差序格局特征。

表7-1　　　　　农村老人提供养老服务意愿的频次分析　　　　　　（%）

项目		愿意	不好说	不愿意
生活照料（做饭、做家务等）	为其他村民提供生活照料	50.7	4.6	44.7
	为朋友提供生活照料	55.9	4.4	39.8
	为家族或亲戚提供生活照料	67.6	2.9	29.5
精神慰藉（聊天解闷、一起娱乐等）	为其他村民提供精神慰藉	74.9	1.6	23.5
	为朋友提供精神慰藉	78.8	1.7	19.5
	为家族或亲戚提供精神慰藉	83.8	1.2	14.9
医疗护理（陪伴就医或住院陪床）	为其他村民提供医疗护理	43.1	8.2	48.8
	为朋友提供医疗护理	49.1	8.3	42.6
	为家族或亲戚提供医疗护理	64.2	5.0	30.8

---

[1] 马荟、庞欣、奚云霄、周立：《熟人社会、村庄动员与内源式发展——以陕西省袁家村为例》，《中国农村观察》2020年第3期。

二 农村老人提供养老服务意愿的均值分析

表7-1通过频次分析描述了农村老人为社会网络成员提供生活照料、精神慰藉以及医疗护理等的意愿,并发现农村老人提供养老服务的意愿在对象及内容上存在明显的差异。为了进一步探讨这一结果,这里按照养老服务的内容与对象继续进行定量分析。

首先,将表7-1中的回答进行赋值,其中将"不愿意"赋值为0,将"不好说"赋值为1,将"愿意"赋值为2。

其次,将"为其他村民提供生活照料""为朋友提供生活照料"以及"为家族或亲戚提供生活照料"三个问题的得分进行加总,得到农村老人为他人提供生活照料的意愿;同样,将"为其他村民提供精神慰藉""为朋友提供精神慰藉"以及"为家族或亲戚提供精神慰藉"三个问题的得分进行加总,得到农村老人为他人提供精神慰藉的意愿;将"为其他村民提供医疗护理""为朋友提供医疗护理"以及"为家族或亲戚提供医疗护理"三个问题的得分进行加总,得到农村老人为他人提供医疗护理的意愿。表7-2显示,农村老人为他人提供生活照料意愿的均值为3.602,为他人提供精神慰藉意愿的均值为4.795,为他人提供医疗护理意愿的均值为3.342。基于均值可以发现,农村老人为他人提供精神慰藉意愿的均值高于为他人提供生活照料意愿的均值,进一步高于为他人提供医疗护理意愿的均值。

最后,将"为其他村民提供生活照料""为其他村民提供精神慰藉"以及"为其他村民提供医疗护理"三个问题的得分进行加总,得到农村老人为其他村民提供养老服务的意愿;将"为朋友提供生活照料""为朋友提供精神慰藉"以及"为朋友提供医疗护理"三个问题的得分进行加总,得到农村老人为朋友提供养老服务的意愿;将"为家族或亲戚提供生活照料""为家族或亲戚提供精神慰藉"以及"为家族或亲戚提供医疗护理"三个问题的得分进行加总,得到农村老人为家族或亲戚提供养老服务的意愿。表7-2显示,农村老人为其他村民提供养老服务意愿的均值为3.517,为朋友提供养老服务意愿的均值为3.818,为家族或亲戚提供养老服务意愿的均值为4.404。基于均值可以发现,农村老人为家族或亲戚提供养老服务意愿的均值高于为朋友提供养老服务意愿的均值,进一步高于为其他村民提供养老服务意愿的均值。

表 7-2　　农村老人提供养老服务意愿的均值描述

项目	均值	标准差
为他人提供生活照料	3.602	2.646
为他人提供精神慰藉	4.795	2.201
为他人提供医疗护理	3.342	2.586
为其他村民提供养老服务	3.517	2.326
为朋友提供养老服务	3.818	2.295
为家族或亲戚提供养老服务	4.404	2.174

通过表 7-2 可以发现,农村老人为他人提供生活照料、为他人提供精神慰藉、为他人提供医疗护理之间,以及农村老人为其他村民提供养老服务、为朋友提供养老服务、为家族或亲戚提供养老服务之间的均值存在一定的差异,但仍需进一步利用配对样本 t 检验方法对样本均值差异进行统计检验(见表 7-3)。

将农村老人为他人提供生活照料、为他人提供精神慰藉、为他人提供医疗护理两两分组配对比较,形成 3 组配对,即配对 1 "为他人提供生活照料—为他人提供精神慰藉"、配对 2 "为他人提供生活照料—为他人提供医疗护理"、配对 3 "为他人提供精神慰藉—为他人提供医疗护理"。表 7-3 显示,配对 1、配对 2、配对 3 的显著性均为 0.000,说明这三组均值的配对样本 t 检验均通过了显著性检验,也就是说农村老人为他人提供生活照料的意愿、为他人提供精神慰藉的意愿、为他人提供医疗护理的意愿的均值之间是存在显著差异的。其中,农村老人最愿意向他人提供的是精神慰藉服务,其次是生活照料服务,最后是医疗护理服务。

表 7-3 农村老人提供养老服务意愿均值的配对样本 t 检验

		配对差值					自由度	显著性（双尾）(%)
	均值	标准差	标准误差均值	差值95%置信区间		t		
				下限	上限			
配对1 为他人提供生活照料—为他人提供精神慰藉	1.193	2.351	0.070	1.055	1.330	17.025	1125	0.000
配对2 为他人提供生活照料—为他人提供医疗护理	0.260	1.890	0.056	0.150	0.371	4.621	1125	0.000
配对3 为他人提供精神慰藉—为他人提供医疗护理	1.453	2.467	0.074	1.309	1.597	19.765	1125	0.000
配对4 为其他村民提供养老服务—为朋友提供养老服务	-0.301	0.992	0.030	-0.360	-0.243	-10.185	1125	0.000
配对5 为其他村民提供养老服务—为家族或亲戚提供养老服务	-0.887	1.660	0.050	-0.984	-0.790	-17.933	1125	0.000
配对6 为朋友提供养老服务—为家族或亲戚提供养老服务	-0.586	1.440	0.043	-0.670	-0.502	-13.658	1125	0.000

同样，将农村老人"为其他村民提供养老服务""为朋友提供养老服务""为家族或亲戚提供养老服务"两两分组配对进行比较，形成3组配对，即配对4"为其他村民提供养老服务—为朋友提供养老服务"、配对5"为其他村民提供养老服务—为家族或亲戚提供养老服务"、配对6"为朋友提供养老服务—为家族或亲戚提供养老服务"。表7-3显示，配对4、配对5、配对6的显著性均为0.000，说明这三组均值的配对样本t检验均通过了显著性检验，也就是说农村老人为其他村民提供养老服务的意愿、为朋友提供养老服务的意愿、为家族或亲戚提供养老服务的意愿的均值之间是存在显著差异的。其中，农村老人更愿意为家族或亲戚提供养老服务，其次是为朋友提供养老服务，最后是为其他村民提供养老服务。

第二节　社会网络对农村老人提供养老服务意愿的影响

一　分析框架与研究假设

（一）分析框架

农村老人有向他人提供养老服务的意愿是基于社会网络创新农村养老服务供给模式实现的前提和基础，而社会网络本身也可能对农村老人的养老服务提供意愿产生一定影响。社会网络被认为是社会个体成员之间因为互动而形成的相对稳定的关系体系。社会网络具有多维特性，主要包含结构和关系强度两个维度，结构维度包括网络规模、网络密度、网络异质性等指标，关系强度维度则包括互动频率、亲密程度、情感强弱等指标[1]。本章将从结构（包括网络规模、网络异质性）和关系强度（主要为网络关系交往频率）两个维度开展研究。

---

[1] Granovetter M. S., "Problems of Explanation in Economic Sociology", In N. Nohria, & R. G. Eccles（Eds.）, *Networks and Organizations: Structure, Form and Action*, Boston: Harvard Business School Press, 1992, pp. 25–26.

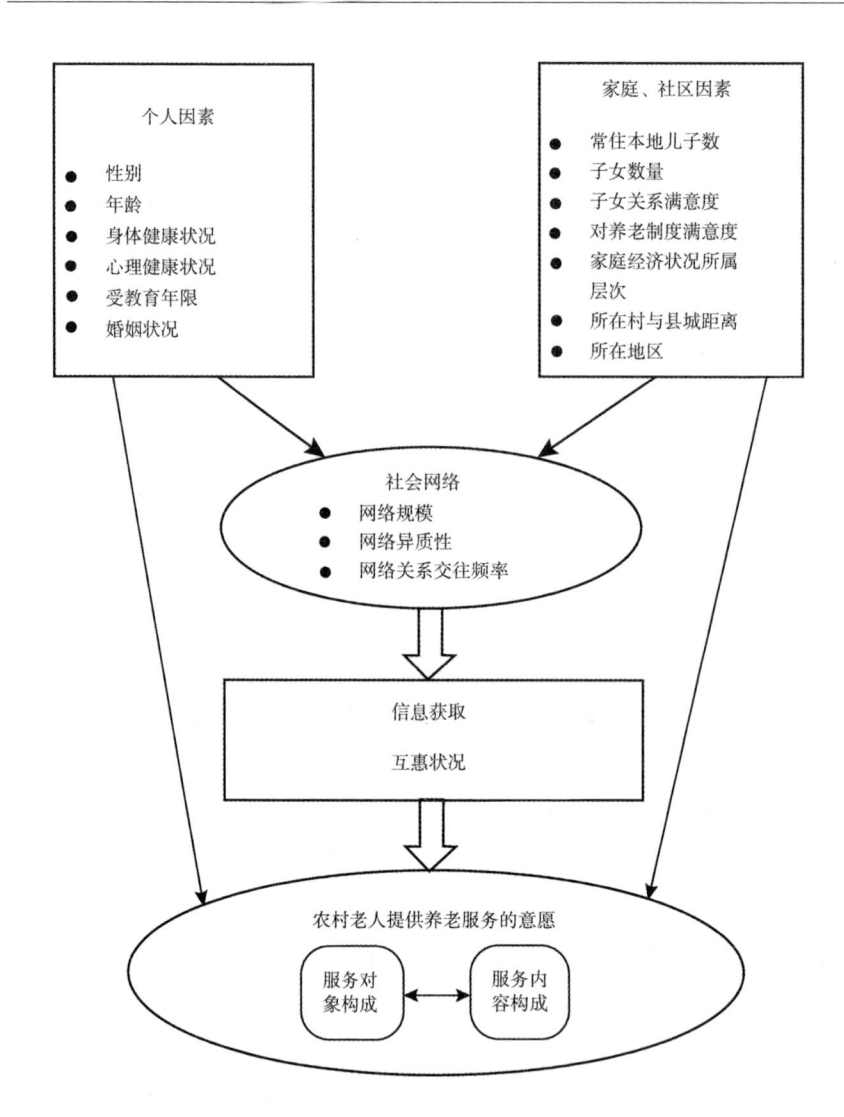

图 7-1 社会网络对农村老人提供养老服务意愿影响的分析框架

个人因素
- 性别
- 年龄
- 身体健康状况
- 心理健康状况
- 受教育年限
- 婚姻状况

家庭、社区因素
- 常住本地儿子数
- 子女数量
- 子女关系满意度
- 对养老制度满意度
- 家庭经济状况所属层次
- 所在村与县城距离
- 所在地区

社会网络
- 网络规模
- 网络异质性
- 网络关系交往频率

信息获取 / 互惠状况

农村老人提供养老服务的意愿
- 服务对象构成
- 服务内容构成

本章的因变量为农村老人提供养老服务的意愿,并以社会网络规模、网络异质性、网络关系交往频率为核心自变量进行分析(见图 7-1)。首先,分析社会网络变量对农村老人提供养老服务意愿的直接影响,包括总体分析和分群估计。其次,探讨社会网络影响农村老人提供养老服务意愿的深层机制,引入信息咨询变量和互惠状况变量,观察社会网络变量是否通过信息咨询和互惠来影响农村老人提供养老服务的意愿。最后，采用稳健性检验来验证本章研究结论的可靠性。

（二）研究假设

1. 社会网络影响农村老人提供养老服务意愿的主效应假设

网络规模是社会网络的首要特征。网络规模越大越有利于信息、资源的获取，个体从社会网络中获得信息资源支持、物质支持和精神支持的可能性也就越大[①]。所以当农村老人嵌入的社会网络规模越大时，其可能获得更多为他人提供养老服务的信息，并了解其他人关于这种养老方式的态度，在全面认识的基础上，农村老人提供养老服务的意愿可能会有所提高。同样，社会网络规模越大，农村老人可获得的物质支持和精神支持可能越多，出于交换或者互惠的心理，从大规模社会网络中获利较多的农村老人，其提供养老服务的意愿可能越高。由此，提出假设7.1：

假设7.1：网络规模越大，农村老人提供养老服务的意愿越高。

网络异质性是网络成员彼此之间在人口统计学特征、社会特征方面存在的差异。学者们普遍认为网络异质性程度越高，不同个体的多元文化冲击着主体的定势思维，为其获得新的信息提供了机会[②]。一般来说，农村老人对新事物的接受能力较低，因此网络异质性的增加，既能传递多种养老信息，又能增进农村老人对新事物的认知，从而提高其养老服务提供意愿。另外，网络异质性越高，表明个体的社会网络多样性越强，个体从中可获得的资源种类也越多[③]，其参与到社会网络互惠系统的可能性及互惠范围也就越大。社会资源理论还认为，不同种类且等

---

① 张文宏、刘琳：《职业流动的性别差异研究——一种社会网络的分析视角》，《社会学研究》2013年第5期。

② Tortoriello M., Mcevily B., Krackhardt D., "Being a Catalyst of Innovation: The Role of Knowledge Diversity and Network Closure", *Organization Science*, 2015, Vol. 26, No. 2, pp. 423 – 438.

③ 邹宇春、敖丹：《自雇者与受雇者的社会资本差异研究》，《社会学研究》2011年第5期。

级各异的网络内嵌资源提升了个体的风险承担能力①。因此，社会网络异质性高的农村老人，在面临是否为他人提供养老服务的抉择时，感知到的风险越低，"底气越足"，越倾向于为他人提供养老服务。据此，提出以下研究假设：

假设 7.2：网络异质性越强，农村老人提供养老服务的意愿越高。

差序格局这一概念自费孝通先生提出后，影响至今。差序格局这一社会结构类似于"水波纹"，"以己"为中心，像石子一般投入水中，一圈圈推出去，愈推愈远，而不像团体中的分子一般大家是立在一个平面上的②。差序格局概念十分契合中国人际关系的本质，仍然是中国广大农村地区显著的社会结构特征。对于大多数农村老人而言，其社会网络仍然大体遵循着差序格局，配偶、家人、亲戚、家族成员处于中心，向外扩散的是邻里、同村人。因此，家人、亲戚等"中心"成员是农村老人社会网络中的内网成员，邻里、朋友、村民等则是相对的外网成员。社会网络中信息的流动和交换需要网络成员之间的交往互动，与家人、亲戚等内网成员交往频率高的农村老人，封闭性更强，所处网络中信息的流动和交换有限，更可能得到同质且冗余度较高的信息，加上"养儿防老"观念影响，农村老人们更倾向于选择家庭养老，故其提供养老服务的意愿更低。而与邻居、朋友、村民等外网成员日常接触频率越高，农村老人的心态越开放，得到更多异质且冗余度较低的信息，资源交换与互惠行为越多，越愿意接受他人的帮助，同样也愿意为他人提供帮助。由此，提出以下研究假设：

假设 7.3.1：与内网关系交往频率越高，农村老人提供养老服务的意愿越低。

假设 7.3.2：与外网关系交往频率越高，农村老人提供养老服务的意愿越高。

---

① 王莹：《大学生社会网络对创业意向的影响研究——基于创业效能感的中介效应》，硕士学位论文，浙江大学，2011 年。

② 费孝通：《乡土中国》，北京大学出版社 2012 年版，第 41—42 页。

2. 社会网络影响农村老人提供养老服务意愿的作用机制假设

农村老人生活空间相对闭塞,其实际所需信息与其获得信息不匹配的现象较为突出,因此农村老人在做出决定时面临一定的信息约束。社会网络的积累可以使得农村老人之间的交往更加频繁,信息的沟通与传播也就更容易产生①,农村老人做出正确决定所付出的信息成本就更低。而信息获取水平会影响农村老人的资源配置能力②,进而影响其后续的行为选择。在与社会网络成员的交往中,农村老人获取信息以及进行信息积累,可以知晓国家最新的养老政策,更新自己的养老观念,更可能做出为他人提供养老服务的决策。据此,提出以下研究假设:

假设7.4:社会网络通过信息获取机制影响农村老人提供养老服务的意愿。

人与人之间的交换遵循着互惠原则,这是社会交换持续的前提③。社会网络提供了网络成员间互惠的空间和便利,促进了网络成员社会交换行为的发生。基于社会网络的养老方式鼓励农村老人之间互帮互助,抱团取暖,是一种典型的社会交换行为。因此,农村老人从社会网络中受惠越多,出于交换或者回报的目的,其可能更愿意为他人提供养老服务,同时还会带动社会网络中更多人参与其中,且深层次的互助还会进一步促进互惠收益的增加。长此以往,社会网络会逐渐成为一个可持续的互助体系。因此,提出假设7.5:

假设7.5:社会网络通过互惠规则影响农村老人提供养老服务的意愿。

---

① 吴本健、胡历芳、马九杰:《社会网络、信息获取与农户自营工商业创办行为关系的实证分析》,《经济经纬》2014年第5期。

② 唐立强、周静:《社会资本、信息获取与农户电商行为》,《华南农业大学学报》(社会科学版) 2018年第3期。

③ Gouldner A. W., "The Norm of Reciprocity: A Preliminary Statement", *American Sociological Review*, 1960, Vol. 25, No. 5, pp. 161 – 178; Bierstedt R., Blau P. M., "Exchange and Power in Social Life", *American Sociological Review*, 1965, Vol. 30, No. 5, p. 789.

二 变量操作化

(一) 因变量

本章的因变量为农村老人提供养老服务的意愿,该变量来源于问卷中关于被访者提供养老服务意愿的9道题目(见表7-4),涉及被访者对不同对象不同服务内容的提供意愿,选项分别为"不愿意""不好说""愿意",分别赋值为0、1、2。因变量由9题项得分加总得出。表7-1数据显示,在为其他村民、朋友提供生活照料服务上,较多样本选择了"不愿意";在为家族或亲戚提供生活照料服务上,较多样本选择了"愿意"。在提供精神慰藉服务上,不论提供对象是谁,选择"愿意"的样本占大多数。在提供医疗护理服务上,较多样本选择了"不愿意"为其他村民、朋友提供此类服务,而选择"愿意"为家族或亲戚提供此类服务的样本占半数以上。

(二) 自变量

网络规模指被调查者所处社会网络中成员的个数。考虑到中国农村"重亲重节"的特殊性,而春节在中国农村又是传统节日中的重中之重,所以借鉴已有研究,这里以拜年网来测量农村老人的社会网络。通过询问样本对象"大概与多少人相互拜年,其中亲属和非亲属的数量各是多少",来测量样本的社会网络规模。社会网络由亲属网络与非亲属网络组成,社会网络规模等于亲属网络规模与非亲属网络规模之和(见表5-5)。

表7-4 农村老人提供养老服务意愿的赋值情况

项目		愿意	不好说	不愿意
生活照料(做饭、做家务等)	为其他村民提供生活照料	2	1	0
	为朋友提供生活照料	2	1	0
	为家族或亲戚提供生活照料	2	1	0
精神慰藉(聊天解闷、一起娱乐等)	为其他村民提供精神慰藉	2	1	0
	为朋友提供精神慰藉	2	1	0
	为家族或亲戚提供精神慰藉	2	1	0

续表

项目		愿意	不好说	不愿意
医疗护理（陪伴就医或住院陪床）	为其他村民提供医疗护理	2	1	0
	为朋友提供医疗护理	2	1	0
	为家族或亲戚提供医疗护理	2	1	0

以往研究显示，通过分析拜年对象所从事的职业数目，可测量出个体所拥有社会网络的异质性[①]。故本章选用被调查对象拜年网成员个体的职业差异来测量网络异质性程度，问卷设问为"您是否与从事下列职业的人互相拜年"，选项包括教师、政府工作人员、党群工作人员、警察、法律工作人员、个体经营者、门卫或保安、农业从业者等职业，以网络成员的主要经济来源决定其职业的归属，并将其操作化为样本对象社会网络成员的职业种类个数（见表5-8）。

网络关系交往频率指被调查者与不同强度类型网络成员的接触频率。在本章中，社会网络关系交往频率变量用样本日常与各类人员打交道频繁程度这一题来测量，其中各类人员包括自己家人、亲戚、家族成员、朋友、邻居、本村人，交往频繁程度分为"从不""很少""有时""经常"，分别赋值为1、2、3、4（见表5-3）。借鉴已有研究，将社会网络成员操作化为内网和外网成员两类，内网成员包含自己家人、亲戚两种角色，外网成员包含家族成员、朋友、邻居和本村人。这样网络关系交往频率变量可以分为内网关系交往频率和外网关系交往频率2个子变量，其中内网关系交往频率变量值由样本与自己家人、亲戚交往频繁程度的得分加总后平均得到，外网关系交往频率变量值由样本与家族成员、朋友、邻居和本村人交往频繁程度的得分加总后平均得到。

（三）控制变量

参照已有研究，本章从个体生理心理特征、个体社会经济特征、家

---

① 赵延东、李睿婕：《使用定位法测量个体社会网结构》，《天津师范大学学报》（社会科学版）2017年第1期。

庭特征、社区特征四个方面，选取性别、年龄、身体健康状况、心理健康状况、受教育年限、婚姻状况、常住本地儿子数、子女数量、子女关系满意度、对养老制度满意度、家庭经济状况所属层次、所在村与县城距离、所在地区等作为控制变量。

变量的描述性统计结果见表7-5。

表7-5　　　　　　　　　　变量的描述性统计

变量名称	变量说明/单位	均值	标准差
因变量			
农村老人提供养老服务的意愿	9题项得分加总	11.739	6.356
自变量			
网络规模	单位：人	23.171	21.389
亲属网络规模	单位：人	16.722	12.817
非亲属网络规模	单位：人	6.449	14.744
网络异质性	取值在0—17之间	2.057	1.499
内网关系交往频率	取值在2—8之间	10.365	1.561
外网关系交往频率	取值在4—16之间	9.835	1.935
控制变量			
性别	男性=1，女性=0	0.463	0.499
年龄	单位：周岁	69.716	6.664
身体健康状况	很差=1，较差=2，一般=3，较好=4，很好=5	3.222	1.003
心理健康状况	总是抑郁=1，经常抑郁=2，有时抑郁=3，很少抑郁=4，从不抑郁=5	3.551	1.096
受教育年限	单位：年	3.895	3.542
婚姻状况	有配偶=1，无配偶=0	0.736	0.441
常住本地儿子数	单位：人	0.549	0.883
子女数量	单位：人	3.036	1.212

续表

变量名称	变量说明/单位	均值	标准差
子女关系满意度	很不满意=1，不太满意=2，一般满意=3．比较满意=4，非常满意=5	4.169	0.745
对养老制度满意度	很不满意=1，不太满意=2，一般满意=3．比较满意=4，非常满意=5	3.327	1.114
家庭经济状况所属层次	低于平均水平=1，平均水平左右=2，高于平均水平=3	2.777	0.688
所在村与县城距离	单位：公里	15.111	13.951
所在地区			
东部	东部=1，其他=0	0.206	0.405
中部	中部=1，其他=0	0.243	0.429
西部	西部=1，其他=0	0.552	0.498

三 结果与分析

（一）社会网络对农村老人提供养老服务意愿影响的主效应分析

表7-6展示了社会网络对农村老人提供养老服务意愿的影响。模型7-1放入了控制变量。模型7-2在模型7-1基础上加入了社会网络变量。模型7-3将模型7-2中的网络规模变量替换为了亲属网络规模和非亲属网络规模两个变量。

表7-6 社会网络对农村老人提供养老服务意愿影响的OLS回归结果

变量	模型7-1	模型7-2	模型7-3
网络规模		0.011 (0.009)	
亲属网络规模			-0.010 (0.015)
非亲属网络规模			0.026** (0.013)

续表

变量	模型 7-1	模型 7-2	模型 7-3
网络异质性		0.368 **	0.389 **
		(0.123)	(0.124)
内网关系交往频率		0.126	0.145
		(0.133)	(0.134)
外网关系交往频率		0.333 **	0.330 **
		(0.105)	(0.105)
控制变量			
性别（参照：女性）	0.750 *	0.711 *	0.678 *
	(0.390)	(0.386)	(0.386)
年龄	-0.173 ***	-0.159 ***	-0.157 ***
	(0.032)	(0.032)	(0.032)
身体健康状况	0.709 ***	0.647 **	0.647 **
	(0.193)	(0.191)	(0.191)
心理健康状况	-0.358 **	-0.356 **	-0.361 **
	(0.193)	(0.175)	(0.175)
受教育年限	0.010	-0.021	-0.019
	(0.055)	(0.055)	(0.055)
婚姻状况（参照：无配偶）	-0.645	-0.771 *	-0.737 *
	(0.433)	(0.431)	(0.431)
常住本地儿子数	0.543 **	0.562 **	0.560 **
	(0.215)	(0.213)	(0.213)
子女数量	-0.325 *	-0.317 *	-0.307 *
	(0.173)	(0.172)	(0.172)
子女关系满意度	1.821 ***	1.632 ***	1.624 ***
	(0.265)	(0.264)	(0.264)
对养老制度满意度	0.561 **	0.592 ***	0.584 ***
	(0.165)	(0.163)	(0.163)
家庭经济状况所属层次	-0.618 **	-0.787 **	-0.781 **
	(0.263)	(0.262)	(0.262)

续表

变量	模型7-1	模型7-2	模型7-3
所在村与县城距离	0.036** (0.013)	0.041** (0.013)	0.037** (0.013)
所在地区（参照：西部）			
东部	1.270** (0.489)	1.175** (0.486)	0.994** (0.498)
中部	1.488** (0.479)	1.301** (0.477)	1.114** (0.489)
常量	14.661 (2.512)	9.629 (2.757)	9.708 (2.755)
R^2	0.172	0.198	0.200

注：括号内数字为标准误；* $p<0.1$，** $p<0.05$，*** $p<0.01$。

首先来看控制变量对农村老人提供养老服务意愿的影响。模型7-1显示，控制变量中性别、年龄、身体健康状况、心理健康状况、常住本地儿子数、子女数量、子女关系满意度、对养老制度满意度、家庭经济状况所属层次、所在村与县城距离、所在地区等变量通过了显著性检验。综合回归系数的方向和显著性可知，农村老人越年轻，身体健康状况越好，常住本地儿子数越多、子女数量越少、与子女关系满意度越高、对养老制度满意度越高，则其提供养老服务的意愿越高。而心理健康状况越好的农村老人越不愿意为他人提供养老服务。家庭经济状况所属层次越高的农村老人越不愿意为他人提供养老服务。居住地与县城距离越远的农村老人越愿意为他人提供养老服务。模型7-1还显示，相比于处在西部地区的农村老人，东部地区和中部地区的农村老人更愿意为他人提供养老服务。

再来看社会网络对农村老人养老服务提供意愿的影响。对比模型7-1与模型7-2、模型7-3可以看出，在加入社会网络变量后，模型7-2、模型7-3的解释力分别提高了26%和28%，说明社会网络对农村老人提供养老服务的意愿有较大的影响。模型7-2的结果显示，网络规模对农村老人提供养老服务意愿的影响不显著。但在模型7-3中,将网络规模分解为亲属网络规模和非亲属网络规模后,非亲属网络规模通过了显著性检验,且方向为正,即农村老人的非亲属网络规模越大,其提供养老服务的意愿越高,因此假设7.1部分得证。从模型7-2和模型7-3可以看出,网络异质性变量均在$p<0.05$的水平上显著正向影响农村老人提供养老服务的意愿,意味着网络异质性越高,农村老人提供养老服务的意愿越高,假设7.2得证。同样在模型7-2与模型7-3中,内网关系交往频率变量未通过显著性检验,而外网关系交往频率变量均在$p<0.05$的水平上显著,方向为正。这一结果意味着与外网成员交往越频繁,农村老人提供养老服务的意愿越强,假设7.3.1未得证,假设7.3.2得证。可以发现,在探究农村老人提供养老服务意愿的影响因素时,单纯考察其所在"圈子"规模是远远不够的,更重要的是观察其所处社会网络中各成员的异质性程度以及与各网络成员的日常接触频率。

(二) 社会网络对农村老人提供养老服务意愿影响的分群效应分析

上文考察了社会网络各维度对农村老人提供养老服务意愿的影响,并得出社会网络对农村老人提供养老服务的意愿有影响的结论。但这一结论只是基于全样本模型的总体效应,并没有考虑农村老人性别、年龄以及受教育状况之间的差异。那么不同特征农村老人的回归结果是否也遵循全样本模型的规律?为了验证这一点,我们根据性别、年龄、受教育状况对全样本进行分类,进一步探求社会网络影响农村老人养老服务提供意愿的内在规律。按照国际标准,我们将年龄在60—69岁的农村老人归为低龄老人,70岁及以上的农村老人归为中高龄老人,估计结果如表7-7所示。

模型显示,亲属网络规模对不同性别、不同年龄、不同受教育状况农村老人提供养老服务意愿的影响不存在显著差异,但非亲属网络规模对不同性别、不同年龄、不同受教育状况农村老人提供养老服务意愿的影响呈现出显著差异。非亲属网络规模显著影响了女性、低龄以及受过教育农村老人提供养老服务的意愿,但对男性、中高龄以及未受过教育农村老人的影响不显著,这就意味着相对于男性、中高龄以及未受过教育的农村老人，女性、低龄以及受过教育农村老人在面对是否为他人提供养老服务的选择时，更容易受到与非亲属网络规模的影响。

网络异质性的分群回归结果显示，网络异质性普遍影响着各年龄段、各受教育层次农村老人提供养老服务的意愿，但对不同性别农村老人提供养老服务意愿的影响则存在显著差异，网络异质性显著影响了女性农村老人提供养老服务的意愿，但对男性农村老人提供养老服务意愿的影响不存在显著差异。

表7-7 社会网络对农村老人提供养老服务意愿影响的分群回归结果

变量	模型7-4 男性	模型7-5 女性	模型7-6 低龄	模型7-7 中高龄	模型7-8 受过教育	模型7-9 未受过教育
亲属网络规模	-0.018 (0.026)	-0.007 (0.019)	0.007 (0.022)	-0.022 (0.020)	-0.006 (0.022)	-0.015 (0.021)
非亲属网络规模	0.023 (0.015)	0.048* (0.027)	0.030** (0.015)	0.008 (0.026)	0.029** (0.014)	0.032 (0.048)
网络异质性	0.265 (0.175)	0.521** (0.181)	0.350** (0.152)	0.470** (0.221)	0.304** (0.143)	0.814** (0.272)
内网关系交往频率	0.312 (0.220)	0.047 (0.172)	0.264 (0.180)	0.005 (0.204)	0.228 (0.168)	-0.048 (0.228)
外网关系交往频率	0.196 (0.177)	0.404** (0.132)	-0.020 (0.146)	0.659*** (0.153)	0.058 (0.136)	0.722*** (0.169)
控制变量	已控制	已控制	已控制	已控制	已控制	已控制
常量	9.470** (4.242)	11.132** (3.749)	8.652 (6.387)	7.337 (5.361)	9.806 (3.676)	9.715 (4.215)
R^2	0.104	0.162	0.101	0.135	0.217	0.101

注：括号内为标准误；*$p<0.1$，**$p<0.05$，***$p<0.01$。

内网关系交往频率对不同性别、不同年龄、不同受教育状况农村老人提供养老服务意愿的影响均不存在显著差异，但外网关系交往频率对不同性别、不同年龄、不同受教育状况农村老人提供养老服务意愿的影响则出现了差异。外网关系交往频率显著影响了女性、中高龄、未受过教育农村老人提供养老服务的意愿，而对男性、低龄及受过教育农村老人提供养老服务意愿的影响不显著。需要特别说明的是，外网关系交往频率显著影响着未受过教育农村老人提供养老服务的意愿，且方向为正，这意味着未受过教育的农村老人在面对是否为他人提供养老服务的选择时，更容易受到与外网成员交往频率的影响，而受过教育的农村老人则不易受到网络关系交往频率的影响。可能的解释是教育的本质是教化和发展人的自主性①，因此，受过教育的农村老人决策的自主性较强，在选择是否向他人提供养老服务时，更少受到网络关系交往频率的影响。

（三）社会网络对农村老人提供养老服务意愿影响的作用机制分析

前文的实证结果表明，社会网络对农村老人提供养老服务的意愿有一定的影响，那么社会网络如何影响农村老人提供养老服务的意愿同样值得关注。接下来我们将进一步探讨这种影响背后的机制。社会网络可以大大提高机会的可获得性②，可以为其成员提供一定的资源，既包括资源共享，还包括信息传播。信息的获取能减少选择的不确定性，因此，这里认为社会网络可以影响农村老人的信息获取状况，进而影响其提供养老服务的意愿。"信息获取"变量通过问卷题目"当您有重要事情需要和他人商量时，可以得到帮助吗"获得（共1—5个等级，其中1表示"从未得到"，5表示"总能得到"）。

回归结果显示（表7-8），非亲属网络规模越大，农村老人信息获取状况越好。网络异质性越强，农村老人信息获取状况越好。与外网关系交往频率越高，农村老人信息获取状况也越好。模型7-12显示，信息获取状况对农村老人的养老服务提供意愿产生了显著正向影响，因此，网络规模、网络异质性、网络关系交往频率对农村老人提供养老服务意愿影响的信息获取机制是成立的。其中，社会网络可能通过非亲属网络规模、网络异质性和外网关系交往频率影响信息传播能力以及信

---

① 张鹏君：《人的自主性与教育的本真诉求》，《教育理论与实践》2013年第25期。
② 边燕杰：《城市居民社会资本的来源及作用：网络观点与调查发现》，《中国社会科学》2004年第3期。

来源渠道进而影响农村老人提供养老服务的意愿。

表7-8　　　　　　　信息获取机制检验回归结果

变量	模型7-10 信息获取状况	模型7-11 信息获取状况	模型7-12 养老服务提供意愿
网络规模	0.001 (0.001)		
亲属网络规模		-0.004 (0.002)	
非亲属网络规模		0.005** (0.002)	
网络异质性	0.028 (0.020)	0.033 (0.020)	
内网关系交往频率	0.067** (0.022)	0.072** (0.022)	
外网关系交往频率	0.141*** (0.017)	0.140*** (0.017)	
信息获取状况			0.925*** (0.172)
控制变量			
性别（参照：女性）	-0.156** (0.063)	-0.164** (0.063)	0.861** (0.386)
年龄	0.012** (0.005)	0.012** (0.005)	-0.178*** (0.031)
身体健康状况	-0.035 (0.031)	-0.035 (0.031)	0.729*** (0.191)
心理健康状况	0.001 (0.029)	-0.001 (0.029)	-0.375** (0.174)
受教育年限	0.016* (0.009)	0.017* (0.009)	-0.009 (0.055)

续表

变量	模型 7-10 信息获取状况	模型 7-11 信息获取状况	模型 7-12 养老服务提供意愿
婚姻状况（参照：无配偶）	0.188** (0.071)	0.196** (0.071)	-0.841* (0.429)
常住本地儿子数	0.050 (0.035)	0.049 (0.035)	0.480** (0.212)
子女数量	-0.018 (0.028)	-0.016 (0.028)	-0.307* (0.171)
子女关系满意度	0.134** (0.043)	0.133** (0.043)	1.641*** (0.264)
对养老制度满意度	0.003 (0.027)	0.001 (0.027)	0.572*** (0.163)
家庭经济状况所属层次	0.196*** (0.043)	0.198*** (0.043)	-0.845** (0.263)
所在村与县城距离	0.005** (0.002)	0.004 (0.002)	0.034** (0.013)
所在地区（参照：西部）			
东部	0.204** (0.080)	0.160* (0.082)	1.092** (0.485)
中部	0.077 (0.078)	0.031 (0.080)	1.393** (0.474)
常量	-0.376 (0.454)	-0.357 (0.453)	13.029 (2.499)
R^2	0.188	0.192	0.193

注：括号中为标准误；* $p<0.1$，** $p<0.05$，*** $p<0.01$。

本章还认为社会网络可以影响农村老人的互惠状况，进而影响农村老人的养老服务提供意愿。为了检验这一机制，本章通过询问农村老人在需要"情感倾诉""信息咨询""日常陪伴""生活照料""劳务帮助""经济支持"等养老资源时能够获得的帮助，来测量互惠状况，选项赋值为"从未得到"=1，"很少得到"=2，"有时得到"=3，"大多时能到"=4,"总能得到"=5。将6项养老资源进行因子分析得到互惠状况变量（KMO度量标准为0.851，Bartlett球形检验达到了0.01的显著性水平），并以互惠状况为被解释变量进行回归分析，揭示社会网络影响农村老人提供养老服务意愿的互惠机制。

表7-9的结果表明，非亲属网络规模对互惠状况产生了显著正向影响，网络异质性也对互惠状况产生了显著正向影响，内网关系交往频率和外网关系交往频率对互惠状况产生了显著正向影响。模型7-15显示，互惠状况对农村老人提供养老服务的意愿产生了显著的正向影响，互惠状况越好，农村老人提供养老服务的意愿越高。从表7-9结果可以发现，社会网络通过影响农村老人的互惠状况，进而影响农村老人提供养老服务的意愿。这意味着与内网成员交往频率越高、与外网成员交往频率越高、社会网络异质性越强、社会网络规模越大，特别是非亲属网络规模越大的农村老人，其感受及接受的帮助、资源越多，也越能产生强烈的互惠心态，而互惠心态越强烈的农村老人，越愿意为他人提供养老服务。

表7-9　　　　　　　　互惠机制检验回归结果

变量	模型7-13 互惠状况	模型7-14 互惠状况	模型7-15 养老服务提供意愿
网络规模	0.002* (0.001)		
亲属网络规模		0.001 (0.002)	
非亲属网络规模		0.003* (0.002)	
网络异质性	0.042** (0.018)	0.043** (0.018)	
内网关系交往频率	0.087*** (0.020)	0.089*** (0.020)	

续表

变量	模型 7-13 互惠状况	模型 7-14 互惠状况	模型 7-15 养老服务提供意愿
外网关系交往频率	0.128 *** (0.015)	0.128 *** (0.015)	
互惠状况			1.268 *** (0.189)
控制变量			
性别（参照：女性）	-0.130 ** (0.056)	-0.132 ** (0.057)	0.875 ** (0.383)
年龄	0.010 ** (0.005)	0.010 ** (0.005)	-0.178 *** (0.031)
身体健康状况	-0.004 (0.028)	-0.004 (0.028)	0.695 *** (0.190)
心理健康状况	-0.007 (0.026)	-0.007 (0.026)	-0.370 ** (0.173)
受教育年限	0.017 ** (0.008)	0.018 ** (0.008)	-0.020 (0.054)
婚姻状况（参照：无配偶）	0.200 ** (0.063)	0.203 ** (0.063)	-0.948 ** (0.427)
常住本地儿子数	0.113 *** (0.031)	0.113 *** (0.031)	0.384 * (0.212)
子女数量	-0.021 (0.025)	-0.020 (0.025)	-0.300 * (0.170)
子女关系满意度	0.220 *** (0.039)	0.220 *** (0.039)	1.457 *** (0.266)
对养老制度满意度	0.025 (0.024)	0.024 (0.024)	0.545 ** (0.162)
家庭经济状况所属层次	0.181 *** (0.038)	0.182 *** (0.038)	-0.915 *** (0.262)
所在村与县城距离	0.006 ** (0.002)	0.005 ** (0.002)	0.032 ** (0.013)

续表

变量	模型 7-13 互惠状况	模型 7-14 互惠状况	模型 7-15 养老服务提供意愿
所在地区（参照：西部）			
东部	0.355*** (0.071)	0.342*** (0.073)	0.831* (0.484)
中部	0.342*** (0.070)	0.329*** (0.072)	1.011** (0.475)
常量	-4.871*** (.403)	-4.866*** (.404)	18.020*** (2.513)
R^2	0.309	0.309	0.205

注：括号中为标准误；*p<0.1，**p<0.05，***p<0.01。

（四）稳健性检验

前文的主效应分析和样本分群估计已经在一定程度上验证了结论的稳健程度，下面将再采用更改样本范围的方法对基准回归结果分别进行稳健性检验以进一步证实本章结论的稳健性。

本章通过随机抽取85%的样本再次进行回归分析。从回归分析结果来看，在影响系数、显著性上，85%样本模型中社会网络各变量对农村老人养老服务提供意愿的影响与全样本模型基本保持一致，因此主效应模型的研究结果是稳健的（见表7-10）。

表7-10　社会网络对农村老人提供养老服务意愿影响的
OLS 回归结果（随机85%样本）

变量	模型 7-16	模型 7-17
网络规模	0.007 (0.009)	
亲属网络规模		-0.012 (0.016)

续表

变量	模型7-16	模型7-17
非亲属网络规模		0.022*
		(0.013)
网络异质性	0.355**	0.375**
	(0.133)	(0.134)
内网关系交往频率	0.083	0.102
	(0.145)	(0.145)
外网关系交往频率	0.381**	0.376**
	(0.113)	(0.112)
控制变量		
性别（参照：女性）	0.848**	0.820*
	(0.418)	(0.0418)
年龄	-0.158***	-0.157***
	(0.034)	(0.034)
身体健康状况	0.565**	0.562**
	(0.204)	(0.204)
心理健康状况	-0.398**	-0.398**
	(0.188)	(0.188)
受教育年限	-0.017	-0.016
	(0.060)	(0.060)
婚姻状况（参照：无配偶）	-0.761	-0.738
	(0.466)	(0.466)
常住本地儿子数	0.472**	0.471**
	(0.229)	(0.229)
子女数量	-0.382**	-0.375**
	(0.185)	(0.185)
子女关系满意度	1.792***	1.783***
	(0.288)	(0.288)

续表

变量	模型 7-16	模型 7-17
对养老制度满意度	0.610** (0.176)	0.599** (0.177)
家庭经济状况所属层次	-0.705** (0.285)	-0.695** (0.285)
所在村与县城距离	0.043** (0.014)	0.040** (0.014)
所在地区（参照：西部）		
东部	1.172** (0.523)	0.998* (0.535)
中部	1.909*** (0.515)	1.731** (0.528)
常量	9.117** (2.968)	9.206** (2.967)
R^2	0.217	0.219

注：括号中为标准误；* $p<0.1$，** $p<0.05$，*** $p<0.01$。

第三节 本章小结

扎根于农村社会网络的养老服务供给模式为化解农村养老服务供给困境提供了新思路。本章基于11个省份1126名农村老人的问卷调查数据，探讨了社会网络与农村老人提供养老服务意愿的关系，以期理解当前人口老龄化背景下实现农村养老服务供给模式创新的内在机理。本章研究得出以下结论：

第一，农村老人向他人提供养老服务的意愿因服务内容以及服务对象的不同而有所差异。在服务内容方面，农村老人更愿意提供精神慰藉服务，其次是生活照料服务，最后是医疗护理服务；而在服务对象方面，农村老人更愿意向家族或亲戚提供养老服务，然后是朋友，最后是其他村民，体现了典型的差序格局特征。

第二,社会网络在结构和关系强度两个维度上深刻地影响着农村老人提供养老服务的意愿。总体网络规模以及亲属网络规模对农村老人提供养老服务意愿的影响不显著,但非亲属网络规模越大,农村老人提供养老服务的意愿越高;网络异质性程度对农村老人提供养老服务的意愿有一定的提升作用;内网关系交往频率对农村老人提供养老服务意愿的影响不显著,但与外网关系成员的互动却可以提高农村老人提供养老服务的意愿。另外,社会网络对农村老人提供养老服务意愿的影响也存在一定的群体差异。

第三,信息获取与互惠状况是社会网络影响农村老人提供养老服务意愿的主要机制。社会网络通过影响信息传播能力、信息来源渠道或者通过增进互惠的机会,提升农村老人提供养老服务的意愿。这一结论既揭示了社会网络的作用机制,也为创新农村养老服务供给模式提供了理论支撑。当然,社会网络对农村老人提供养老服务意愿的影响可能还存在其他中介变量,这就需要未来研究的进一步发掘和论证。

第八章

村域社会资本与农村老人提供养老服务的意愿

上一章分析了社会网络与农村老人提供养老服务意愿的关系,论证了依托社会网络供给养老服务的可能性。村域社会资本作为内生于村庄的非正式制度①,是在特定的自然、历史与文化背景下逐步演变和累积而成的,具有明显的区域异质性②,会在一定程度上影响其成员的合作行为。村域社会资本作为一种附带"资本"属性的社会资源③,内化于个人中心网络、村庄整体网络,在中国农村这样一个典型的人情社会,对养老服务资源的配置将起到干预作用,因此,村域社会资本在农村养老服务供给中将发挥重要作用。本章将探讨村域社会资本对农村老人提供养老服务意愿的影响。

第一节 分析框架与研究假设

社会资本一词最早出现于 1916 年社区改革者翰尼范发表的《乡村

---

① 亓红帅、王征兵、娄季春:《村域社会资本对村干部双重代理投入的激励效应》,《西北农林科技大学学报》(社会科学版) 2020 年第 3 期。
② 赵雪雁:《村域社会资本与环境影响的关系——基于甘肃省村域调查数据》,《自然资源学报》2013 年第 8 期。
③ 杨荣、李琪:《从依附到合作:社会组织与政府信任关系的变迁与应对策略研究》,《社会工作》2020 年第 2 期。

学校社区中心》一文①，而后布迪厄首次系统论述了社会资本的概念，并将其引入社会学研究。帕特南进一步将社会资本应用于政治学研究，认为社会资本是指社会组织的特征，诸如信任、规范以及网络等②，它们通过促进合作行为来提升社会效率③。村域社会资本是社会资本理论基于中国农村社会的特殊性而建构的一种本土化理论，在中国乡村这样一个典型的由亲缘、血缘和地缘构成的人情关系网络社会中是核心要素④。近年来，村域社会资本已成为研究农村问题的重要视角，同样也将是分析农村老人养老服务提供意愿的重要视角。因此，借鉴已有研究对社会资本的测度方法，本章将从村域互惠、村域信任以及村域规范三个维度来分析村域社会资本对农村老人提供养老服务意愿的影响，具体的分析框架见图 8-1。

互惠是社会交换持续的前提⑤，村域互惠是村域社会资本的有机组成部分，可以分为均衡的互惠和普遍化的互惠，前者指人们同时交换价值相等的东西，后者指的是一种持续进行的交换关系⑥。普遍化的互惠是对相互性给予和获取的一种合理预期，即现在己予人，将来人予己，要求一定程度他者行为的可预期性⑦。基于社会网络供给养老服务实质上是一种互惠行为，兼具均衡互惠和普遍化互惠的特征。所以，农村老人为他人提供养老服务，不仅可以通过与他人的交往排解消极情绪，获得精神慰藉，充实闲暇生活，同时还可以享受他人为自己提供的养老服务。农村老人的互惠行为在村落中发生的频率越高，农村老人之间就有

---

① 燕继荣：《投资社会资本——政治发展的一种新维度》，博士学位论文，北京大学，2005 年。
② [美] 罗伯特·D. 帕特南：《使民主运转起来——现代意大利的公民传统》，王列、赖海榕译，江西人民出版社 2001 年版，第 195 页。
③ 赵宁：《社会资本视角下农村多元化养老模式研究》，《社会保障研究》2018 年第 2 期。
④ 吴玉锋、王安婧、于大川、唐丽娜：《社会资本提升了中青年农民的持续参保意愿吗?》，《西北大学学报》(哲学社会科学版) 2019 年第 2 期。
⑤ Gouldner A. W., "The Norm of Reciprocity: A Preliminary Statement", *American Sociological Review*, 1960, Vol. 25, No. 5, pp. 161 – 178; Bierstedt R., Blau P. M., "Exchange and Power in Social Life", *American Sociological Review*, 1965, Vol. 30, No. 5, p. 789.
⑥ 胡荣：《社会资本与城市居民的政治参与》，《社会学研究》2008 年第 5 期。
⑦ 韦璞：《村落社会资本及其对老年人生活质量的影响》，《南方人口》2008 年第 2 期。

更多休戚与共的情感共鸣，那么农村老人对彼此之间形成互惠互利行为的预期就越稳定，越愿意向其他老人提供养老服务。据此，提出假设 8.1：

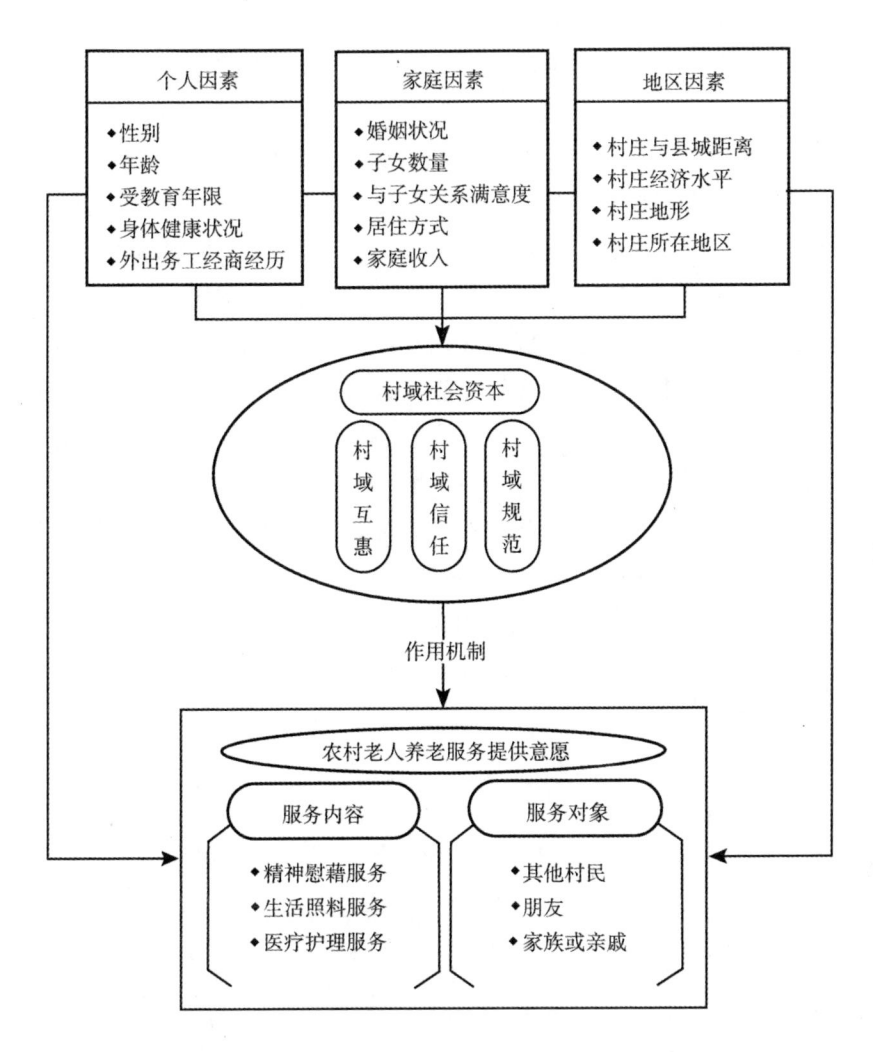

图 8-1　村域社会资本对农村老人提供养老服务意愿影响的分析框架

假设8.1：村域互惠对农村老人提供养老服务的意愿具有正效应。

信任的重要性是不言而喻的，它像空气一样对人类社会生活具有不可或缺性[1]，还会影响甚至决定一个国家经济繁荣与社会前进的步伐[2]。村域信任作为村域社会资本的重要组成部分，可以分为村域人际信任和村域制度信任。村域人际信任是指人们在相互交往过程中建立起来的对交往对象可靠程度的一种概括化期望[3]，是走向合作的前提和基础[4]。虽然农村社区是熟人社会，人与人之间的交往相对密切，但农村老人提供养老服务时需付出一定成本，如时间成本和劳动成本。因此，基本的村域人际信任是依托社会网络供给农村养老服务的基础。村域人际信任能够降低农村老人之间的合作成本，促使农村老人之间形成一种持续互利的合作关系，对农村老人提供养老服务的意愿产生积极影响。另外，作为一种道德资源，村域人际信任能够简化复杂的互动关系[5]，促进农村老人之间的沟通交流，进而加快信息的传递，增强农村老人对彼此之间形成互帮互助稳定关系的信心。与此相对，村域制度信任以人们交往中所受到的契约、法规等制度的约束作为信任基础[6]，主要体现在对政府的信任方面[7]。制度信任是一种重要的"软约束"机制，能够规范和重塑农村社会秩序，进而有效地遏制"搭便车"行为和防止"囚徒困

---

[1] 李伟民、梁玉成：《特殊信任与普遍信任：中国人信任的结构与特征》，《社会学研究》2002年第3期。
[2] ［美］弗朗西斯·福山：《信任：社会德性与繁荣的创造》，李宛蓉译，台湾立绪文化事业有限公司1995年版。
[3] 颜廷武、何可、张俊飚：《社会资本对农民环保投资意愿的影响分析——来自湖北农村农业废弃物资源化的实证研究》，《中国人口·资源与环境》2016年第1期。
[4] 崔彩贤、边丽瑾、赵晓峰：《农民合作社信用合作满意度实证研究——基于内部社会资本分析视角》，《西北农林科技大学学报》（社会科学版）2020年第1期。
[5] 吴玉锋、雷晓康、周明：《农村居民养老保险满意度和忠诚度研究——基于社会资本的视角》，《西北农林科技大学学报》（社会科学版）2015年第1期。
[6] 韩雅清、杜焱强、苏时鹏：《社会资本对林农参与碳汇经营意愿的影响分析——基于福建省欠发达山区的调查》，《资源科学》2017年第7期。
[7] 邹宇春、敖丹、李建栋：《中国城市居民的信任格局及社会资本影响——以广州为例》，《中国社会科学》2012年第5期。

境"等问题发生①。对政府信任程度越高的农村老人,更愿意相信制度性养老保障,因此,村域制度信任会对依托社会网络供给养老服务的模式产生"挤出效应",进而抑制农村老人提供养老服务的意愿。据此,形成以下研究假设:

假设8.2.1:村域人际信任对农村老人提供养老服务的意愿具有正效应。

假设8.2.2:村域制度信任对农村老人提供养老服务的意愿具有负效应。

村域规范是村域社会资本的一个重要维度。村域规范是指一些非正式的却为社会成员普遍遵守的制度规则②,对社会成员的行为具有激励、引导和约束作用③。村域规范通过声誉机制提供了一种非正式的社会控制④,对农村老人的行为起到"软约束"的作用。农村社区是一个基于血缘、地缘形成的熟人社会,所以村庄舆论更易通过村民之间的日常交往发挥强大作用⑤。因此,村域规范在农村老人之间具有一定程度的强制力,若成员打破团体默认的规范,会受到社会舆论的压力,可能会损失名誉,甚至难以在村域人际关系中立足。农村老人在长期社区生活中形成的名誉、口碑等"软信息"可以看作是参与合作的"抵押品"⑥。村域规范在合作中发挥着隐形契约的作用,可以约束农村老人只享受而不提供养老服务的投机行为,能够提高他人为自己提供养老服

---

① Hartmann E., Herb S., "Opportunism Risk in Service Triads: A Social Capital Perspective", *International Journal of Physical Distribution and Logistics Management*, 2014, Vol. 44, No. 3, pp. 242 – 256.

② 李冰冰、王曙光:《社会资本、乡村公共品供给与乡村治理——基于10省17村农户调查》,《经济科学》2013年第3期。

③ 张诚:《社会资本视域下乡村环境合作治理的挑战与应对》,《管理学刊》2020年第2期。

④ 胡荣:《社会资本与中国农村居民的地域性自主参与——影响村民在村级选举中参与的各因素分析》,《社会学研究》2006年第2期。

⑤ 裴志军:《村域社会资本:界定、维度及测量——基于浙江西部37个村落的实证研究》,《农村经济》2010年第6期。

⑥ 周月书、孙冰辰、彭媛媛:《规模农户加入合作社对正规信贷约束的影响——基于社会资本的视角》,《南京农业大学学报》(社会科学版)2019年第4期。

务的可预期性，从而对农村老人提供养老服务的意愿产生积极影响。据此，形成假设8.3：

假设8.3：村域规范对农村老人提供养老服务的意愿具有正效应。

第二节 变量操作化

一 因变量

农村老人提供养老服务的意愿是本章研究的因变量，该因变量通过服务内容和服务对象两个维度交互进行操作化。学者们对农村老人养老服务的内容做了大量研究，一般认为精神慰藉、生活照料、医疗护理是养老服务的基本内容①。借鉴已有研究成果，并根据农村老人的实际提供能力，研究将养老服务内容分为精神慰藉、生活照料以及医疗护理三个方面，将服务对象根据差序格局标准分为其他村民、朋友、家族或亲戚，进而通过询问以下9个问题来测量农村老人提供养老服务的意愿：①您是否愿意为其他村民提供精神慰藉？②您是否愿意为朋友提供精神慰藉？③您是否愿意为家族或亲戚提供精神慰藉？④您是否愿意为其他村民提供生活照料？⑤您是否愿意为朋友提供生活照料？⑥您是否愿意为家族或亲戚提供生活照料服务？⑦您是否愿意为其他村民提供医疗护理？⑧您是否愿意为朋友提供医疗护理？⑨您是否愿意为家族或亲戚提供医疗护理？选项均为"愿意""不好说""不愿意"，分别赋值为2、1、0。

农村老人养老服务提供意愿变量由9题项得分加总得出，同时将涉及各类服务内容的题项分组加总得出提供精神慰藉服务的意愿（①+②+③）、提供生活照料服务的意愿（④+⑤+⑥）、提供医疗护理服务的意愿（⑦+⑧+⑨），将涉及各服务对象的题项分组加总得出为其他村民提供养老服务的意愿（①+④+⑦）、为朋友提供养老服务的意

---

① 王振军：《农村社会养老服务需求意愿的实证分析——基于甘肃563位老人问卷调查》，《西北人口》2016年第1期。

愿（②＋⑤＋⑧）、为家族或亲戚提供养老服务的意愿（③＋⑥＋⑨），具体见表8－1。

表8－1　　农村老人提供养老服务意愿的均值

变量	赋值	均值	标准差
提供养老服务的意愿	9题项得分加总	11.739	6.356
提供不同内容养老服务的意愿			
提供精神慰藉服务的意愿	精神慰藉相关3题项得分加总	4.795	2.201
提供生活照料服务的意愿	生活照料相关3题项得分加总	3.602	2.646
提供医疗护理服务的意愿	医疗护理相关3题项得分加总	3.342	2.586
为不同对象提供养老服务的意愿			
为其他村民提供养老服务的意愿	其他村民相关3题项得分加总	3.517	2.326
为朋友提供养老服务的意愿	朋友相关3题项得分加总	3.818	2.295
为家族或亲戚提供养老服务的意愿	家族或亲戚相关3题项得分加总	4.404	2.174

二　自变量

村域社会资本是本章研究的自变量，这里借鉴方然关于中国本土社会资本测量的量表[①]，将村域社会资本操作化为村域互惠、村域规范以及村域信任三个维度。以村域为单位，直接收集有关村落的特征指标具有一定的困难性。但通过农村老人个体指标来测量村域社会资本不仅更加契合社会资本的理论含义，在实践中也更加具有可行性[②]。因此，本章在农村老人个体层面上测量社会资本，然后通过个体变量值的汇总平均形成村域层次的指标。同时，为了避免同户老人社会资本的同质性，每户只访问一位老人。

通过询问农村老人对"您有心事要倾诉时，有人愿意听您倾诉吗"

[①] 方然：《"社会资本"的中国本土化定量测量研究》，社会科学文献出版社2014年版。
[②] 吴玉锋、王友华、程莉娜：《新型农村社会养老保险参保率影响因素实证研究：村域社会资本理论视角》，《人口与发展》2013年第5期。

"当您有重要事情需要和他人商量时，可以得到帮助吗""当您想要聊天、外出和打牌下棋时，可以得到他人的陪伴吗""当您身体不舒服时，可以得到他人的照顾吗""当您需要家务或农活帮忙时，可以得到他人的帮助吗""当您经济遇到困难时，可以得到他人的财务帮助吗"6个题目的态度来测量互惠；通过询问农村老人对本家族成员、亲戚、邻居、同村居民、朋友、村委会干部、中央政府以及本地政府（乡镇政府）的信任程度来测量信任；通过询问被访者对"您总是愿意理解与自己持不同看法的人""您总是愿意帮助比自己境况差的人"2个项目的认同程度来测量规范。以上所有问题均采用李克特量表进行测量。为简化互惠、信任以及规范指标，这里运用主成分法对16个项目进行因子分析，KMO值为0.825，Bartlett球形检验P值为0.000。经过最大方差法旋转，根据特征值大于1，提取了5个因子，分别命名为互惠因子、人际信任因子、制度信任因子以及规范因子（见表8-2）。互惠因子包括测量互惠的6个指标（因子1）；人际信任因子包括对家族成员、亲戚、邻居、同村居民以及朋友的信任5个指标（因子2）；制度信任因子包括对村委会干部、中央政府以及本地政府（乡镇政府）的信任3个指标（因子3）；规范因子包括测量规范的2个指标（因子4）。以上4个因子均为个体层面的测量结果，再将各村个体层面因子得分平均形成村域层次的指标，即村域互惠因子、村域人际信任因子、村域制度信任因子以及村域规范因子。

表8-2　　　　　　　　　　因子分析

指标	因子1	因子2	因子3	因子4
有心事要倾诉时，有人愿意听的程度	0.692	0.089	0.077	0.255
有重要事情需要和他人商量时，可以得到帮助的程度	0.772	0.131	0.084	0.148
想要聊天、外出或打牌下棋时，可以得到他人陪伴的程度	0.744	0.030	0.046	0.158
身体不舒服时，可以得到他人照顾的程度	0.776	0.132	0.124	-0.004
需要家务或农活帮助时，可以得到他人帮助的程度	0.819	0.091	0.040	0.069
经济遇到困难时，可以得到他人财物帮忙的程度	0.732	0.190	0.110	-0.040

续表

指标	因子1	因子2	因子3	因子4
对本家族成员的信任度	0.022	0.759	-0.024	0.212
对亲戚的信任度	0.029	0.820	0.031	0.174
对邻居的信任度	0.163	0.770	0.196	0.054
对同村居民的信任度	0.147	0.749	0.189	-0.016
对朋友的信任度	0.311	0.621	0.169	-0.072
对村委会干部的信任度	0.147	0.329	0.641	-0.017
对中央政府的信任度	0.063	0.017	0.773	-0.001
对本地政府（乡镇政府）的信任度	0.115	0.134	0.861	0.063
总是愿意理解与自己持不同看法的人	0.107	0.086	-0.005	0.877
总是愿意帮助比自己境况差的人	0.265	0.172	0.046	0.809
特征值	3.702	3.040	1.900	1.631
方差百分比（%）	23.135	18.998	11.872	10.192

注：KMO值为0.825，Bartlett球形检验P值为0.000，提取方法为主成分分析法，旋转方法为最大方差法。

三 控制变量

借鉴既往研究，这里从个人、家庭、地区三个层面来选择控制变量。个人层面变量包括性别、年龄、受教育年限、身体健康状况以及外出务工经商经历；家庭层面变量包括婚姻状况、子女数量、与子女关系满意度、居住方式以及家庭收入水平对数；地区层面变量包括村庄与县城距离、村庄经济水平、村庄地形以及所在地区。具体控制变量的描述性统计如表8-3所示。

表8-3 控制变量的描述性统计

变量	变量说明/单位	均值	标准差
性别	男性=1，女性=0	0.463	0.499
年龄	单位：周岁	69.716	6.664
受教育年限	单位：年	3.895	3.542

续表

变量	变量说明/单位	均值	标准差
身体健康状况	很差=1，较差=2，一般=3，较好=4，很好=5	3.222	1.003
外出务工经商经历	有外出务工经商经历=1，无外出务工经商经历=0	0.315	0.464
婚姻状况	有配偶=1，无配偶=0	0.736	0.441
子女数量	单位：人	3.036	1.212
与子女关系满意度	很不满意=1，不太满意=2，一般满意=3，比较满意=4，非常满意=5	4.169	0.750
居住方式	与子女一起居住=1，未与子女一起居住=0	0.355	0.479
家庭收入水平对数	家庭年收入水平取对数	9.131	0.944
村庄与县城距离	单位：km	15.111	13.951
村庄经济水平	低于平均水平=1，平均水平左右=2，高于平均水平=3	2.208	0.576
村庄地形	丘陵/山地=1，平原=0	0.455	0.498
所在地区			
东部	东部=1，其他=0	0.206	0.405
中部	中部=1，其他=0	0.243	0.429
西部	西部=1，其他=0	0.552	0.498

第三节 结果与分析

一 村域社会资本与农村老人提供养老服务的意愿

表8-4展示了农村老人提供养老服务意愿的OLS回归结果，其中模型8-1是仅放入控制变量的基准模型，模型8-2是在模型8-1基础上增加了村域社会资本指标的最终模型。模型变量的多重共线性检验显示，所有模型解释变量的方差膨胀因子（VIF）全部小于10，说明变

量之间的相关共线程度均在合理范围内。

表 8-4　农村老人提供养老服务意愿的 OLS 回归结果

变量	模型 8-1	模型 8-2
常量	8.547***	11.834***
	(3.086)	(3.022)
性别（参照：女性）	0.126	0.094
	(0.416)	(0.401)
年龄	-0.149***	-0.119***
	(0.031)	(0.031)
受教育年限	-0.031	-0.018
	(0.055)	(0.053)
身体健康状况	0.531***	0.385**
	(0.181)	(0.177)
外出务工经商经历（参照：无外出务工经商经历）	1.366***	1.228***
	(0.410)	(0.398)
婚姻状况（参照：无配偶）	-0.703	-0.594
	(0.452)	(0.437)
子女数量	-0.187	-0.231
	(0.173)	(0.170)
与子女关系满意度	1.659***	0.970***
	(0.266)	(0.268)
居住方式（参照：未与子女一起居住）	1.823***	1.815***
	(0.377)	(0.363)
家庭收入水平对数	0.404*	0.196
	(0.215)	(0.216)
村庄与县城距离	0.039***	0.028*
	(0.014)	(0.014)
村庄经济水平	-0.006	-0.076
	(0.319)	(0.387)
村庄地形（参照：平原）	0.079	1.979***
	(0.376)	(0.433)

续表

变量	模型 8-1	模型 8-2
所在地区（参照：西部）		
东部	1.357***	0.474
	(0.490)	(0.515)
中部	1.689***	0.109
	(0.493)	(0.514)
村域互惠		2.127***
		(0.447)
村域人际信任		3.727***
		(0.674)
村域制度信任		0.893
		(0.624)
村域规范		1.284**
		(0.575)
R^2	0.183	0.245

注：括号内为标准误；* $p<0.1$，** $p<0.05$，*** $p<0.01$。

首先来看控制变量对农村老人提供养老服务意愿的影响。模型 8-1 显示，年龄、身体健康状况、外出务工经商经历、与子女关系满意度、居住方式、家庭收入水平对数、村庄与县城距离、所在地区等变量通过了显著性检验。年龄变量在 $p<0.01$ 的水平上显著负向影响农村老人提供养老服务的意愿，说明年龄越大的农村老人，提供养老服务的意愿越低。身体健康状况变量在 $p<0.01$ 的水平上显著正向影响农村老人提供养老服务的意愿，意味着身体健康状况越好的农村老人，提供养老服务的意愿越高。外出务工经商经历变量在 $p<0.01$ 的水平上显著正向影响农村老人提供养老服务的意愿，说明与没有外出务工经商经历的农村老人相比，有外出务工经商经历的农村老人提供养老服务的意愿更高。与子女关系满意度变量在 $p<0.01$ 的水平上显著正向影响农村老人提供养老服务的意愿，说明与子女关系满意度越高的农村老人，提供养老服务的意愿越高。居住方式变量在 $p<0.01$ 的水平上显著正向影响农村老人提供养老服务的

意愿，即相对于未与子女一起居住的农村老人来说，与子女一起居住的农村老人提供养老服务的意愿更高。家庭收入水平对数变量在 $p<0.1$ 的水平上显著正向影响农村老人提供养老服务的意愿，说明家庭年收入水平越高的农村老人，提供养老服务的意愿越高。村庄与县城距离变量在 $p<0.01$ 的水平上显著正向影响农村老人提供养老服务的意愿，说明村庄与县城距离越远的农村老人，提供养老服务的意愿越高。东部地区变量和中部地区变量均在 $p<0.01$ 的水平上显著正向影响农村老人提供养老服务的意愿，说明相对于居住在西部地区的农村老人，居住在东部地区和中部地区的农村老人提供养老服务的意愿更高。

再来看村域社会资本对农村老人提供养老服务意愿的影响。模型 8-2 的 R^2 是模型 8-1 的 1.34 倍，解释力提高了 33.9%，说明村域社会资本变量对农村老人提供养老服务的意愿有很强的解释力。模型 8-2 中，村域互惠变量在 $p<0.01$ 的水平上显著正向影响农村老人提供养老服务的意愿，说明村域互惠水平越高，农村老人提供养老服务的意愿也越高，假设 8.1 成立。村域人际信任变量在 $p<0.01$ 的水平上显著正向影响农村老人提供养老服务的意愿，说明村域人际信任水平越高，农村老人提供养老服务的意愿越高，假设 8.2.1 成立。村域制度信任变量未通过显著性检验，说明村域制度信任对农村老人提供养老服务意愿的影响不显著，假设 8.2.2 不成立。可能因为由农村老人提供的养老服务是嵌入于村庄的非制度性资源，而非外部输入的制度性资源，因此对外部资源输入的依赖以及预期相对较低，村域制度信任的作用不再明显，所以村域制度信任对农村老人提供养老服务意愿的影响就不再显著。村域规范变量在 $p<0.05$ 的水平上显著正向影响农村老人提供养老服务的意愿，说明村域规范程度越高，农村老人提供养老服务的意愿越高，假设 8.3 成立。

另外，模型 8-2 还显示，在放入村域社会资本变量后，家庭收入水平对数变量与所在地区变量的显著性消失，身体健康状况变量的显著性由 $p<0.01$ 的水平降低到 $p<0.05$，村庄与县城距离变量的显著性则由 $p<0.01$ 的水平降低到 $p<0.1$，意味着村域社会资本消减了这些变量对农村老人提供养老服务意愿的影响。不过，村庄地形变量在模型 8

-2 中变得显著了,在 p<0.01 的水平上正向影响农村老人提供养老服务的意愿,说明相对于居住地形为平原地区的农村老人,居住地形为山地的农村老人提供养老服务的意愿更高。

二 村域社会资本与农村老人提供不同内容养老服务的意愿

这里进一步将因变量按照服务内容分为提供精神慰藉服务意愿、提供生活照料服务意愿、提供医疗护理服务意愿,探讨村域社会资本与农村老人不同服务内容提供意愿的关系。模型 8-3、模型 8-4、模型 8-5 分别是村域社会资本对农村老人提供精神慰藉服务意愿、提供生活照料服务意愿、提供医疗护理服务意愿影响的回归分析模型(见表 8-5)。

表 8-5　农村老人提供不同内容养老服务意愿的 OLS 回归结果

变量	模型 8-3	模型 8-4	模型 8-5
常量	3.169*** (1.135)	3.705*** (1.286)	4.961*** (1.215)
性别(参照:女性)	-0.360** (0.151)	0.040 (0.171)	0.414** (0.161)
年龄	-0.017 (0.011)	-0.041*** (0.013)	-0.061*** (0.012)
受教育年限	0.017 (0.020)	-0.004 (0.023)	-0.031 (0.021)
身体健康状况	0.084 (0.066)	0.103 (0.075)	0.198*** (0.071)
外出务工经商经历(参照:无外出务工经商经历)	0.602*** (0.149)	0.431** (0.169)	0.194 (0.160)
婚姻状况(参照:无配偶)	-0.146 (0.164)	-0.146 (0.186)	-0.302* (0.175)
子女数量	-0.075 (0.064)	-0.171** (0.072)	0.014 (0.068)
与子女关系满意度	0.380*** (0.101)	0.290** (0.114)	0.299*** (0.108)

续表

变量	模型8-3	模型8-4	模型8-5
居住方式（参照：未与子女一起居住）	0.535*** (0.137)	0.639*** (0.155)	0.641*** (0.146)
家庭收入水平对数	0.143* (0.081)	0.101 (0.092)	-0.048 (0.087)
村庄与县城距离	-0.002 (0.005)	0.011* (0.006)	0.019*** (0.006)
村庄经济水平	-0.106 (0.146)	0.023 (0.165)	0.008 (0.156)
村庄地形（参照：平原）	0.159 (0.163)	0.954*** (0.184)	0.866*** (0.174)
所在地区（参照：西部）			
东部	-0.013 (0.194)	-0.089 (0.219)	0.576*** (0.207)
中部	-0.276 (0.193)	-0.356 (0.219)	0.741*** (0.207)
村域互惠	0.115 (0.168)	1.125*** (0.190)	0.887*** (0.180)
村域人际信任	0.794*** (0.253)	1.468*** (0.287)	1.465*** (0.271)
村域制度信任	-0.083 (0.234)	0.290 (0.266)	0.686*** (0.251)
村域规范	0.332 (0.216)	0.722*** (0.245)	0.229 (0.231)
R^2	0.112	0.212	0.265

注：括号内为标准误；* $p<0.1$，** $p<0.05$，*** $p<0.01$。

（一）村域社会资本与农村老人提供精神慰藉服务的意愿

首先来看村域社会资本对农村老人提供精神慰藉服务意愿的影响。模型8-3显示，村域互惠变量、村域制度信任变量以及村域规范变量均未通过显著性检验，仅村域人际信任变量在 $p<0.01$ 的水平上显著正

向影响农村老人提供精神慰藉服务的意愿,说明村域人际信任水平越高,农村老人提供精神慰藉服务的意愿越高。

再来看控制变量对农村老人提供精神慰藉服务意愿的影响。性别、外出务工经商经历、与子女关系满意度、居住方式以及家庭收入水平对数等变量通过了显著性检验。性别变量显著负向影响农村老人提供精神慰藉服务的意愿,说明相对于女性农村老人来说,男性农村老人提供精神慰藉服务的意愿更高。外出务工经商经历变量显著正向影响农村老人提供精神慰藉服务的意愿,说明与没有外出务工经商经历的农村老人相比,有外出务工经商经历的农村老人提供精神慰藉服务的意愿更高。与子女关系满意度变量显著正向影响农村老人提供精神慰藉服务的意愿,说明与子女关系满意度越高的农村老人,提供精神慰藉服务的意愿越高。居住方式变量显著正向影响农村老人提供精神慰藉服务的意愿,即相对于未与子女一起居住的农村老人,与子女一起居住的农村老人提供精神慰藉服务的意愿更高。家庭收入水平对数变量显著正向影响农村老人提供精神慰藉服务的意愿,说明家庭年收入水平越高的农村老人,提供精神慰藉服务的意愿越高。

(二)村域社会资本与农村老人提供生活照料服务的意愿

首先来看村域社会资本对农村老人提供生活照料服务意愿的影响。模型 8-4 显示,村域互惠变量在 $p<0.01$ 的水平上显著正向影响农村老人提供生活照料服务的意愿,说明村域互惠水平越高,农村老人提供生活照料服务的意愿越高。村域人际信任变量在 $p<0.01$ 的水平上显著正向影响农村老人提供生活照料服务的意愿,说明村域人际信任水平越高,农村老人提供生活照料服务的意愿越高。村域制度信任变量未通过显著性检验,说明村域制度信任对农村老人提供生活照料服务意愿的影响不显著。村域规范变量在 $p<0.01$ 的水平上显著正向影响农村老人提供生活照料服务的意愿,说明村域规范程度越高,农村老人提供生活照料服务的意愿越高。

再来看控制变量对农村老人提供生活照料服务意愿的影响。年龄、外出务工经商经历、子女数量、与子女关系满意度、居住方式、村庄与县城距离以及村庄地形等变量通过了显著性检验。年龄变量显著负向影响农村老人提供生活照料服务的意愿,说明年龄越大的农村老人,其提供生活照料服务的意愿越低。外出务工经商经历变量显著正向影响农村老人提供生活照料服务的意愿,即相对于没有外出务工经商经历的农村老人,有外出务工经商经历的农村老人提供生活照料服务的意愿更高。子女数量变量显著负向影响农村老人提供生活照料服务的意愿,说明子女数量越多的农村老人,提供生活照料服务的意愿越低。与子女关系满意度变量显著正向影响农村老人提供生活照料服务的意愿,说明与子女关系满意度越高的农村老人,提供生活照料服务的意愿越高。居住方式显著正向影响农村老人提供生活照料服务的意愿,说明相对于未与子女一起居住的农村老人,与子女一起居住的农村老人提供生活照料服务的意愿更高。村庄与县城的距离变量显著正向影响农村老人提供生活照料服务的意愿,说明村庄与县城距离越远的农村老人,提供生活照料服务的意愿越高。村庄地形变量显著正向影响农村老人提供生活照料服务的意愿,说明相对于居住在平原地区的农村老人,居住在丘陵山地的农村老人提供生活照料服务的意愿更高。

(三) 村域社会资本与农村老人提供医疗护理服务的意愿

首先来看村域社会资本对农村老人提供医疗护理服务意愿的影响。模型 8-5 显示,村域互惠变量在 $p<0.01$ 的水平上显著正向影响农村老人提供医疗护理服务的意愿,说明村域互惠水平越高,农村老人提供医疗护理服务的意愿越高。村域人际信任变量在 $p<0.01$ 的水平上显著正向影响农村老人提供医疗护理服务的意愿,说明村域人际信任水平越高,农村老人提供医疗护理服务的意愿越高。村域制度信任变量在 $p<0.01$ 的水平上显著正向影响农村老人提供医疗护理服务的意愿,说明村域制度信任水平越高,农村老人提供医疗护理服务的意愿越高。村域规范变量未通过显著性检验,说明村域规范对农村老人提供医疗护理服务意愿的影响不显著。

再来看控制变量对农村老人提供医疗护理服务意愿的影响。性别、年龄、身体健康状况、婚姻状况、与子女关系满意度、居住方式、村庄与县城距离、村庄地形以及所在地区等变量通过了显著性检验。性别变量显著正向影响农村老人提供医疗护理服务的意愿,说明相对于女性农村老人来说，男性农村老人提供医疗护理服务的意愿更高。年龄变量显著负向影响农村老人提供医疗护理服务的意愿，说明年龄越大的农村老人，提供医疗护理服务的意愿越低。受教育年限变量显著负向影响农村老人提供医疗护理服务的意愿，说明受教育年限越长的农村老人，提供医疗护理服务的意愿越低。身体健康状况变量显著正向影响农村老人提供医疗护理服务的意愿，说明身体健康状况越好的农村老人，提供医疗护理服务的意愿越高。婚姻状况变量显著负向影响农村老人提供医疗护理服务的意愿，说明与无配偶的农村老人相比，有配偶的农村老人提供医疗护理服务的意愿更低。与子女关系满意度变量显著正向影响农村老人提供医疗护理服务的意愿，说明与子女关系满意度越高的农村老人，提供医疗护理服务的意愿越高。村庄与县城距离变量显著正向影响农村老人提供医疗护理服务的意愿，说明村庄与县城距离越远的农村老人，提供医疗护理服务的意愿越高。村庄地形变量显著正向影响农村老人提供医疗护理服务的意愿，说明相对于居住在平原地区的农村老人，居住在山地的农村老人提供医疗护理服务的意愿更高。东部地区变量和中部地区变量显著正向影响农村老人提供医疗护理服务的意愿，说明相对于居住在西部地区的农村老人，居住在东部地区和中部地区的农村老人提供医疗护理服务的意愿更高。

　　将村域社会资本对农村老人提供不同内容养老服务意愿的影响进行对比发现，村域人际信任对农村老人提供不同内容养老服务意愿的影响不存在显著差异，且与模型8-2中村域人际信任对农村老人提供养老服务意愿影响的方向及显著性一致。不过村域互惠仅在模型8-3中没有通过显著性检验，村域规范仅在模型8-4中通过了显著性检验，村域制度信任仅在模型8-5中通过了显著性检验，这可能是因为精神慰藉服务的成本相对较低，农村老人提供精神慰藉服务的意愿较为强烈，受村域社会资本的影响较小；生活照料服务与农村老人的日常生活紧密度更高，所以更易受到村内规范的约束；而医疗护理服务对专业技能要求较高，同时承担风险较大，所以村域制度信任仅影响农村老人提供医疗护理服务的意愿。

三 村域社会资本与农村老人为不同对象提供养老服务的意愿

这里接着对服务对象进行分类,然后对农村老人养老服务提供意愿进行回归分析。模型8-6、模型8-7、模型8-8分别是村域社会资本对农村老人为其他村民提供养老服务的意愿、为朋友提供养老服务的意愿、为家族或亲戚提供养老服务的意愿影响的回归分析模型。

(一) 村域社会资本与农村老人为其他村民提供养老服务的意愿

首先来看村域社会资本对农村老人为其他村民提供养老服务意愿的影响。模型8-6显示,村域互惠变量在$p<0.01$的水平上显著正向影响农村老人为其他村民提供养老服务的意愿,说明村域互惠水平越高,农村老人为其他村民提供养老服务的意愿越高。村域人际信任变量在$p<0.01$的水平上显著正向影响农村老人为其他村民提供养老服务的意愿,说明村域人际信任水平越高,农村老人为其他村民提供养老服务的意愿越高。村域制度信任变量在$p<0.05$的水平上显著正向影响农村老人为其他村民提供养老服务的意愿,说明村域制度信任水平越高,农村老人为其他村民提供养老服务的意愿越高。村域规范变量在$p<0.01$的水平上显著正向影响农村老人为其他村民提供养老服务的意愿,说明村域规范程度越高,农村老人为其他村民提供养老服务的意愿越高。

表8-6 农村老人为不同对象提供养老服务意愿的OLS回归结果

变量	模型8-6	模型8-7	模型8-8
常量	3.896*** (1.132)	3.251*** (1.091)	4.687*** (1.061)
性别(参照:女性)	0.016 (0.150)	-0.054 (0.145)	0.131 (0.141)
年龄	-0.040*** (0.011)	-0.034*** (0.011)	-0.046*** (0.011)
受教育年限	-0.007 (0.020)	-0.001 (0.019)	-0.009 (0.019)

续表

变量	模型 8-6	模型 8-7	模型 8-8
身体健康状况	0.120*	0.162**	0.103*
	(0.066)	(0.064)	(0.062)
外出务工经商经历（参照：无外出务工经商经历）	0.500***	0.448***	0.280**
	(0.149)	(0.144)	(0.140)
婚姻状况（参照：无配偶）	-0.229	-0.181	-0.183
	(0.163)	(0.158)	(0.153)
子女数量	-0.049	-0.071	-0.112*
	(0.064)	(0.061)	(0.060)
与子女关系满意度	0.258**	0.283***	0.428***
	(0.100)	(0.097)	(0.094)
居住方式（参照：未与子女一起居住）	0.677***	0.667***	0.472***
	(0.136)	(0.131)	(0.128)
家庭收入水平对数	0.019	0.080	0.097
	(0.081)	(0.078)	(0.076)
村庄与县城距离	0.010*	0.015***	0.003
	(0.005)	(0.005)	(0.005)
村庄经济水平	0.087	-0.077	-0.086
	(0.145)	(0.140)	(0.136)
村庄地形（参照：平原）	0.733***	0.613***	0.633***
	(0.162)	(0.156)	(0.152)
所在地区（参照：西部）			
东部	0.265	0.272	-0.063
	(0.193)	(0.186)	(0.181)
中部	-0.142	0.332*	-0.081
	(0.193)	(0.186)	(0.181)
村域互惠	0.586***	0.829***	0.712***
	(0.167)	(0.161)	(0.157)
村域人际信任	1.244***	1.436***	1.047***
	(0.252)	(0.243)	(0.237)

续表

变量	模型 8-6	模型 8-7	模型 8-8
村域制度信任	0.518**	0.184	0.190
	(0.234)	(0.225)	(0.219)
村域规范	0.696***	0.251	0.337*
	(0.215)	(0.207)	(0.202)
R^2	0.210	0.246	0.204

注：括号内为标准误；* $p<0.1$，** $p<0.05$，*** $p<0.01$。

再来看控制变量对农村老人为其他村民提供养老服务意愿的影响。年龄、身体健康状况、外出务工经商经历、与子女关系满意度、居住方式、村庄与县城距离以及村庄地形等变量通过了显著性检验。年龄变量显著负向影响农村老人为其他村民提供养老服务的意愿，说明年龄越大的农村老人，为其他村民提供养老服务的意愿越低。身体健康状况变量显著正向影响农村老人为其他村民提供养老服务的意愿，说明身体健康状况越好的农村老人，为其他村民提供养老服务的意愿越高。外出务工经商经历变量显著正向影响农村老人为其他村民提供养老服务的意愿，说明与没有外出务工经商经历的农村老人相比，有外出务工经商经历的农村老人为其他村民提供养老服务的意愿更高。与子女关系满意度变量显著正向影响农村老人为其他村民提供养老服务的意愿，说明与子女关系满意度越高的农村老人，为其他村民提供养老服务的意愿越高。居住方式变量显著正向影响农村老人为其他村民提供养老服务的意愿，说明相比未与子女一起居住的农村老人，与子女一起居住的农村老人为其他村民提供养老服务的意愿更高。村庄与县城距离变量显著正向影响农村老人为其他村民提供养老服务的意愿，说明村庄与县城距离越远的农村老人，为其他村民提供养老服务的意愿越高。村庄地形变量显著正向影响农村老人为其他村民提供养老服务的意愿，说明相对于居住在平原的农村老人，居住在丘陵山地的农村老人为其他村民提供养老服务的意愿更高。

(二) 村域社会资本与农村老人为朋友提供养老服务的意愿

首先来看村域社会资本对农村老人为朋友提供养老服务意愿的影响。模型 8-7 显示,村域互惠变量在 $p<0.01$ 的水平上显著正向影响农村老人为朋友提供养老服务的意愿,说明村域互惠水平越高,农村老人为朋友提供养老服务的意愿越高。村域人际信任变量在 $p<0.01$ 的水平上显著正向影响农村老人为朋友提供养老服务的意愿,说明村域人际信任水平越高,农村老人为朋友提供养老服务的意愿越高。村域制度信任变量与村域规范变量均未通过显著性检验,说明村域制度信任与村域规范对农村老人为朋友提供养老服务意愿的影响不显著。

其次,再看控制变量对农村老人为朋友提供养老服务意愿的影响。年龄、身体健康状况、外出务工经商经历、与子女关系满意度、居住方式、村庄与县城距离、村庄地形以及所在地区等变量通过了显著性检验。年龄变量显著负向影响农村老人为朋友提供养老服务的意愿,说明年龄越大的农村老人,为朋友提供养老服务的意愿越低。身体健康状况变量显著正向影响农村老人为朋友提供养老服务的意愿,说明身体健康状况越好的农村老人,为朋友提供养老服务的意愿越高。外出务工经商经历变量显著正向影响农村老人为朋友提供养老服务的意愿,即与无外出务工经商经历的农村老人相比,有外出务工经商经历的农村老人为朋友提供养老服务的意愿更高。与子女关系满意度变量显著正向影响农村老人为朋友提供养老服务的意愿,说明与子女关系满意度越高的农村老人,为朋友提供养老服务的意愿越高。居住方式变量显著正向影响农村老人为朋友提供养老服务的意愿,说明相比未与子女一起居住的农村老人,与子女一起居住的农村老人为朋友提供养老服务的意愿更高。村庄与县城距离变量显著正向影响农村老人为朋友提供养老服务的意愿,说明村庄与县城距离越远的农村老人,为朋友提供养老服务的意愿越高。村庄地形变量显著正向影响农村老人为朋友提供养老服务的意愿,说明相对于居住在平原的农村老人,居住在丘陵/山地的农村老人为朋友提供养老服务的意愿更高。中部地区变量显著正向影响农村老人为朋友提供养老服务的意愿,说明相对于居住在西部地区的农村老人,居住在中部地区的农村老人为朋友提供养老服务的意愿更高。

(三) 村域社会资本与农村老人为家族或亲戚提供养老服务的意愿

首先来看村域社会资本对农村老人为家族或亲戚提供养老服务意愿的影响。模型 8-8 显示，村域互惠变量在 $p<0.01$ 的水平上显著正向影响农村老人为家族或亲戚提供养老服务的意愿，说明村域互惠水平越高，农村老人为家族或亲戚提供养老服务的意愿越高。村域人际信任变量在 $p<0.01$ 的水平上显著正向影响农村老人为家族或亲戚提供养老服务的意愿，说明村域人际信任水平越高，农村老人为家族或亲戚提供养老服务的意愿越高。村域制度信任变量未通过显著性检验，说明村域制度信任对农村老人为家族或亲戚提供养老服务意愿的影响不显著。村域规范变量在 $p<0.1$ 的水平上显著正向影响农村老人为家族或亲戚提供养老服务的意愿，说明村域规范程度越高，农村老人为家族或亲戚提供养老服务的意愿越高。

其次，再看控制变量对农村老人为家族或亲戚提供养老服务意愿的影响。年龄、身体健康状况、外出务工经商经历、子女数量、与子女关系满意度、居住方式以及村庄地形等变量通过了显著性检验。年龄变量显著负向影响农村老人为家族或亲戚提供养老服务的意愿，说明年龄越大的农村老人，为家族或亲戚提供养老服务的意愿越低。身体健康状况变量显著正向影响农村老人为家族或亲戚提供养老服务的意愿，说明身体健康状况越好的农村老人，为家族或亲戚提供养老服务的意愿越高。外出务工经商经历显著正向影响农村老人为家族或亲戚提供养老服务的意愿，说明相对于无外出务工经商经历的农村老人来说，有外出务工经商经历的农村老人为家族或亲戚提供养老服务的意愿更高。子女数量变量显著负向影响农村老人为家族或亲戚提供养老服务的意愿，说明子女数量越多的农村老人，为家族或亲戚提供养老服务的意愿越低。与子女关系满意度变量显著正向影响农村老人为家族或亲戚提供养老服务的意愿，说明与子女关系满意度越高的农村老人，为家族或亲戚提供养老服务的意愿越高。居住方式变量显著正向影响农村老人为家族或亲戚提供养老服务的意愿，说明相比未与子女一起居住的农村老人，与子女一起居住的农村老人为家族或亲戚提供养老服务的意愿更高。村庄地形变量显著正向影响农村老人为家族或亲戚提供养老服务的意愿，说明相对于居住在平原的农村老人，居住在丘陵/山地的农村老人为家族或亲戚提供养老服务的意愿更高。

将村域社会资本对农村老人为不同对象提供养老服务意愿的影响进行对比发现，村域互惠和村域人际信任对农村老人为不同对象提供养老服务意愿的影响不存在显著差异，且与模型8-2中这些变量对农村老人养老服务提供意愿影响的方向及显著性一致。村域制度信任仅在模型8-6中通过了显著性检验，具体来说，村域制度信任水平越高，农村老人越愿意为其他村民提供养老服务。村域规范仅在模型8-7中未通过显著性检验，这可能是因为随着农村社区的开放，农村老人的交友范围突破了村域的限制，进而抑制了村域规范对农村老人为朋友提供养老服务的意愿。

第四节 本章小结

本章从村域社会资本出发，探讨其对农村老人提供养老服务意愿的影响，得出以下研究结论。

第一，村域社会资本对农村老人提供养老服务的意愿有重要影响。村域互惠、村域人际信任以及村域规范对农村老人提供养老服务的意愿产生积极影响。这再次证明由血缘、亲缘以及地缘等传统文化孕育出来的社会资本在农村仍发挥着重要作用。因此，培育村域社会资本，尤其是改善村域中蕴含的互惠、信任以及规范等社会资本，有助于提升农村老人提供养老服务的意愿，为依托社会网络的农村养老服务供给模式提供现实基础。

第二，村域社会资本对农村老人提供养老服务意愿的影响存在服务内容和服务对象的差异。村域人际信任对农村老人提供养老服务意愿的影响不因服务内容的不同而有所差异，但村域互惠、村域制度信任和村域规范的影响却因服务内容的不同而存在显著差异。村域互惠仅未通过提供精神慰藉服务意愿的显著性检验，村域规范仅通过了提供生活照料服务意愿的显著性检验，村域制度信任仅通过了提供医疗护理服务意愿的显著性检验,说明与日常生活更紧密相关的生活照料服务易受到村内规范的约束,而风险较高的医疗护理服务会受到村域制度信任的影响。村域社会资本对为不同对象提供养老服务意愿影响的差异性主要表现在村域制度信任和村域规范维度,其中村域制度信任仅通过了为其他村民提供养老服务的显著性检验,而村域规范仅未通过为朋友提供养老服务的显著性检验。因此,要充分调动农村老人提供养老服务的意愿,就需要遵循村域社会资本的客观规律以及"差序格局"的内在规律,先从关系密切的亲戚展开,再逐步扩展到朋友以及其他村民。

本章为农村养老服务供给研究提供了一个新的理论解释,也为依托社会网络的农村养老服务供给模式实践提供了一个新的审视视角。依托社会网络的农村养老服务供给模式并非仅仅基于经济收益进行的设计,而是一种基于农村社会特征形成的养老模式,因此非经济因素,特别是村域社会资本在这一模式中发挥着关键作用。如何发挥村域社会资本的优势,提高农村老人提供养老服务的意愿,值得进一步思考。

第九章

农村老人接受社会网络提供养老服务的意愿及其影响因素

农村老人愿意为社会网络成员提供包括生活照料、精神慰藉、医疗护理在内的养老服务是依托社会网络供给农村养老服务模式发展的基础，但农村老人愿意接受社会网络成员提供的养老服务同样重要，是依托社会网络供给农村养老服务模式发展的关键。因此，这一章将主要描述农村老人接受社会网络成员（其他村民、朋友、家族或亲戚）提供养老服务的意愿及其影响因素，为构建依托社会网络的农村养老服务供给模式提供基础支持。

第一节 农村老人接受社会网络提供养老服务意愿的特征

一 农村老人接受社会网络提供养老服务意愿的频次分析

表9-1显示，在生活照料方面，有55.3%的样本愿意接受其他村民提供的生活照料，有60.3%的样本愿意接受朋友提供的生活照料，另外有73.0%的样本愿意接受家族或亲戚提供的生活照料，可见愿意接受家族或亲戚所提供生活照料的农村老人比例要明显高于愿意接受其他村民、朋友所提供生活照料的农村老人比例。在精神慰藉方面，有近八成（79.1%）的样本愿意接受其他村民提供的精神慰藉，有82.2%的样本愿意接受朋友提供的精神慰藉，有87.1%的样本愿意接受家族或亲戚提供的精神慰藉，同样，愿意接受家族或亲戚所提供精神慰藉的

农村老人比例也明显要高于愿意接受其他村民、朋友所提供精神慰藉的农村老人比例。在医疗护理方面，有近半数（49.5%）的样本愿意接受其他村民提供的医疗护理，有53.9%的样本愿意接受朋友提供的医疗护理，有69.5%的样本愿意接受家族或亲戚提供的医疗护理，同样可以发现，愿意接受家族或亲戚所提供医疗护理的农村老人比例明显要高于愿意接受其他村民、朋友所提供医疗护理的农村老人比例。从农村老人愿意接受的养老服务内容方面看，愿意接受生活照料的样本比例范围为55.3%—73.0%，愿意接受精神慰藉的样本比例范围为79.1%—87.1%，愿意接受医疗护理的样本比例范围为49.5%—69.5%，从总体趋势来看，农村老人更愿意接受来自他人的精神慰藉服务，然后是生活照料服务，最后是医疗护理服务。

综上所述，表9-1的调查数据显示，农村老人接受社会网络提供养老服务的意愿（此处的养老服务包括生活照料、精神慰藉及医疗护理）会因服务内容以及提供主体的不同而产生差异。在服务内容方面，农村老人更倾向于接受他人所提供的精神慰藉服务，其次是生活照料服务、医疗护理服务；在提供主体方面，农村老人接受家族或亲戚提供养老服务的意愿明显高于接受村民、朋友提供养老服务的意愿。农村老人接受社会网络成员提供养老服务的意愿体现了典型的差序格局特征。

表9-1　　　农村老人养老服务接受意愿的频次分析　　　　（%）

项目		愿意	不好说	不愿意
生活照料（做饭、做家务等）	接受其他村民提供的生活照料	55.3	3.6	41.0
	接受朋友提供的生活照料	60.3	3.4	36.3
	接受家族或亲戚提供的生活照料	73.0	2.2	24.8
精神慰藉（聊天解闷、一起娱乐等）	接受其他村民提供的精神慰藉	79.1	1.2	19.7
	接受朋友提供的精神慰藉	82.2	1.3	16.4
	接受家族或亲戚提供的精神慰藉	87.1	0.7	12.2
医疗护理（陪伴就医或住院陪床）	接受其他村民提供的医疗护理	49.5	7.5	43.1
	接受朋友提供的医疗护理	53.9	7.8	38.3
	接受家族或亲戚提供的医疗护理	69.5	4.3	26.2

二 农村老人接受社会网络提供养老服务意愿的均值分析

表9-1通过频次分析描述了农村老人对来自社会网络成员生活照料、精神慰藉以及医疗护理的接受意愿,并发现农村老人的接受意愿在养老服务的提供主体及内容上存在明显的差异。为了进一步探讨这一结果,这里按照养老服务的内容与提供主体继续进行定量分析。

首先,将表9-1中的回答进行赋值,将"不愿意"的赋值为0,将"不好说"赋值为1,将"愿意"赋值为2。

其次,将"接受其他村民提供的生活照料""接受朋友提供的生活照料"以及"接受家族或亲戚提供的生活照料"三个问题的得分进行加总,得到农村老人接受他人提供生活照料的意愿;同样,将"接受其他村民提供的精神慰藉""接受朋友提供的精神慰藉"以及"接受家族或亲戚提供的精神慰藉"三个问题的得分进行加总,得到农村老人接受他人提供精神慰藉的意愿;将"接受其他村民提供的医疗护理""接受朋友提供的医疗护理"以及"接受家族或亲戚提供的医疗护理"三个问题的得分进行加总,得到农村老人接受他人提供医疗护理的意愿。表9-2显示,农村老人接受他人提供生活照料意愿的均值为3.865,接受他人提供精神慰藉意愿的均值为5.002,接受他人提供医疗护理意愿的均值为3.654。基于均值可以发现,农村老人接受他人提供精神慰藉的意愿高于接受他人提供生活照料的意愿,进一步高于接受他人提供医疗护理的意愿。

再次,将"接受其他村民提供的生活照料""接受其他村民提供的精神慰藉""接受其他村民提供的医疗护理"三个问题的得分进行加总,得到农村老人接受其他村民提供养老服务的意愿;将"接受朋友提供的生活照料""接受朋友提供的精神慰藉""接受朋友提供的医疗护理"三个问题的得分进行加总,得到农村老人接受朋友提供养老服务的意愿;将"接受家族或亲戚提供的生活照料""接受家族或亲戚提供的精神慰藉""接受家族或亲戚提供的医疗护理"三个问题的得分进行加总,得到农村老人接受家族或亲戚提供养老服务的意愿。表9-2显示,农村老人接受其他村民提供养老服务意愿的均值为3.801,接受朋友提供养老服务意愿的均值为 4.054，接受家族或亲戚提供养老服务意愿的均值为 4.665。基于均值可以发现，农村老人接受家族或亲戚提供养老服务的意愿高于接受朋友提供养老服务的意愿，进一步高于接受其他村民提供养老服务的意愿。

表 9-2　　　　　　农村老人养老服务接受意愿的均值描述

项目	均值	标准差
接受他人提供的生活照料	3.865	2.571
接受他人提供的精神慰藉	5.002	2.049
接受他人提供的医疗护理	3.654	2.544
接受其他村民提供的养老服务	3.801	2.276
接受朋友提供的养老服务	4.054	2.225
接受家族或亲戚提供的养老服务	4.665	2.048

通过表 9-2 可以发现，农村老人接受他人提供的生活照料、接受他人提供的精神慰藉、接受他人提供的医疗护理三项之间，以及农村老人接受其他村民提供的养老服务、接受朋友提供的养老服务、接受家族或亲戚提供的养老服务之间的均值存在一定的差异，但仍需进一步利用配对样本 t 检验方法对样本均值差异进行统计检验（见表 9-3）。

将农村老人接受他人提供的生活照料、接受他人提供的精神慰藉、接受他人提供的医疗护理两两分组配对比较，形成 3 组配对，即配对 1 "接受他人提供的生活照料—接受他人提供的精神慰藉"、配对 2 "接受他人提供的生活照料—接受他人提供的医疗护理"、配对 3 "接受他人提供的精神慰藉—接受他人提供的医疗护理"。表 9-3 显示，配对 1、配对 2、配对 3 的显著性均为 0.000，说明这三组均值的配对样本 t 检验均通过了显著性检验，也就是说农村老人接受他人提供生活照料的意愿、接受他人提供精神慰藉的意愿、接受他人提供医疗护理的意愿的均值之间是存在显著差异的。其中，农村老人接受度最高的是精神慰藉服务，其次是生活照料服务，最后是医疗护理服务。

表9-3 农村老人养老服务接受意愿均值的配对样本t检验

	配对差值						t	自由度	显著性（双尾）
	均值	标准差	标准误差均值	差值95%置信区间					
				下限	上限				
配对1	接受他人提供的生活照料—接受他人提供的精神慰藉	-1.137	2.282	0.068	-1.270	-1.003	-16.715	1125	0.000
配对2	接受他人提供的生活照料—接受他人提供的医疗护理	0.211	1.945	0.058	0.098	0.325	3.646	1125	0.000
配对3	接受他人提供的精神慰藉—接受他人提供的医疗护理	1.348	2.353	0.070	1.211	1.486	19.224	1125	0.000
配对4	接受其他村民提供的养老服务—接受朋友提供的养老服务	-0.253	0.931	0.028	-0.308	-0.199	-9.124	1125	0.000
配对5	接受其他村民提供的养老服务—接受家族或亲戚提供的养老服务	-0.864	1.655	0.049	-0.961	-0.767	-17.524	1125	0.000
配对6	接受朋友提供的养老服务—接受家族或亲戚提供的养老服务	-0.611	1.435	0.0428	-0.695	-0.527	-14.285	1125	0.000

同样，将农村老人接受其他村民提供的养老服务、接受朋友提供的养老服务、接受家族或亲戚提供的养老服务两两分组配对进行比较，形成3组配对，即配对4"接受其他村民提供的养老服务—接受朋友提供的养老服务"、配对5"接受其他村民提供的养老服务—接受家族或亲戚提供的养老服务"、配对6"接受朋友提供的养老服务—接受家族或亲戚提供的养老服务"。表9-3显示，配对4、配对5、配对6的显著性均为0.000，说明这三组均值的配对样本t检验均通过了显著性检验，也就是说农村老人接受其他村民提供养老服务的意愿、接受朋友提供养老服务的意愿、接受家族或亲戚提供养老服务的意愿的均值之间是存在显著差异的。其中，农村老人更愿意接受家族或亲戚提供的养老服务，其次是朋友提供的养老服务，最后是其他村民提供的养老服务。

第二节 农村老人接受社会网络提供养老服务意愿的影响因素分析

一 分析框架

影响农村老人接受社会网络成员提供养老服务意愿的因素是多维的，基于已有研究，本章将从四方面展开论述：个人因素、家庭因素、社区因素、地区因素。

个人因素主要包括农村老人的生理心理特征和社会经济特征。生理心理特征包括农村老人的性别、年龄、自评健康状况、心理健康状况等。一般女性老人相对于男性老人来说思想观念更加保守，对于新事物的接受程度更低[1]，所以男性老人可能更愿意接受他人提供的养老服务。随着年龄的增长，农村老人的生命周期也在不断地向后推移，身体机能也在不可逆转地下降，所以年龄越大的农村老人可能会更愿意接受他人提供的养老服务，尤其是生活照料服务和精神慰藉服务。根据马斯洛需求层次理论，生理需求是人最基本的需求，而身体健康是生理需求

---

[1] 魏立香、钟涨宝：《农村养老性别偏好影响因素分析》，《西北农林科技大学学报》（社会科学版）2015年第2期。

的重要一环，对于农村老人来说更是如此。当农村老人身体健康状况良好时，他们可以从事一定的农业生产活动，可以参与当地的各项群体活动，可以通过串门的方式散心以获得精神的慰藉。甚至在某种程度上说，身体健康是农村老人一切活动的根本。所以身体健康状况越好的农村老人可能越愿意接受他人提供的养老服务。有学者认为老人的心理健康水平直接影响着老人的生活质量和身体健康，决定着老人能否安享晚年[①]，可见心理健康对老人的重要性。所以心理健康状况越好的农村老人，接受他人提供的养老服务的意愿可能越高。

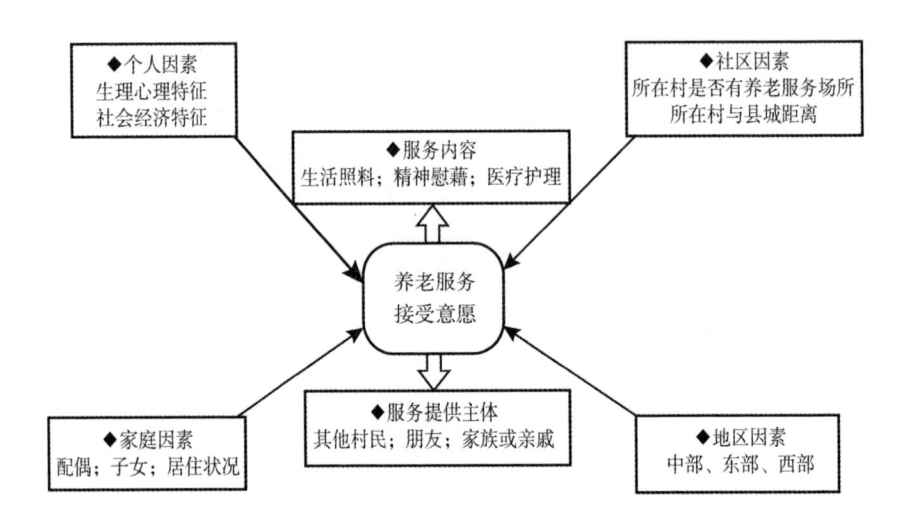

图 9-1　农村老人接受社会网络提供养老服务意愿影响因素分析框架

个人因素中的社会经济特征包括文化程度、外出务工经商经历和个人收入水平。文化程度越高的农村老人往往现代化程度较高，他们接受外界新鲜事物的机会多、范围广，故一般而言文化程度越高的农村老人接受他人提供养老服务的意愿越高。有外出务工经商经历的农村老人有

---

① 杨红燕、陈鑫、宛林等：《老年人心理健康的潜在类别与影响因素》，《社会保障研究》2020年第2期。

丰富的外出社交经验，并且更乐于与外界打交道，接受新事物的能力也更强，故其可能更加愿意接受他人提供的养老服务。个人收入水平高的农村老人往往有外出务工经商的经历，不仅开拓了眼界，也增加了个人收入；而随着农村老人收入水平的提高，物质生活条件不断改善，更加需要精神的陪伴①，所以更可能接受他人提供的养老服务，特别是精神慰藉服务。

家庭因素包括配偶状况和子女情况。在有配偶的情况下，农村老人更多的是依靠配偶的照料，从而挤出了接受他人提供养老服务的意愿，故接受他人提供养老服务的意愿可能更低；而在没有配偶的情况下，农村老人更需要通过接受他人提供的养老服务来满足自己的养老需求，降低老年风险。在深受传统文化影响的中国，人们普遍保留着"养儿防老"和"多子多福"的观念，即由儿子来解决父母年老后的养老问题②，认为儿子的数量与自己年老时能够获得的养老资源的数量与质量成正比，所以儿子数量越多，农村老人接受他人提供养老服务的意愿便可能越低。另外，快速的人口转变和女性社会经济地位的提高改变了传统的以儿子为核心的赡养方式③，逐渐将女儿卷入对农村父母的赡养中，所以女儿数量越多的农村老人接受他人提供养老服务的意愿也可能越低。农村老人与子女一起居住可以满足农村老人对养老资源的潜在需求，在得到子女的养老支持后，接受他人提供养老服务的意愿就可能降低。

社区因素包括农村老人所在村是否有养老服务场所和所在村与县城距离。如果所在村有养老服务场所，那么农村老人平时可能因为看到养老服务场所提供的服务为老人生活带来的便利，切实感受到养老服务的好处，从而更愿意接受他人提供的养老服务。所在村与县城距离越近，农村老人越可能会频繁接触到外界的新鲜事物，思想观念也相对越开放，

---

① 田北海、徐杨：《成年子女外出弱化了农村老年人的家庭养老支持吗？——基于倾向得分匹配法的分析》，《中国农村观察》2020年第4期。

② 郭庆旺、贾俊雪、赵志耘：《中国传统文化信念、人力资本积累与家庭养老保障机制》，《经济研究》2007年第8期。

③ 许琪：《儿子养老还是女儿养老？——基于家庭内部的比较分析》，《社会》2015年第4期。

故其接受他人提供养老服务的意愿也可能越高；但也有可能所在村与县城距离越近越可能获得更多样化的养老服务，反而对他人提供的养老服务需求降低，因而接受他人提供养老服务的意愿可能越低。

地区因素是指农村老人所在的地区，分为东部、中部和西部。相对于西部地区，东部地区和中部地区的经济社会发展得更好，农村老人观念的现代化程度也更高，可能更愿意接受他人提供的养老服务。

二　变量操作化

（一）因变量

本章的因变量是农村老人接受他人提供养老服务的意愿。根据前文的研究假设并借鉴已有研究成果，将因变量操作化为精神慰藉接受意愿、生活照料接受意愿以及医疗护理接受意愿三个维度。表9-1显示，研究通过询问农村老人"接受其他村民提供的精神慰藉""接受朋友提供的精神慰藉""接受家族或亲戚提供的精神慰藉"来获得农村老人对精神慰藉这一维度的接受意愿，生活照料维度与医疗护理维度同理。而为了从总体上测量农村老人接受他人提供养老服务的意愿，这里运用主成分分析法进行因子分析，提取了两个公因子，分别命名为接受照料护理服务意愿因子和接受精神慰藉服务意愿因子（见表9-4）。以两个公因子的方差贡献率为权数，计算因子加权总分，形成因变量"接受他人提供养老服务的意愿"。

表9-4　因子分析

指标	因子1 接受照料护理服务意愿	因子2 接受精神慰藉服务意愿
接受其他村民提供的精神慰藉	0.265	0.894
接受朋友提供的精神慰藉	0.278	0.913
接受家族或亲戚提供的精神慰藉	0.256	0.864
接受其他村民提供的生活照料	0.816	0.257
接受朋友提供的生活照料	0.832	0.293
接受家族或亲戚提供的生活照料	0.744	0.315

续表

指标	因子1 接受照料护理服务意愿	因子2 接受精神慰藉服务意愿
接受其他村民提供的医疗护理	0.842	0.186
接受朋友提供的医疗护理	0.849	0.215
接受家族或亲戚提供的医疗护理	0.774	0.233
方差百分比（%）	46.161	30.719

注：KMO 值为 0.807，Bartlett 球形检验 P 值为 0.000，提取的公因子累计方差百分比为 76.881%，提取方法为主成分分析法，旋转方法为最大方差法。

(二) 自变量

本章的自变量包括农村老人的个人因素、家庭因素、社区因素、地区因素四个方面。为提高数据分析的说服力，排除其他因素对自变量的干扰，将儿子数量、儿女数量等连续变量之外的自变量操作化为虚拟变量。个人因素包括农村老人的生理心理特征和社会经济特征两方面，其中生理心理特征包括性别、年龄、自评健康状况、心理健康状况，自评健康状况分为"较好""一般""较差"3档，心理健康状况也分为"较好""一般""较差"3档；社会经济特征包括文化程度、个人收入水平对数、外出务工经商经历。家庭因素包括配偶因素与子女因素，其中配偶因素指婚姻状况，子女因素包括儿子数量、女儿数量以及居住状况。社区因素包括所在村是否有养老服务场所、所在村与县城距离。地区因素是指农村老人所在的地区，分为"东部""中部"和"西部"3种类型。变量的描述性统计结果见表9-5。

表9-5　　　　　　自变量的描述性统计

变量	变量说明/单位	均值	标准差
性别	男=1，女=0	0.463	0.500
年龄	单位，周岁	69.716	6.664

续表

变量	变量说明/单位	均值	标准差
自评健康状况			
较好	较好=1，其他=0	0.425	0.494
一般	一般=1，其他=0	0.337	0.473
较差	较差=1，其他=0	0.239	0.427
心理健康状况			
较好	较好=1，其他=0	0.496	0.500
一般	一般=1，其他=0	0.333	0.472
较差	较差=1，其他=0	0.171	0.377
文化程度			
高中/中专/技校	高中/中专/技校=1，其他=0	0.058	0.233
初中	初中=1，其他=0	0.214	0.410
小学	小学=1，其他=0	0.393	0.489
文盲半文盲	文盲=1，其他=0	0.335	0.472
个人收入水平对数	个人全年收入水平取对数	8.594	0.895
外出务工经商经历	有外出务工经商经历=1，无外出务工经商经历=0	0.315	0.465
婚姻状况	有配偶=1，无配偶=0	0.736	0.441
儿子数量	单位：个	1.586	0.916
女儿数量	单位：个	1.449	1.027
居住状况	与子女一起居住=1，未与子女一起居住=0	0.228	0.420
所在村是否有养老服务供给场所	有=1，无=0	0.161	0.367
所在村与县城距离	单位：公里	15.111	13.951
所在地区			
东部	东部=1，其他=0	0.206	0.405
中部	中部=1，其他=0	0.243	0.429
西部	西部=1，其他=0	0.552	0.498

三 结果与分析

表9-6显示了农村老人接受他人提供养老服务意愿的影响因素，其中模型9-1的因变量为农村老人接受他人提供养老服务的意愿，模型9-2的因变量为农村老人接受照料护理服务的意愿，模型9-3的因变量为农村老人接受精神慰藉服务的意愿。

（一）农村老人接受他人提供养老服务意愿的影响因素分析

模型9-1的统计结果显示，性别变量未通过显著性检验，意味着不同性别农村老人接受他人提供养老服务的意愿不存在显著性差异。年龄变量通过了显著性检验，农村老人的年龄越大，接受他人提供养老服务的意愿越低。可能的原因是年龄越大的农村老人更倾向于接受自己配偶及子女的照顾，而不是其他人。自评健康状况变量通过了显著性检验，且自评健康状况"较差"的系数绝对值远高于自评健康状况"一般"，意味着自评健康状况越差，农村老人接受他人提供养老服务的意愿越低，或者说自评健康状况越好，农村老人接受他人提供养老服务的意愿越高。可能的原因是农村老人出于对自己身体的爱护以及对他人的戒备心理，在自己身体健康欠佳的时候一般不愿意接受他人为自己提供的养老服务，更愿意接受家人为自己提供的养老服务。心理健康状况变量对农村老人接受他人提供养老服务意愿的影响与自评健康状况影响的方向相反，也就是说相较于心理健康状况较好的农村老人，心理健康状况较差与心理健康状况一般的农村老人接受他人提供养老服务的意愿更高。可能的原因是心理健康状况较差与一般的农村老人更需要接受他人所提供的精神慰藉服务，来调节自己的心理状况。

个人收入水平对数变量未通过显著性检验，说明农村老人个人全年收入的多少并不会影响其接受他人提供养老服务的意愿。文化程度变量部分通过了显著性检验，文化程度为高中、中专或技校的农村老人接受他人提供养老服务的意愿更低。可能的原因是文化程度为高中、中专或技校的农村老人知识面更广、目光更加长远，现代化意识更强，在自己养老方式的选择上有更多的考虑和更多的选择，并不局限于接受他人提供的养老服务。外出务工经商经历变量通过了显著性检验,相比没有外出务工经商经历的农村老人,有外出务工经商经历的农村老人更愿意接受他人提供的养老服务。

婚姻状况、儿子数量、女儿数量等变量均未通过显著性检验。而居住状况变量通过了显著性检验,相比未与子女一起居住的农村老人,与子女一起居住的农村老人更愿意接受他人提供的养老服务。可能的原因是与子女一起居住的农村老人已习惯接受子女的照料,从而更愿意接受他人所提供的养老服务。

所在村是否有养老服务供给场所变量显著影响农村老人接受他人提供养老服务的意愿,所在村有养老服务供给场所的农村老人更愿意接受他人提供的养老服务。所在村与县城距离变量通过了显著性检验,农村老人所在村与县城距离越远,其接受他人提供养老服务的意愿越高。这可能是因为所在村距离县城越远的农村老人越难获取到更丰富的养老资源,更需要通过他人提供的养老服务来满足自己的生活需求。所在地区变量通过了显著性检验,具体来看,相较于西部地区的农村老人,中部和东部地区的农村老人更愿意接受他人提供的养老服务。

表9-6　　　　农村老人接受他人提供养老服务意愿
影响因素的 OLS 回归结果

变量	模型9-1	模型9-2	模型9-3
常量	23.617 (25.819)	0.873* (0.472)	-0.544 (0.480)
性别(参照:女性)	0.685 (3.697)	0.136** (0.068)	-0.181*** (0.069)
年龄	-0.942*** (0.282)	-0.020*** (0.005)	-0.001 (0.005)

续表

变量	模型9-1	模型9-2	模型9-3
自评健康状况（参照：较好）			
较差	-17.265***	-0.205***	-0.254***
	(4.270)	(0.078)	(0.079)
一般	-10.646***	-0.095	-0.204***
	(3.619)	(0.066)	(0.067)
心理健康状况（参照：较好）			
较差	14.431***	0.091	0.333***
	(4.654)	(0.085)	(0.087)
一般	14.608***	0.025	0.439***
	(3.619)	(0.066)	(0.067)
文化程度（参照：文盲半文盲）			
高中/中专/技校	-16.144**	-0.357***	0.011
	(7.249)	(0.132)	(0.135)
初中	0.537	0.027	-0.023
	(4.737)	(0.087)	(0.088)
小学	0.136	0.056	-0.080
	(3.920)	(0.072)	(0.073)
个人收入水平对数	1.138	0.003	0.033
	(1.941)	(0.035)	(0.036)
外出务工经商经历（参照：无外出务工经商经历）	10.633***	0.011	0.329***
	(3.640)	(0.067)	(0.068)
婚姻状况（参照：无配偶）	-1.557	-0.123*	0.135*
	(3.857)	(0.070)	(0.072)
儿子数量	2.994	0.054	0.017
	(1.978)	(0.036)	(0.037)
女儿数量	-1.420	-0.014	-0.025
	(1.669)	(0.031)	(0.031)

续表

变量	模型9-1	模型9-2	模型9-3
居住状况（参照：未与子女一起居住）	20.079*** (3.201)	0.237*** (0.059)	0.298*** (0.060)
所在村是否有养老服务供给场所（参照：无）	7.341* (4.334)	0.067 (0.079)	0.138* (0.081)
所在村与县城距离	0.292** (0.123)	0.007*** (0.002)	-0.001 (0.002)
所在地区（参照：西部）			
东部	30.118*** (4.280)	0.550*** (0.078)	0.154* (0.080)
中部	35.825*** (4.007)	0.674*** (0.073)	0.153** (0.075)
R^2	0.154	0.132	0.101

注：括号内为标准误；* $p<0.1$，** $p<0.05$，*** $p<0.01$。

（二）农村老人接受照料护理服务意愿的影响因素分析

模型9-2的统计结果显示，性别变量通过了显著性检验，相比女性，男性更愿意接受照料护理服务。年龄变量通过了显著性检验，农村老人的年龄越大，其接受照料护理服务的意愿越低。可能的原因是年龄越大的农村老人更倾向于接受自己家族内部人的照顾，而不是其他人。自评健康状况变量通过了显著性检验，相较于身体健康状况较好的农村老人，身体健康状况较差的农村老人接受照料护理服务的意愿更低。可能的原因是身体健康状况较差的农村老人更情愿自己照顾自己而不愿意麻烦他人，也更没有精力在接受照料护理的过程中与他人打交道。另外，心理健康状况变量对农村老人接受照料护理服务意愿的影响并不显著。

个人收入水平对数变量未通过显著性检验，即个人收入的多少并不影响农村老人接受照料护理服务的意愿。文化程度变量通过了显著性检验，文化程度为高中、中专或技校的农村老人接受照料护理服务的意愿更高。外出务工经商经历变量未通过显著性检验，意味着有无外出务工经商经历对农村老人接受照料护理服务的意愿影响不显著。

婚姻状况变量通过了显著性检验，有配偶的农村老人接受照料护理服务的意愿更低，可能因为农村老人与配偶之间的相互照料就已满足了双方的照料需求，所以对外部的照料护理需求不多。居住状况变量通过了显著性检验，相较于未与子女一起居住的农村老人，与子女一起居住的农村老人更愿意接受照料护理服务。可能的原因是与子女一起居住的农村老人可能不好意思要求忙碌的子女照顾自己，所以他们接受照料护理服务的意愿更高。而儿子数量变量、女儿数量变量并未通过显著性检验。

所在村是否有养老服务供给场所变量未通过显著性检验，也就是说所在村有无养老服务供给场所对农村老人接受照料护理服务意愿的影响并不显著。所在村与县城距离变量通过了显著性检验，所在村与县城距离越远，农村老人接受照料护理服务的意愿越高。所在地区变量也通过了显著性检验，相较于西部地区的农村老人，所在地区是中部和东部的农村老人更愿意接受照料护理服务。

（三）农村老人接受精神慰藉服务意愿的影响因素分析

模型9-3的结果显示，性别变量通过了显著性检验，女性相较于男性更愿意接受精神慰藉服务，可能的原因是女性共情能力更强，更容易与其他人交流，所以女性接受精神慰藉服务的意愿更高。而年龄变量没有通过显著性检验，也就是说农村老人年龄无论大小，其接受精神慰藉服务的意愿不存在显著差异。自评健康状况变量通过了显著性检验，相较于身体健康状况较好的农村老人，身体健康状况较差的农村老人接受精神慰藉服务的意愿更低。可能的原因是身体健康状况不好的农村老人更需要接受照料护理服务而不是精神慰藉服务。心理健康状况变量通过了显著性检验，相较于心理健康状况较好的农村老人，心理健康状况较差与心理健康状况一般的农村老人接受精神慰藉服务的意愿更高。

文化程度变量未通过显著性检验，即文化程度的高低并不影响农村老人接受精神慰藉的意愿。个人收入水平对数变量也未通过显著性检验，也就是说个人收入的多少并不影响农村老人接受精神慰藉的意愿。

外出务工经商经历变量通过了显著性检验，相较于没有外出务工经商经历的农村老人，有外出务工经商经历的农村老人更愿意接受精神慰藉服务。可能的原因是外出务工经商的经历使农村老人所接触的人和事更加丰富多彩，他们也更容易接受陌生人，从而也就更愿意接受他人为自己提供的精神慰藉服务。

婚姻状况变量通过了显著性检验，有配偶的农村老人接受精神慰藉服务的意愿更高。儿子数量和女儿数量变量均未通过显著性检验，也就是说儿女数量的多少并不影响农村老人接受精神慰藉服务的意愿。居住状况变量通过了显著性检验，相较于未与子女一起居住的农村老人，与子女一起居住的农村老人更愿意接受精神慰藉服务。

所在村是否有养老服务供给场所变量通过了显著性检验，相较于所在村没有养老服务供给场所的农村老人，所在村有养老服务供给场所的农村老人更愿意接受精神慰藉服务。可能的原因是有养老服务场所的村民在日常生活中就可以接触到养老服务，可以直观地感受到养老服务给村民，尤其是给农村老人带来的便利，所以更能激发农村老人接受精神慰藉服务的意愿。所在村与县城距离变量未通过显著性检验。所在地区变量通过了显著性检验，相较于西部地区的农村老人，东部和中部地区的农村老人接受精神慰藉服务的意愿更高。

第三节 本章小结

本章利用对 11 个省份 1126 名农村老人的抽样调查数据，探究了农村老人接受社会网络提供养老服务的意愿及其影响因素。结论如下：

第一，农村老人接受社会网络提供养老服务的意愿会因养老服务的内容和养老服务的提供主体产生明显的差异。在服务内容方面，农村老人更愿意接受他人所提供的精神慰藉服务，其次是生活照料服务，最后是医疗护理服务；在服务提供主体方面，农村老人更愿意接受家族或亲戚提供的养老服务，其次是朋友提供的养老服务，最后是其他村民提供的养老服务，这也体现出明显的差序格局特征。

第二，影响农村老人接受社会网络提供养老服务意愿的因素有四方面，分别是农村老人的个人因素、家庭因素、社区因素以及地区因素。个人因素方面，性别对农村老人接受照料护理服务、精神慰藉服务的意愿存在显著影响，男性接受照料护理服务的意愿更高，接受精神慰藉服务的意愿更低。年龄对农村老人接受他人提供养老服务和照料护理服务的意愿存在显著影响，但对其接受精神慰藉服务的意愿不存在显著影响。年龄越大的农村老人接受他人提供养老服务和照料护理服务的意愿越低。自评健康状况对农村老人接受他人提供养老服务、照料护理服务、精神慰藉服务的意愿均存在显著影响，身体健康状况越差的农村老人接受他人提供养老服务、照料护理服务、精神慰藉服务的意愿越低。心理健康状况对农村老人接受他人提供养老服务、精神慰藉服务的意愿存在显著影响，但对其接受照料护理服务的意愿不存在显著影响。心理健康状况越好的农村老人接受他人养老服务、精神慰藉服务的意愿越高。

文化程度对农村老人接受他人提供养老服务、照料护理服务的意愿存在显著影响，对其接受精神慰藉服务的意愿不存在显著影响。文化程度越高，农村老人接受他人提供养老服务、照料护理服务的意愿越低。外出务工经商经历对农村老人接受他人提供养老服务、精神慰藉服务的意愿均存在显著影响，而对其接受照料护理服务的意愿不存在显著影响。有外出务工经商经历的农村老人接受他人提供养老服务、精神慰藉服务的意愿更高。

婚姻状况对农村老人接受照料护理服务、精神慰藉服务的意愿均存在显著影响，有配偶的农村老人接受照料护理服务的意愿更低，而接受精神慰藉服务的意愿更高。居住状况对农村老人接受他人提供养老服务、照料护理服务、精神慰藉服务均存在显著影响，与子女一起居住的农村老人更愿意接受他人提供的养老服务、照料护理服务和精神慰藉服务。

所在村是否有养老服务供给场所对农村老人接受他人提供养老服务、精神慰藉服务的意愿存在显著影响，但对其接受照料护理服务不存在显著影响。所在村有养老服务供给场所的农村老人更愿意接受他人所提供的养老服务和精神慰藉服务。所在村与县城距离对农村老人接受他人提供养老服务、照料护理服务的意愿均存在显著影响，但对其接受精神慰藉服务的意愿不存在显著影响。所在村与县城距离越远的农村老人越愿意接受他人提供的养老服务和照料护理服务。所在地区对农村老人接受他人提供养老服务、照料护理服务、精神慰藉服务的意愿均存在显著影响，相较于所在地区为西部的农村老人，所在地区为东部和中部的农村老人接受养老服务、照料护理服务、精神慰藉服务的意愿更高。

第十章

依托社会网络创新农村养老服务供给模式的实现机制

2021年10月13日,习近平总书记对老龄工作做出重要指示,强调贯彻落实积极应对人口老龄化国家战略,把积极老龄观、健康老龄化理念融入经济社会发展全过程,加大制度创新、政策供给、财政投入力度,健全完善老龄工作体系,强化基层力量配备,加快健全养老服务体系①。习近平总书记对老龄工作的指示,特别是强调"加大制度创新、政策供给",为创新农村养老服务供给模式,完善农村养老服务体系,进而促进农村养老服务高质量发展提供了战略指导。

在人口老龄化城乡倒置、农村养老服务发展较为落后的背景下,创新农村养老服务供给模式就显得尤为必要。目前,农村主要有互助幸福院、敬老院和市场化养老机构三种主要的养老服务供给主体,但这些主体在发展中均受到多重制约,养老服务供给效果也受到了不同程度的影响。近年来,虽然农村互助幸福院发展较为迅速,但其发展主要体现在硬件方面,即场地建设和设备添置方面,而其运行却困难重重,难以达到预期目的,呈现出养老服务供给难以满足农村老人需求的状态。且很多农村互助幸福院偏离了最初互助养老的初衷,成为农村老人休闲娱乐或就餐的场所;加之农村老人居住分散,且很多村庄交通不便,导致其发挥的作用微乎其微。而其他两种养老服务供给主体也呈现优劣势并存

---

① 新华社:《习近平对老龄工作作出重要指示强调 贯彻落实积极应对人口老龄化国家战略 让老年人共享改革发展成果安享幸福晚年 在重阳节来临之际向全国老年人致以节日祝福》,《中国社会工作》2021年第29期。

的现象，乡镇公办敬老院虽然收费低廉，农村老人较易承受，但服务质量难以保证，且有入住门槛，多只接受农村"五保"集中供养人员，一般农村老人难以入住。而市场化养老机构虽然服务专业化水平较高，但费用高昂，农村老人普遍难以承受。

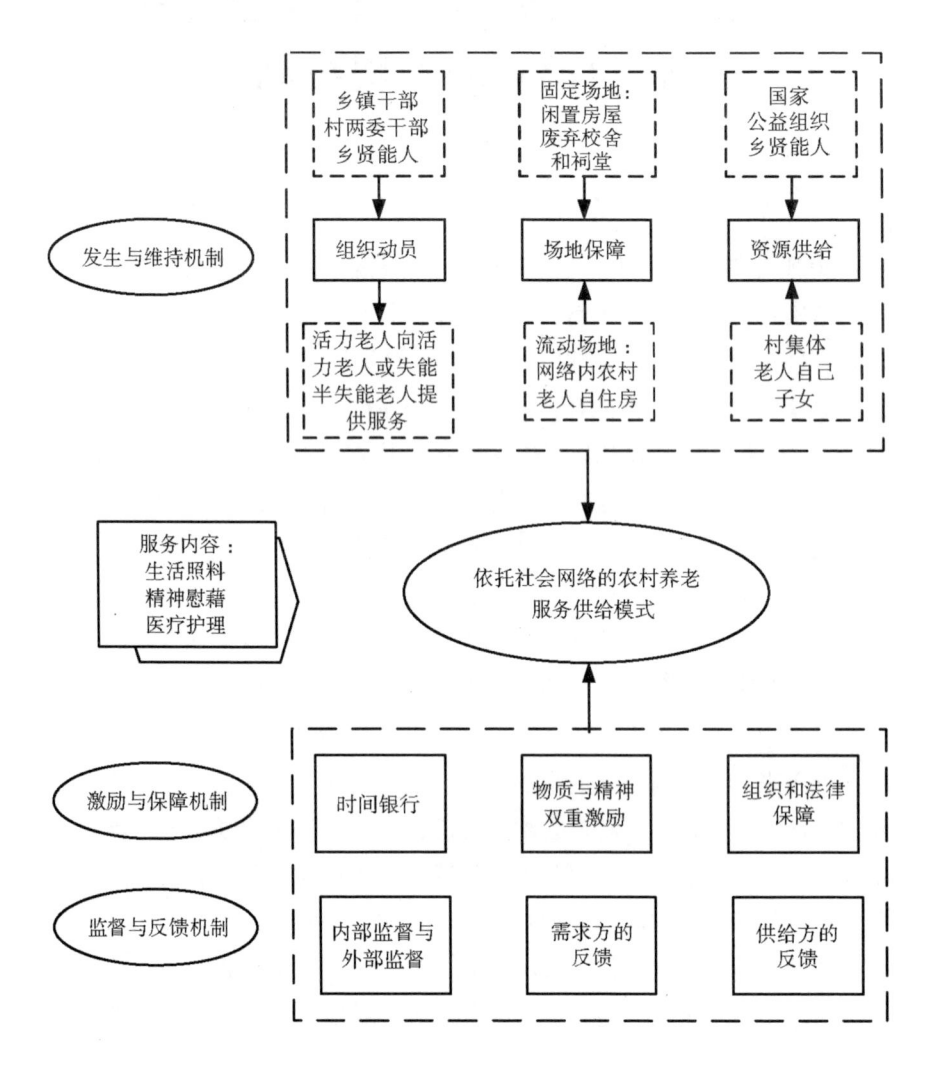

图10-1 依托社会网络创新农村养老服务供给模式的实现机制

我国传统的农村社会是典型的"熟人社会",很多农村老人长期居住在村庄,对农村社区有着很强的依附感,形成了紧密的亲邻式社会网络。因此依托农村老人的社会网络,将农村老人家庭以外、村庄以内(特别是自然村以内)这一社会网络中的老人作为养老服务的供给主体,进而基于社会网络供给养老服务形成互助养老的模式,成为应对农村人口老龄化日益严峻以及农村养老服务供给有效性不足的可行选择。

依托社会网络的农村养老服务供给模式是指由特定社会网络范围内的老人向网络中的其他老人提供养老服务的模式。特定社会网络内提供服务的主体一般为活力老人或者说有自理能力的老人,被提供服务的老人包括活力老人和失能或半失能老人,提供的服务一般包括生活照料、精神慰藉、医疗护理等,而养老服务供给的场所可以是固定的,也可以是不固定的。这一模式的成功实践,需要梳理其发生机制、维持机制、激励机制、保障机制、监督机制与反馈机制,具体实现机制如图10-1所示。

第一节 发生与维持机制

一 组织动员机制

(一) 组织机制

依托社会网络的农村养老服务供给模式由谁来具体发起?如何组织开展?为哪些老人提供服务?这些问题需要首先回答。因此,通过挖掘农村人力资源探索建立组织动员机制,是农村养老服务供给模式实现的重要基础和前提。2021年发布的《"十四五"民政事业发展规划》指出,"大力发展农村养老服务。构建乡镇牵头,村委会、老年人协会、低龄健康老年人、农村留守妇女、村干部、党员、志愿者等广泛参与的农村互助养老服务格局"[①]。依托社会网络的农村养老服务供给模式是

---

① 《民政部 国家发展和改革委员会关于印发〈"十四五"民政事业发展规划〉的通知》(民发〔2021〕51号),2021年6月18日。

构建农村互助养老服务格局的实现路径，其组织工作亦可以遵循以上要求。一是可利用外部资源组织村域内社会网络供给养老服务，可由乡镇政府、社会组织、专业社工团队进行组织。乡镇政府作为与农村联系最密切的基层政府，可动员和指导各村建立依托社会网络的养老服务供给模式，为村庄组织和发展养老服务开展培训，由专业社会养老服务组织以及社工团队前往各村进行示范。二是要充分发挥村域内部资源，充分挖掘村组干部、模范党员、乡贤能人以及老年协会成员等有信誉和威望的人组织开展农村养老服务供给活动。由村党支部统筹安排，精准采集农村老人的年龄、健康状况、经济状况、居住安排以及养老服务需求等基本信息，建立本村老年人养老服务信息库。在掌握农村老人养老服务需求的基础上，征求农村老人的养老服务提供意愿，而后依据农村老人的社会网络特征划分养老服务小组，并从该小组内选取一名有威望的活力老人作为小组长负责小组内事务。村组干部、村庄乡贤能人以及老年协会成员要做好表率，带领其所在小组形成模范典型，发挥示范带动作用。

（二）动员机制

动员机制所要解决的问题包括：谁来动员？动员谁？如何动员？村组干部、乡贤能人作为村庄内具有高威望和高信誉度的人，是农村老人提供和接受养老服务的积极动员者。依托社会网络供给养老服务模式的实现离不开对养老服务提供者和接受者的动员，同时提供者和接受者还会存在较大程度的重合。在农村养老服务供给方面，受农业耕种季节性特征的影响，在农闲时期村庄内存在着拥有大量闲暇时间的低龄老人和活力老人，这些农村老人是农村养老服务的供给主体，由农村养老服务活动的组织者组织并动员该群体积极参与养老服务的提供。在农村养老服务接受方面，以明确农村老人健康状况和养老需求为基础，村干部等组织者可借助村广播站等传播媒介对依托社会网络供给养老服务的模式进行宣传和说明，广泛动员有需求的农村老人参与其中。对于接受度较低的农村老人，可由组织者上门进行疏导，并开展初体验等活动，以减轻其对该养老服务模式的抗拒度。在该模式实际运行中，要广泛动员身体健康的农村活力老人承担起养老服务提供责任。具体体现在两方面：

一是在活力老人之间进行双向养老服务提供活动，不同老人承担不同的服务项目，此为该养老服务模式的主要供给方式；二是由活力老人为失能或半失能老人提供单向养老服务，此为该养老服务模式需要兼顾的服务。此外，在动员过程中，要依据农村老人社会网络相对集聚的特点划分养老小组，推举产生小组长，由小组长主要负责本组内的动员工作。

二 场地保障机制

（一）场地类别

在哪里提供养老服务？在哪里接受养老服务？这就涉及依托社会网络供给养老服务模式的场地保障问题。在这种模式中，养老服务场地具有多种选择性，既包含固定性场地，又囊括流动性场地，同一养老小组内的农村老人可进行协商选择。在养老方式上，固定性场地对应固定模式，流动性场地对应流动模式。固定性场地是指面积富余的农村闲置房屋、校舍、祠堂等场所。流动性场地是指养老小组中农村老人的自住房。场地的具体流动方式由小组成员进行协商，可间隔一定时期轮流居住（见表10-1）。

此外，在场地选择上，要对场地位置和环境进行严格把控。以就近为原则进行位置选取，缩短农村老人自住房与养老服务场地的距离；场地环境还要进行适老化改造。2020年7月，民政部等9部门印发的《关于加快实施老年人居家适老化改造工程的指导意见》指出，要"引导有需要的老年人家庭开展居家适老化改造，有效满足城乡老年人家庭的居家养老需求"[1]。适老化改造可由县级政府牵头，乡镇政府和村两委进行实际运行。在考察调研的基础上进行统一补贴和改造，并委托专业养老服务机构对该养老模式下的养老场地进行适老化改造指导。当然，具体改造要以农村老人健康信息表为基础，按需进行家庭养老床位建设，以适应依托社会网络的养老服务供给模式的开展。

---

[1] 《关于加快实施老年人居家适老化改造工程的指导意见》（民发〔2020〕86号），2020年7月10日。

（二）场地优缺点

从不同维度来看，固定性场地和流动性场地具有不同的属性和特征（见表10-1）。第一，随着农村人口向城镇的流动，农村居民闲置或空置房屋数量增多，选取农村居民空间宽敞、环境良好的闲置或空置房屋作为农村老人集中养老的固定场所，具有独特优势。这种养老场所的环境设施较好，易于改造且花费较少，但同时不足之处也很明显，即房屋租赁加重了农村老人的费用负担。第二，使用本村废弃校舍或祠堂作为农村老人集中养老的场地同样具有优势和不足。其优势体现在无须负担租赁费用，一般只需经村委会或村集体同意即可使用，而不足体现在废弃校舍和祠堂的遮风避雨功能较弱，环境设施较差，需要进行房屋修缮、环境改造以及床位桌椅、饮水取暖等设施设备的安装，房屋改造和设施增添的费用较高。第三，将养老小组内老人自住房作为养老场地，其优势体现在无须负担租赁费用，但该方式也存在很大的不足，即流动性增强的同时也减弱了农村老人的适应性，且不同农村老人自住房硬件条件存在较大差异，这会降低社会网络内农村老人养老过程中的幸福感和满足感。

表10-1　农村养老场地类型与特征

场地类型 场地特征	固定性场地		流动性场地
	居民闲置房屋	废弃校舍和祠堂	社会网络内农村老人自住房
是否需要租赁费用	是	否	否
需要环境改造程度	低	高	中
需要增添设施程度	中	高	中
稳定性程度	高	高	低
可操作程度	高	中	中

三　资源供给机制

（一）外部资源供给

完善的组织动员机制和场地保障机制是依托社会网络的农村养老

服务供给模式得以运行的前提，而资金支持和物品保障则是养老服务供给得以持续的关键。资源供给分为外部资源供给和内部资源供给两种类型。外部资源供给主要包含国家资金的支持、公益组织的支持以及乡贤能人的捐赠等（见表10-2）。第一，国家资金的支持。国家对农村养老服务的资金支持包括财政转移支付和福利彩票公益金支持，主要用于两个方面：一方面是前期设施建设，包括养老场地的房屋修缮和适老化改造；另一方面是农村养老服务运行过程中的奖励和补贴。国家资金支持的优点在于来源稳定，但缺点是覆盖面过大，所以支持力度有限。第二，公益组织的支持。公益组织的支持以专业化养老服务为主，但毕竟当前面向农村的公益组织较少，所以稳定性较差。第三，乡贤能人的捐赠。这种捐赠基于乡贤群体对家乡发展养老事业的支持，因为不同村庄的特征不同，乡贤群体的群像存在差异，所以来源的稳定性较差。

（二）内部资源供给

内部资源供给主要体现在农村老人的自我提供、子女的支持和农村集体经费的支持三个方面（见表10-2）。农村老人的自我提供是指老人所需的衣服鞋帽、洗漱用具、米面粮油等生活用品可从自家携带，也可根据自身的健康状况种植粮食和蔬菜。这种资源支持可以提升农村老人的自我价值感，但支持资源限于生活物品和农产品。子女的支持指农村老人的子女按照该小组内老年人整体日常开销进行各家分摊。这种资

表10-2　　　　　农村养老服务资源类型及其优缺点

资源属性	资源类型	优点	不足
外部资源	国家资金支持	来源稳定	支持力度有限
	公益组织支持	养老服务专业化	来源稳定性差
	乡贤能人捐款	资源接近	来源稳定性差
内部资源	老人自我提供	提升老人价值	支持种类有限
	子女支持	来源稳定	老人子女间支持能力不同
	村集体经费支持	与村集体经济效益挂钩	

源的来源稳定,且容易获得,但子女间的支持能力不同,资源密度不同,所以子女的支付意愿存在差异。农村集体经费支持主要指农村集体经济收入的支持。农村集体经济收入与村集体经济效益挂钩,村集体经济发展越好,经费支持就越多,所以稳定性不足。

第二节 激励与保障机制

一 激励机制

(一)"时间银行"下的服务回报

依托社会网络的农村养老服务供给模式可通过"时间银行"制度的设计激励活力老人通过力所能及的方式为其他老人提供养老服务。服务时长可尝试记入"时间银行"个人账户,以积累的服务时间保障其在失能、半失能时期需要照料时,能够通过活力时期积累的服务时间换取他人提供的养老服务。此外,依托社会网络的养老服务供给模式激励机制中的"时间银行"回报机制,可借鉴医疗保险个人账户的家庭成员共济功能,个人账户中的时间币可供家庭内的老年人使用。如一对老年夫妻中的一方能够自理,而另一方出现失能状况,这时自理老人向其他老人提供服务所积累的时间币,可用于购买其配偶所需的养老服务。相比在丧失自理能力后由他人提供服务这一远期回报,即期回报更能起到激励作用。

(二)物质激励与精神激励并存

除"时间银行"这一远期激励机制以外,还可基于绩效评价设置物质奖励,并附加精神激励,以拓宽激励的内容和形式。首先,建立智慧养老信息共享平台,并开发可嵌入手机等移动智能设备的智慧养老软件。民政部门、乡镇政府、村两委、农村老人及其子女可通过智慧养老软件,观测农村老人提供和接受服务的状况,随时进行意见反馈和服务完善。通过智慧养老软件对农村老人的服务进行考核,对先进分子进行奖励和表彰。其次,在奖励内容设计上,可将物质奖励和精神奖励结合起来。物质奖励主要体现在为农村养老服务模范和先进分子提供现金奖励,而精神奖励则体现在模范标兵的评选上,可以增强受奖者荣誉感和自豪感,提升其个人价值。最后,培育互助文化。通过宣扬家庭观念和传统儒家互助文化,加强邻里互动,在村域范围内形成互帮互助,人人愿意服务他人,人人愿意接受他人服务的养老新风尚。

二 保障机制

(一) 养老和医疗服务保障

依托社会网络的农村养老服务供给模式的可持续发展,离不开专业化养老照护知识的提升。在养老服务提升方面,县级敬老院和乡镇区域性养老服务中心要充分发挥辐射带动作用,为辖区内参与农村养老服务供给的老人开展相关护理培训和健康指导服务。养老小组作为农村养老服务的最基础单元,应加强与乡镇区域性养老服务中心的联系和互动,为农村老人提供乡镇和村庄两级联动的养老服务保障。在医疗服务方面,要发挥乡镇卫生院或农村卫生室的医疗资源辐射功能:一方面为农村老人定期开展"送教下乡"活动,即组建专门的培训团队,开展健康教育课堂,普及基本医疗知识、急救知识和健康理念;另一方面要为农村老人建立健康档案,定期监测老年人的生命指标,及时发现其身体异样,缩短处理老年人突发状况的时间。

(二) 组织和法律保障

依托社会网络的农村养老服务供给模式中的组织者和养老服务的提供者在养老活动组织和养老服务提供过程中,难免会出现一些意外情况,这就需要为组织者和参与者提供组织和法律保障,使组织者学会如何管理养老小组,养老服务提供者也懂得如何运用法律知识保护自己并处理问题,增强两者的维权意识。尤其要发挥省市级政府的作用,为农村养老服务提供各方面的保障和政策支持,明晰农村养老小组中的各项法律责任问题,通过规范农村养老小组的组织流程和服务流程,制定责任免除条款。市级或县级人力资源和社会保障管理部门要组织开展法律培训,其中法律培训形式要与农村老人的接受能力相契合,可通过表演与现实相关的小品或歌舞剧进行传播。

第三节 监督与反馈机制

一 监督机制

(一) 外部监督

依托社会网络的农村养老服务供给模式的顺利运行,离不开来自外部组织的监督。其中,县级政府作为统管行政区域内事务的政府部门,要完善制度设计,从农村养老小组组织设置、养老服务供给满意度、组织资金划拨使用等方面,结合实际情况,制定合理标准,监督乡镇政府工作推进情况。此外,县级政府可考虑将乡镇政府养老服务工作执行情况与各村养老服务的绩效考核挂钩。

在加强基层治理体系和治理能力现代化建设的背景下,乡镇政府作为农村治理环节的最基层政府,应做好依托社会网络的农村养老服务供给模式的监督工作。首先,要根据县级政府的部署切实落实各村基于社会网络养老小组的建设工作,与村两委合力解决农村养老小组建设、运行过程中出现的问题。其次,要发挥好自身的监督管理职能,开设专门的养老驻村工作组,开展定期定次以及不定期不定次的抽查和检查,从农村养老小组养老服务的供给内容和供给质量两个维度展开评估,对不作为、不达标的情况及时公示批评并督促整改。最后,对养老服务运行模范村庄的村两委和养老驻村工作组给予积极认可,并在绩效考核时进行嘉奖。

(二) 内部监督

首先,村两委指定专人专班进行监督。一方面,因社会网络具有相对固定的边界,即农村老人家庭(包括农村老人、配偶和子女)以外,所在村庄(以自然村为准)以内。其中,网络外部人员的进入、网络内部人员的退出,均被允许且是自由的,这种组织形态下,基于各种各样的原因,农村养老小组中的组长、主要负责人或参与老人可能会存在脱离小组的情况,不利于长期稳定的内部监督。因此,为弥补这一不足,可要求村两委派出专门的干部进行内部监督。另一方面,村两委也可以对农村养老小组采取分级管理的办法进行监督，做到因组制宜。例如，可绘制本村的养老小组分布图，以对各养老小组分布地点以及各养老小组的具体情况做到清晰把握。

其次，农村老人进行自我监督。与其他组织形式类似，农村依托社会网络的养老小组中同样拥有各自的组长与主要负责人。一方面，农村养老小组组长或负责人可由成员自己投票选出德高望重的老人担任，以此从主观层面尽最大可能监督养老小组的工作以促进其有效运行。另一方面，参加养老小组的老人自身也要履行监督义务，对养老小组运行中不合理的安排、不恰当的做法及时上报，以保证监督更加有效。

最后，农村老人子女及其他村民也要参与监督。除农村老人之外，其子女及其他村民也要参与监督。与此同时，村落内部要发挥村规民约的监督作用，建立一套完善的村内监督机制，并据此对各养老小组进行考核和评价。

二 反馈机制

相较于城市老人，农村老人有其特殊性，即农村老人文化程度普遍偏低、娱乐活动单一，在子女普遍外出务工的背景下，农村老人的客观养老需求和精神慰藉需求大大增加。为保障农村老人养老服务需求得到充分反馈，在依托社会网络的农村养老服务供给模式下，建立健全养老服务反馈机制尤为重要。

建立多元主体支持和参与的反馈机制，利用多元评价主体对农村养老服务的供给质量进行全方位、多角度评估和反馈。政府、养老机构、医疗机构、志愿者、村干部、养老小组组长、农村老人、亲朋好友等都可以作为评估主体来参与反馈活动。反馈的机制为"需求方—供给方"的双向反馈机制。

（一）需求方的反馈

反馈机制对于养老服务需求方来说是一种评价体系，是提升养老服务供给质量的关键环节。通过需求方的实时反馈，才能实时提升供给质量。需求方的反馈是按照"农村老人—养老小组组长—村域养老服务负责人（村组干部）—政府"的流程进行意见表达和提供建议的一种向上的反馈,反馈的内容包括养老服务提供过程中的违规违法行为、养老服务实际实施的质量和自己的需求表达等三个方面。

(二)供给方的反馈

供给方的反馈是按照"各供给主体—村域养老服务负责人(村组干部)—养老小组组长—农村老人"的流程进行的向下的反馈。反馈的内容一方面为对需求方投诉内容的处理结果,对需求方所提意见、建议的采纳和反馈以及不能采纳部分的解释说明;另一方面为各供给主体的最新政策宣讲、活动安排和服务理念的传达。反馈机制对于养老服务供给方来说是一种内容和质量管理体系,落实反馈机制是提高各供给主体业务水平的关键。供给方反馈机制要做到公开、公正、规范、透明,要及时处理接受服务老人所反馈的意见建议,对于自身存在的问题,要不断改正,进而提供更加优质的养老服务。

(三)反馈机制的建立原则

第一,应确保有效性和及时性。农村老人在接受养老服务过程中,生活空间相对闭塞,子女也大多不在身边,老人的想法和感受可以向养老小组组长进行倾诉和表达。鉴于小组组长具有享受养老服务和提供养老服务的双重身份属性,更易掌握网络内老人的真实需求,村域养老服务负责人(村组干部)作为管理者有义务推动农村养老的发展,在接到相关服务需求反馈时,应及时协调,为解决农村老人养老服务问题出谋划策,向供给方或上级政府部门反映相关情况,从而促进向上反馈和向下传达的有效性和及时性。

第二,倡导灵活性。在依托社会网络的农村养老服务供给模式下,反馈主体不局限于实际参与农村养老服务的老人和各供给主体,亦可以是见证者和研究者,比如研究农村养老的研究人员、新闻媒体等。农村养老研究领域的专家可深入农村进行实地调研,将农村养老问题进行深入剖析,作为第三方的反馈促进依托社会网络农村养老服务供给模式的发展和完善;媒体可通过加强对农村养老服务工作进展的报道,及时宣传先进的经验,同时将农村老人养老过程中遇到的困难和需求反馈给社会,提高全社会对农村老人养老的关注度,吸引更加优质的养老资源通过社会网络进行供给。

第四节 本章小结

本章从发生机制、维持机制、激励机制、保障机制、监督机制与反馈机制等方面入手，构建依托社会网络创新农村养老服务供给模式的实现机制。具体如下：

第一，发生与维持机制。发生与维持机制可以具体化为组织动员机制、场地保障机制和资源供给机制三个方面。一是组织动员机制。村域内依托社会网络的养老服务供给，既要有乡镇政府、社会组织、专业社工团队等外部资源进行组织，又要借助村组干部、模范党员、乡贤能人以及老年协会成员等内部资源进行组织，还要对身体健康的农村活力老人广泛动员，使其承担起养老服务的提供责任。二是场地保障机制。养老服务场地既包含固定性场地，又囊括流动性场地。在场地选择上，要对场地位置和环境进行严格把控。三是资源供给机制。资源供给可分为外部资源供给和内部资源供给，其中，外部资源供给主要包含国家资金的支持、公益组织的支持以及乡贤能人的捐赠等，内部资源供给主要体现在农村老人的自我提供、子女的支持和农村集体经费的支持等方面。

第二，激励与保障机制。一是激励机制。可通过"时间银行"制度的设计激励活力老人通过力所能及的方式为其他老人提供养老服务，服务时长可尝试记入"时间银行"个人账户。除"时间银行"这一远期激励机制以外，还可基于绩效评价设置物质奖励，并附加精神激励，以拓宽激励的内容和形式。二是保障机制。依托社会网络的农村养老服务供给模式的可持续发展，离不开养老和医疗服务的保障。而面对一些意外情况时，组织者和参与者等相关方还需要足够的组织和法律保障。

第三，监督与反馈机制。一是监督机制。基于社会网络的农村养老服务供给模式的顺利运行，离不开来自外部组织的监督，其中，县级政府和乡镇政府是提供外部监督的重要主体。在内部监督方面，村两委、农村老人、子女及其他村民等主体要充分发挥作用。二是反馈机制。建立"需求方—供给方"的双向反馈机制。需求方的反馈机制是按照

"农村老人—养老小组组长—村域养老服务负责人（村组干部）—政府"的流程进行意见表达和提供建议的一种向上的反馈。供给方的反馈机制是按照"各供给主体—村域养老服务负责人（村组干部）—养老小组组长—农村老人"的流程进行的向下的反馈。反馈机制的建立需要遵循有效性、及时性、灵活性等原则。

第十一章

研究结论与政策建议

前文章节探讨了创新农村养老服务供给模式的必要性,并对社会网络与养老服务供给的关系进行了分析,厘清了依托社会网络供给农村养老服务的内在逻辑,梳理了依托社会网络创新农村养老服务供给模式的实现机制。这一章将对前文的研究结果进行总结,并提出推动依托社会网络的农村养老服务供给模式实现的政策建议。

第一节 研究结论

本书基于对全国11个省份1126名60周岁及以上农村老人的问卷调查,立足社会网络理论,讨论社会网络对养老资源的聚纳作用,进一步分析依托社会网络提供养老服务的可行性,并最终构建依托社会网络创新农村养老服务供给模式的实现机制。具体研究过程如下:首先,通过勾勒农村地区养老保障变革脉络以及农村养老服务发展状况,特别是总结农村养老服务发展困境,了解农村老人的养老服务需求和服务的可及性;然后,通过对问卷调查数据的分析,描述农村老人的社会网络及其典型特征,分析其影响因素,进一步探讨社会网络消减农村老人养老风险感知的作用,以测量社会网络聚纳养老资源的能力;接着,通过建立回归模型,实证分析社会网络、村域社会资本对农村老人提供养老服务意愿的影响以及农村老人接受社会网络提供养老服务意愿的影响因素,以厘清基于社会网络供给农村养老服务的内在逻辑;最后,从发生、维持、激励、保障、监督、反馈等方面构建依托社会网络创新农村养老服务供给模式的实现机制。研究主要得出以下结论。

一 我国农村养老服务发展仍处于兜底线和保基本的初级阶段

自 1949 年中华人民共和国成立以来，我国农村养老保障经历了传统家庭养老保障时期（1949—1952 年），家庭养老保障为主、集体保障为辅时期（1953—1981 年），家庭养老为主、社会养老保障探索时期（1982—2008 年），家庭养老与社会养老保障相结合时期（2009 年以后）。我国农村养老服务发展则经历了国家责任从无到有，服务对象从特殊困难群体向全体农村老人扩展，服务内容从保障基本生活向关注生活质量转变，服务形式从敬老院式的集体供养向互助式养老模式发展的过程。当前，我国人口老龄化城乡倒置现象严重，但农村地区的社会养老服务发展却严重滞后于城市，仍处于兜底线和保基本的初级阶段：一是敬老院主要服务于农村特困供养人员，普惠性差，所发挥的辐射作用有限；二是市场化养老机构发展举步维艰；三是互助幸福院空壳化特征明显，发展困难。

二 农村老人的养老服务需求存在差异且农村养老服务可及性差

农村老人对不同养老服务内容的需求程度存在差异。农村老人对医疗护理服务的需求最为突出，其次是精神慰藉服务需求，最后是生活照料服务需求。

生命周期是农村老人养老服务需求产生的基础性机制，即农村老人产生养老服务需求是生命周期使然。随着生命周期的向后推移，即农村老人的年龄越大，身体健康状况越差，农村老人对生活照料和医疗护理服务的需求也就越多。家庭保障不足则是农村老人养老服务需求的主要生成机制。婚姻状况、配偶健康状况以及居住状况都会对农村老人的养老服务需求产生影响。

受思想观念与经济能力的影响，农村老人对家庭之外的社会养老服务接受程度仍然较低，更希望居家养老或就近养老。但村庄内设的养老服务场所作为开展农村养老活动的重要场地，普及率较低，利用率也很低。另外，养老机构作为提供养老服务的另一重要载体，在农村开办的数量较少，仍存在巨大的发展空间。

三 农村老人的社会网络具有聚纳养老资源的能力

无论是以拜年网还是支持网进行测量，农村老人的社会网络均具有网络规模小、网络异质性低、网络位差小、内网关系交往频率大于外网关系交往频率的特征。农村老人个体因素、家庭因素、社区因素以及地区因素均会对其社会网络特征产生一定影响。

社会网络可以消减农村老人的养老风险感知，体现了其聚纳养老资源的能力。社会网络规模越大，农村老人的养老风险感知水平越低。社会网络规模越大，农村老人维系与扩充养老资源的能力就越强，就越容易获取网络内的养老资源来应对养老时的基本生活需求。网络异质性显著正向影响农村老人的养老风险感知。内外网相对关系强度越高，越能消减农村老人的养老风险感知。家庭是农村老人安度晚年并获取经济支持与精神慰藉等基本需求的首要场所，社会养老是为农村老人晚年生活保驾护航的重要方式。在家庭养老和社会养老两种养老方式均不同程度地面临困境的情况下，社会网络通过影响信息的传播流动、养老资源的获取、精神层面的陪伴支持或通过增进内部成员之间互利互惠的机会，在农村老人获取养老资源消减养老风险方面发挥重要作用。

四 社会网络深刻地影响着农村老人提供养老服务的意愿

农村老人向他人提供养老服务的意愿因服务内容及服务对象的不同而有所差异。在服务内容方面，农村老人更愿意向他人提供精神慰藉服务，其次是生活照料服务，最后是医疗护理服务；而在服务对象方面，农村老人更愿意向家族或亲戚提供养老服务，然后是朋友，最后是其他村民，体现了典型的差序格局特征。

社会网络在结构和关系强度两个维度上深刻地影响着农村老人提供养老服务的意愿。总体网络规模以及亲属网络规模对农村老人提供养老服务意愿的影响不显著，但非亲属网络规模越大，农村老人提供养老服务的意愿越高；网络异质性程度对农村老人提供养老服务的意愿有一定的提升作用；内网关系交往频率对农村老人提供养老服务意愿的影响不显著，但与外网关系成员的互动却可以提高农村老人提供养老服务的意愿。另外，社会网络对农村老人提供养老服务意愿的影响也存在一定的群体差异。

信息获取与互惠状况是社会网络影响农村老人提供养老服务意愿的主要机制。社会网络通过影响信息传播能力、信息来源渠道或通过增进互惠机会，提升农村老人提供养老服务的意愿。

村域社会资本对农村老人提供养老服务的意愿有重要影响。村域互惠、村域人际信任以及村域规范可以对农村老人提供养老服务的意愿产生积极影响。因此，培育村域社会资本，尤其是改善村域中蕴含的互惠、信任、规范等社会资本，有助于提升农村老人提供养老服务的意愿，为依托社会网络的农村养老服务供给模式提供基础支持。

五 农村老人有接受社会网络提供养老服务的意愿

农村老人接受社会网络提供养老服务的意愿会因养老服务的内容和养老服务的提供主体产生明显差异。在服务内容方面，农村老人更愿意接受他人所提供的精神慰藉服务，其次是生活照料服务，最后是医疗护理服务；在服务主体方面，农村老人更愿意接受家族或亲戚提供的养老服务，其次是朋友提供的养老服务，最后是其他村民提供的养老服务，这也体现了明显的差序格局特征。影响农村老人接受社会网络提供养老服务意愿的因素有四方面，分别是农村老人的个体因素、家庭因素、社区因素和地区因素。

六 依托社会网络创新农村养老服务供给模式的实现需要构建全面机制

依托社会网络的农村养老服务供给模式是指由特定社会网络范围内的老人向网络中的其他老人提供养老服务的模式。特定社会网络内提供服务的主体一般为活力老人或者有自理能力的老人，接受服务的老人包括活力老人以及失能或半失能老人，提供的服务一般包括生活照料、精神慰藉、医疗护理等，而养老服务供给的场所可以是固定的，也可以是不固定的。这一模式的成功实践，需要梳理其发生机制、维持机制、激励机制、保障机制、监督机制与反馈机制。

第二节　政策建议

一　加强顶层设计，加大政策扶持力度

加强顶层设计是开创我国发展新局面，实现改革新突破的题中之义①。顶层设计要注重系统性、整体性和协同性。依托社会网络的农村养老服务供给模式的实践离不开顶层设计的支持，要推动依托社会网络的农村养老服务供给模式的实践，须加强顶层设计，加大相关政策的扶持力度。

首先，国家应当通过多种形式认可依托社会网络的农村养老服务供给模式，并将其纳入养老服务体系之中。在我国养老服务发展政策制定中，要关注依托社会网络供给农村养老服务这一模式的发展，充分利用和优化村庄中的社会网络，丰富农村养老服务资源供给节点。政策制定者应充分研究了解村庄中社会网络内农村老年群体的差异化养老服务需求，制定具有可及性、差异化的养老服务政策，支持依托社会网络供给养老服务模式在农村的实践。

其次，引导基层政府指导农村基层组织充分利用村域内部资源，构建基于村庄社会网络的农村养老服务供给模式。顶层设计的落地生根离不开基层探索②，基层政府可以直接面向村组干部以及提供养老服务的相关人员，开展养老服务相关培训，充分挖掘村组干部、模范党员、乡贤能人等有信誉和威望的人组织开展农村养老服务供给活动的潜力。

再次，要重视对农村养老服务人才的培养。政府应出台一系列政策措施，充分开发农村老人社会网络资源，通过流动课堂的形式对身体机

---

① 张伯瀚、郭强：《加强顶层设计引领改革实践》，《人民论坛》2020 年第 31 期。
② 张伯瀚、郭强：《加强顶层设计引领改革实践》，《人民论坛》2020 年第 31 期。

能状态较好的农村低龄老人和活力老人进行护理培训和健康指导,并让他们根据自身的人际关系网络进行扩散,打造村域内部以农村老人自身网络为主体的养老服务队伍。

最后,加大面向农村社会网络和养老服务体系建设的学术研究资助力度,鼓励高校、科研机构到农村地区进行实地调研,组织多层次、多领域、多学科的学术研讨和理论探索,支持各地区、各部门探索农村养老服务模式创新,并及时将有益经验转化为理论指导①,促进依托社会网络的农村养老服务供给模式的发展和完善。

二 拓宽筹融资渠道,在社会网络中聚纳养老服务资金

财政支持是我国养老服务事业发展的重要资金来源,更是经济基础较为薄弱的农村地区发展养老服务的重要保障。农村的养老服务发展在经费、人员、场地等方面均不同程度地存在短板,其中经费问题更为突出。因此,要想发展依托社会网络供给农村养老服务的模式,首先,必须加大财政资金的投入力度,将划拨的财政资金用于基础设施建设、模式运行激励等方面。通过负担社会网络养老小组的场地修缮和适老化改造,为依托社会网络的农村养老服务供给模式提供基本的养老场所保障;通过资金奖励支持农村养老服务的运行,增强农村基层发展依托社会网络的农村养老服务供给模式的动力。

其次,为加强资金的持续性和稳固性,可以将福利彩票公益金中的部分资金,用于支持依托社会网络的农村养老服务供给模式的发展,并根据农村地区老年人口数量的增长规模逐步提高投入比例。

再次,通过完善产业扶持政策和投融资政策吸引社会资本等进入农村养老服务供给领域。社会资本参与养老服务符合社会保障"社会化"的理念,有助于弥补家庭网络和政府养老供给不足的现状,提高养老服

---

① 刘磊:《"十四五"时期完善农村养老服务体系的挑战与任务》,《行政管理改革》2021年第5期。

务供给效率和能力①。应进一步降低社会资本参与养老服务的准入门槛，通过政府提供便捷的政策服务为社会资本参与养老服务发展营造良好的政策环境；破解相关部门之间的利益博弈，统一部门标准，简化审批流程，注重过程管理②。同时，给予社会资本合理获利空间，助力提升养老服务业的内生发展能力。无论何种类型的养老服务，其长期可持续的发展都需要建立在一定的经济支持之上，唯有保持一定的盈利水平，才能刺激社会资本持续增加资金投入，进而提升养老服务水平，更好地满足农村老人多元化的养老服务需求③。

最后，依托社会网络聚纳养老服务资金。农村老人家庭网络中蕴含的代际经济资源转移，是依托社会网络的农村养老服务供给质量的基础保障；农村老人社会关系网络中同时蕴含着来自亲朋邻居的、基于"亲情""友情"的经济或物质支持，也是依托社会网络的农村养老服务供给质量的重要保障。因此，可将农村老人社会关系网络中的养老资源进行聚纳，并转化为养老服务经济支持，从社会网络内部和外部两方面巩固农村养老服务资金来源。

三 优化农村养老服务场地支持，确保服务场地供给

依托社会网络的农村养老服务供给模式的运行需要场地保障和支持。上一章提到，该模式下的农村养老服务场地具有多种选择，既包含固定性场地，又包含流动性场地，且二者均具有优缺点。鉴于两种场地的优劣势，可通过趋利避害的方式进行养老场地的选择。第一，在固定性场地中，可优先选择硬件条件较好，基础设施完善的闲置房屋，以减少改造成本，提升农村老人的养老质量。对于有条件的村庄或养老服务小组，可选择闲置校舍或祠堂作为养老服务场地，但相关房屋设施须达

---

① 《三部门出台意见鼓励运用 PPP 模式推进养老服务业供给侧结构性改革》，2017 年 8 月 22 日（http://www.ce.cn/xwzx/gnsz/gdxw/201708/22/t20170822_25189839.shtml）。

② 康芳、李长远：《社会资本参与养老服务的理论逻辑、实践困境及其破解之道》，《理论导刊》2019 年第 6 期。

③ 黄闯：《社会资本参与养老服务发展的动力机制、实践逻辑和路径优化》，《学习与实践》2017 年第 1 期。

到安全标准,且经过改造后可以最大限度满足农村老人的养老需求。第二,在流动性场地中,应尽量减少场地轮换频率,确保场地的相对稳定性。另外,场地选择应以便捷性为首要原则,确保小组中的老人自家住房和养老服务场所的距离在适当范围以内,使老人不过度远离原有住所,增强老人的适应性和满足感。

四　加大宣传力度,推广依托社会网络供给农村养老服务的模式

目前依托社会网络供给农村养老服务作为一种新型养老服务模式在农村的认知度不高,这就影响了这一模式的推广和实践。对此,应加大宣传力度进行推广,并尽可能地以通俗易懂的方式将相关信息呈现在农村老人面前。新闻媒体是党和政府宣传方针政策的"排头兵",也是联系广大群众的桥梁和纽带,同时肩负着沟通、联动、疏导等功能[①]。可以发挥媒体的影响力,促进该模式的推广和普及。

首先,新闻媒体要大力宣传这一模式,让农村老人认识到不仅政府可以提供养老服务,农村老人自己也可以提供养老服务。农村老人社会关系网络中蕴含的丰富养老资源,是实现农村养老服务供给,提升农村养老服务质量的重要基础。可利用电视、广播、短视频等农村老人喜闻乐见的宣传方式,呼吁农村老人转变养老观念,大胆接受亲朋好友、社区、政府以及社会力量等供给主体提供的养老服务,不过度依赖某种单一供给和保障。例如,利用农村广播站进行宣传倡导,弘扬孝敬父母、邻里互助、敬老爱老等传统美德,形成"你家有事,我来帮;父母需要,伸把手;相亲相爱代代传"的村庄互助氛围。其次,可邀请相关领域专家学者对养老政策进行深度解读,就农村养老服务供给政策进行专题宣讲,促使相关养老服务企业、社会组织和大众及时了解和掌握国家政策走向,提高全社会对农村养老的关注度。再次,及时宣传先进的农村养老服务工作经验,助力不同农村地区养老服务供给模式的学习和交流。通过先进经验的传播和学习,逐渐完善依托社会网络的农村养老服

---

① 韩伟庆:《论媒体报道在构建和谐社会中的作用》,《山西财经大学学报》2013年第S2期。

务供给模式。最后，媒体应发挥好连接作用，将农村老人养老过程中所遇困难和需求反馈给社会和有关部门，并关注到不同老年群体，让所有老人都能感受到社会的温暖和关爱。

五 发挥农村基层组织的领导作用

农村基层组织是农村养老服务发展的最大推动主体，农村养老服务事业的发展离不开农村基层组织的领导。应充分调动农村基层组织开展养老服务的积极性，增强其工作能力，并将其养老服务开展状况列入工作考核，压实农村基层组织养老服务工作的责任[1]。在全面了解和贯彻国家政策的前提下，农村基层组织可以根据本村的地形地貌、居住条件、文化传统等情况，有效利用村内资源，完善村内养老助老的各项服务，指导村内养老服务场所建设。具体上，可以由村党支部统筹安排，精准采集农村老人的年龄、居住安排、健康状况、经济状况、养老服务需求等基本信息，建立本村老人养老服务信息库。在掌握农村老人养老服务需求的基础上，征求农村老人的养老服务提供意愿，而后依据农村老人的社会网络特征划分养老服务小组，并推举产生养老服务小组组长。另外，农村基层组织应支持农村老人发展社会关系网络，为其养老服务供给奠定基础。

六 积极培育和拓展村庄社会网络

第一，要培养农村老人的社会责任感。农村老人不仅有享受养老服务的权利，同时也需要承担对社会的责任。村庄范围内存在着拥有大量闲暇时间、身体机能状态较好的农村低龄老人和活力老人，这些农村老人是依托社会网络的农村养老服务供给模式的主要提供主体。应积极培育和拓展村庄社会网络，组织动员农村低龄老人和活力老人积极参与到农村养老服务供给中。

---

[1] 刘磊：《"十四五"时期完善农村养老服务体系的挑战与任务》，《行政管理改革》2021年第5期。

第二，借助现代信息技术拓展村庄社会网络。利用现代信息技术，构建农村网络信息沟通渠道，加强农村老人之间的信息共享和交往频率，拓展村庄社会网络。可以通过建立村庄"智慧养老服务"平台，将个体小规模的社会网络嵌入更大的虚拟村庄社会网络中，由此扩充养老服务资源。农村老人随着年龄的不断增长，身体机能逐步衰退，也逐步与社会脱节，可能会逐步与朋友失去联系，且因许多农村老人的子女外出务工无法陪伴在身边，使得农村老人情感需求尤为突出。在信息技术的支持下，农村老人可以通过网络交流平台、娱乐平台来实现在线交流和娱乐；同时，还可以增强农村老人与外界的联系，拓展农村老人的社交网络，丰富农村老人的养老生活。

第三，由近及远拓展农村老人的社会网络。培育和拓展农村老人的社会网络，优化配置养老服务资源，保障农村老人享受有质量、有尊严的老年生活，是农村养老服务的基本目标。随着农村老人职业活动的退出和家庭结构的小型化，其社会网络逐渐缩减。因此，需要在农村老人已有社会网络的基础上进行拓展，不仅要创造社会条件加强子女和农村老人的联系，还应充分挖掘家庭网络之外的亲朋好友网络的潜力，提升农村老人对身边养老资源的认同感和获得身边养老资源后的幸福感。

七 保障依托社会网络供给农村养老服务的质量

首先，在资金使用方面，政府应在民政部门下开设专门的养老服务监督部门，增添专业的工作人员，加强对养老服务资金流向的审核和监管，确保资金使用到位。其次，在服务质量控制方面，建立依托社会网络供给农村养老服务的相关质量标准，监督部门据此展开评估，以达到保障和提升服务质量的目的。再次，建立健全问责机制，政府要将各村依托社会网络供给养老服务的状况列入农村基层组织工作绩效考核中，采取监督和报告相结合的方式，进行动态监控，对于绩效优秀的示范标杆村，采取增加补贴的方式进行激励，对于不作为或作为较差的农村基层组织，则取消其评奖评优资格。最后，村庄内部也要设立监督小组，不仅对筹集到的资金的使用情况进行监督，还要对养老服务供给质量进行监督。同时，建立一个由农村老人子女组成的第三方监督小组，监督农村基层组织的养老服务工作和养老服务小组提供的养老服务质量。并构建线上线下监督机制，多方位保障监督通道的畅通，保证养老服务工作在"阳光"下开展。

参考文献

［法］H. 孟德拉斯:《农民的终结》,李培林译,中国社会科学出版社 1991 年版。

［美］弗朗西斯·福山:《信任:社会德性与繁荣的创造》,李宛蓉译,台湾立绪文化事业有限公司 1995 年版。

［美］罗伯特·D. 帕特南:《使民主运转起来——现代意大利的公民传统》,王列、赖海榕译,江西人民出版社 2001 年版。

［美］约翰·斯科特:《社会网络分析法》,刘军译,重庆大学出版社 2016 年版。

［英］A. R. 拉德克利夫-布朗:《原始社会的结构与功能》,丁国勇译,中国社会科学出版社 2009 年版。

边燕杰:《城市居民社会资本的来源及作用:网络观点与调查发现》,《中国社会科学》2004 年第 3 期。

边燕杰、郝明松:《二重社会网络及其分布的中英比较》,《社会学研究》2013 年第 2 期。

边燕杰、李煜:《中国城市家庭的社会网络资本》,《清华社会学评论》2001 年第 2 期。

陈敬胜:《我国乡村养老新风险及其治理》,《海南大学学报》(人文社会科学版)2020 年第 5 期。

陈柳宇:《农村老年生活照料问题研究》,硕士学位论文,华中科技大学,2008 年。

陈其芳、曾福生:《中国农村养老模式的演变逻辑与发展趋势》,《湘潭大学学报》(哲学社会科学版)2016 年第 4 期。

陈欣欣、陈燕凤、龚金泉、贾媛、孟琴琴、王格玮、王亚峰、颜力、杨鹏、赵耀辉：《我国农村养老面临的挑战和养老服务存在的突出问题》，《中国农业大学学报》（社会科学版）2021年第4期。

池上新：《社会网络、心理资本与居民健康的城乡比较》，《人口与发展》2014年第3期。

崔彩贤、边丽瑾、赵晓峰：《农民合作社信用合作满意度实证研究——基于内部社会资本分析视角》，《西北农林科技大学学报》（社会科学版）2020年第1期。

狄金华、季子力、钟涨宝：《村落视野下的农民机构养老意愿研究——基于鄂、川、赣三省抽样调查的实证分析》，《南方人口》2014年第1期。

窦玉沛：《实施农村幸福院项目　着力提升老人幸福指数》，《社会福利》2013年第6期。

杜鹏、王永梅：《中国老年人社会养老服务利用的影响因素》，《人口研究》2017年第3期。

方然：《"社会资本"的中国本土化定量测量研究》，社会科学文献出版社2014年版。

费孝通：《家庭结构变动中的老年赡养问题——再论中国家庭结构的变动》，《北京大学学报》（哲学社会科学版）1983年第3期。

费孝通：《乡土中国　生育制度》，北京大学出版社1998年版。

费孝通：《乡土中国》，北京大学出版社2012年版。

冯珉：《首批1558个农村幸福院项目启动》，《安徽日报》2013年11月19日第1版。

风笑天：《社会学研究方法》第二版，中国人民大学出版社2005年版。

甘晓雪、李伟：《成都市社区养老服务现状及问题分析》，《现代商业》2018年第10期。

高辰辰：《互助养老模式的经济社会条件及效果分析——以河北肥乡为例》，《河北学刊》2015年第3期。

高灵芝：《农村社区养老服务设施定位和运营问题及对策》，《东岳论丛》2015年第12期。

耿卫新:《河北省农村互助养老发展问题研究》,《统计与管理》2014 年第 12 期。

桂世勋:《上海市人口老龄化与养老服务体系建设》,《上海金融学院学报》2011 年第 4 期。

郭德奎:《浅谈农村家庭养老模式的完善与重构》,《中共太原市委党校学报》2012 年第 1 期。

郭竞成:《农村居家养老服务的需求强度与需求弹性——基于浙江农村老年人问卷调查的研究》,《社会保障研究》2012 年第 1 期。

郭林:《中国养老服务 70 年 (1949—2019):演变脉络、政策评估、未来思路》,《社会保障评论》2019 年第 3 期。

郭庆旺、贾俊雪、赵志耘:《中国传统文化信念、人力资本积累与家庭养老保障机制》,《经济研究》2007 年第 8 期。

韩伟庆:《论媒体报道在构建和谐社会中的作用》,《山西财经大学学报》2013 年第 S2 期。

韩雅清、杜焱强、苏时鹏:《社会资本对林农参与碳汇经营意愿的影响分析——基于福建省欠发达山区的调查》,《资源科学》2017 年第 7 期。

何芸、卫小将:《着力强化农村五保老人社会支持网络——基于社会工作的分析视角》,《理论探索》2012 年第 4 期。

贺寨平:《社会经济地位、社会支持网与农村老年人身心状况》,《中国社会科学》2002 年第 3 期。

贺寨平:《社会网络与生存状态——农村老年人社会支持网研究》,中国社会科学出版社 2004 年版。

洪岩璧:《再分配与幸福感阶层差异的变迁 (2005—2013)》,《社会》2017 年第 2 期。

胡芳肖、李蒙娜、张迪:《农村老年人养老服务方式需求意愿及影响因素研究——以陕西省为例》,《西安交通大学学报》(社会科学版) 2016 年第 4 期。

胡荣:《社会资本与中国农村居民的地域性自主参与——影响村民在村级选举中参与的各因素分析》,《社会学研究》2006 年第 2 期。

胡荣:《社会资本与城市居民的政治参与》,《社会学研究》2008 年第

5 期。

黄闯:《社会资本参与养老服务发展的动力机制、实践逻辑和路径优化》,《学习与实践》2017 年第 1 期。

黄健元、贾林霞:《家庭养老功能的变迁与新时代家庭养老功能的发挥》,《中州学刊》2019 年第 12 期。

黄俊辉:《农村养老服务供给变迁:70 年回顾与展望》,《中国农业大学学报》(社会科学版)2019 年第 5 期。

黄俊辉、李放、赵光:《农村社会养老服务需求意愿及其影响因素分析:江苏的数据》,《中国农业大学学报》(社会科学版)2015 年第 2 期。

霍生平、刘海:《返乡创客社会网络异质性、知识隐默性与利用式创新研究——基于创业拼凑的中介作用》,《软科学》2020 年第 4 期。

姜向群:《我国老年人社会服务及其改革方向》,《人口研究》1995 年第 4 期。

靳小怡、任义科、杜海峰:《农民工社会网络与观念行为变迁》,社会科学文献出版社 2014 年版。

景天魁:《创建和发展社区综合养老服务体系》,《苏州大学学报》(哲学社会科学版)2015 年第 1 期。

琚春华、傅小康、邹江波:《融入社会关系强度的个人信用价值度量模型研究》,《系统科学与数学》2020 年第 3 期。

康芳、李长远:《社会资本参与养老服务的理论逻辑、实践困境及其破解之道》,《理论导刊》2019 年第 6 期。

李冰冰、王曙光:《社会资本、乡村公共品供给与乡村治理——基于 10 省 17 村农户调查》,《经济科学》2013 年第 3 期。

李昌禹:《我国农村养老床位达 194 万余张》,《人民日报》2020 年 11 月 22 日第 3 版。

李放、樊禹彤、赵光:《农村老人居家养老服务需求影响因素的实证分析》,《河北大学学报》(哲学社会科学版)2013 年第 5 期。

李黎明、杨梦瑶、李晓光:《多重社会网络与城镇居民的主观幸福感——基于 JSNET2014—2016 追踪数据的实证研究》,《社会学评论》2020 年第 2 期。

李俏、贾春帅:《合作社养老:运行逻辑、实践检视与未来展望》,《改革》2020年第2期。

李树、陈刚:《"关系"能否带来幸福?——来自中国农村的经验证据》,《中国农村经济》2012年第8期。

李树茁、杜海峰、杨绪松、靳小怡、[美]费尔德曼:《农民工的社会支持网络》,社会科学文献出版社2008年版。

李树茁、韦艳、任义科:《基于整体网络视角的农民工避孕行为影响因素分析》,《人口与经济》2007年第1期。

李伟:《农村社会养老服务需求现状及对策的实证研究》,《社会保障研究》2012年第2期。

李伟民、梁玉成:《特殊信任与普遍信任:中国人信任的结构与特征》,《社会学研究》2002年第3期。

李艳、李树茁:《农村大龄未婚男性的社会支持网络》,社会科学文献出版社2011年版。

李增辉:《抱团养老 就地享福》,《人民日报》2011年8月14日第7版。

李兆友、郑吉友:《农村社区居家养老服务需求强度的实证分析——基于辽宁省S镇农村老年人的问卷调查》,《社会保障研究》2016年第5期。

林聚任:《社会网络分析:理论、方法与应用》,北京师范大学出版社2009年版。

刘爱玉、杨善华:《社会变迁过程中的老年人家庭支持研究》,《北京大学学报》(哲学社会科学版)2000年第3期。

刘磊:《"十四五"时期完善农村养老服务体系的挑战与任务》,《行政管理改革》2021年第5期。

刘妮娜:《互助与合作:中国农村互助型社会养老模式研究》,《人口研究》2017年第4期。

刘燕、纪晓岚:《老年人社会网络规模及结构研究——兼论独生子女家庭的养老困境》,《大连理工大学学报》(社会科学版)2013年第3期。

栾文敬、郭牧琦、孙欢、路红红:《社会保险与养老方式选择:参保是否会影响农民养老方式?》,《西北人口》2012年第6期。

马荟、庞欣、奚云霄、周立:《熟人社会、村庄动员与内源式发展——以陕西省袁家村为例》,《中国农村观察》2020年第3期。

穆光宗:《家庭养老面临的挑战以及社会对策问题》,《中州学刊》1999年第1期。

穆光宗:《中国老龄政策反思》,《市场与人口分析》2005年第2期。

穆光宗:《美国社区养老模式借鉴》,《人民论坛》2012年第22期。

穆光宗:《低生育时代的养老风险》,《华中科技大学学报》(社会科学版)2018年第1期。

穆光宗、姚远:《探索中国特色的综合解决老龄问题的未来之路——"全国家庭养老与社会化养老服务研讨会"纪要》,《人口与经济》1999年第2期。

穆怀中、陈曦:《人口老龄化背景下农村家庭子女养老向社会养老转变路径及过程研究》,《人口与发展》2015年第1期。

聂建亮:《农村老人的劳动、收入及其养老阶段分化——对农村老人"无休"的实证分析》,《学习与实践》2017年第8期。

聂建亮:《养儿还能防老吗？——子女人口经济特征、代际关系与农村老人养老资源获得》,《华中科技大学学报》(社会科学版)2018年第6期。

聂建亮、樊荣:《靠配偶还是靠子女？——农村老人养老风险感知消减的家庭保障机制研究》,《华中科技大学学报》(社会科学版)2021年第6期。

聂建亮、李澍:《政府主导、多方参与与农村社会养老服务体系构建》,《重庆社会科学》2017年第3期。

聂建亮、孙志红、吴玉锋:《社会网络与农村互助养老实现——基于农村老人养老服务提供意愿视角的实证分析》,《社会保障研究》2021年第4期。

聂志平、傅琼:《农村空巢老人的社会支持网络构建研究——基于江西部分农村地区的调查》,《农林经济管理学报》2014年第3期。

裴志军:《村域社会资本：界定、维度及测量——基于浙江西部37个村落的实证研究》,《农村经济》2010年第6期。

亓红帅、王征兵、娄季春:《村域社会资本对村干部双重代理投入的激励效应》,《西北农林科技大学学报》(社会科学版)2020年第3期。

钱锡红、申曙光:《非正式制度安排的老年人养老保障:解析社会网络》,《改革》2011年第9期。

秦俭:《农村独居老人养老困境及其化解之道——以社会支持网络理论为分析视角》,《湖南社会科学》2013年第3期。

施巍巍、唐德龙:《欠发达地区破解养老服务之困的路径选择与创新》,《中国行政管理》2015年第4期。

宋晓莹、曹洁:《积极老龄化视域下社会网络对老年人再就业的影响效应研究》,《中国矿业大学学报》(社会科学版)2021年第4期。

宋雪飞、周军、李放:《非营利组织居家养老服务供给:模式、效用及策略——基于南京市的案例分析》,《南京大学学报》(哲学·人文科学·社会科学)2017年第2期。

苏国勋、刘小枫主编:《二十世纪西方社会理论文选Ⅱ——社会理论的诸理论》,上海三联书店2005年版。

唐丹、徐瑛:《应对方式、社会网络对留守老人抑郁症状的作用及机制分析》,《人口研究》2019年第5期。

唐立强、周静:《社会资本、信息获取与农户电商行为》,《华南农业大学学报》(社会科学版)2018年第3期。

田北海、王彩云:《城乡老年人社会养老服务需求特征及其影响因素——基于对家庭养老替代机制的分析》,《中国农村观察》2014年第4期。

田北海、徐杨:《成年子女外出弱化了农村老年人的家庭养老支持吗?——基于倾向得分匹配法的分析》,《中国农村观察》2020年第4期。

王涤、张旭升:《农村老年人精神文化需求调查》,《人口学刊》2008年第5期。

王俊文、杨文:《我国贫困地区农村养老服务需求若干问题探讨——以江西赣南A市为例》,《湖南社会科学》2014年第5期。

王丽:《我国农村社会养老保险中务农农民的特殊性及其养老保险的创新

机制研究》，硕士学位论文，西南财经大学，2011年。

王琼:《城市社区居家养老服务需求及其影响因素——基于全国性的城市老年人口调查数据》，《人口研究》2016年第1期。

王全美、张丽伟:《基于社会网络理论的农村养老资源整合》，《农村经济》2009年第9期。

王胜:《20世纪50年代后期中国农村建设的历史回顾》，《求实》2010年第5期。

王卫东:《中国城市居民的社会网络资本与个人资本》，《社会学研究》2006年第3期。

王卫东:《中国社会文化背景下社会网络资本的测量》，《社会》2009年第3期。

王莹:《大学生社会网络对创业意向的影响研究——基于创业效能感的中介效应》，硕士学位论文，浙江大学，2011年。

王泽宇、严子淳:《社会网络强弱关系对互联网创业融资绩效影响研究》，《管理学报》2019年第4期。

王增文:《农村老年人口对养老服务供给主体的社会认同度研究——基于宗族网络与农村养老服务政策的比较》，《中国行政管理》2015年第10期。

王振军:《农村社会养老服务需求意愿的实证分析——基于甘肃563位老人问卷调查》，《西北人口》2016年第1期。

王卓、曹丽:《四川农村低保居民社会支持网研究——以L县团仓村为例》，《社会科学研究》2013年第1期。

望超凡、甘颖:《农村家庭变迁与女儿养老》，《华南农业大学学报》（社会科学版）2019年第2期。

韦璞:《村落社会资本及其对老年人生活质量的影响》，《南方人口》2008年第2期。

韦璞:《贫困地区农村老年人社会支持网初探》，《人口与发展》2010年第2期。

魏立香、钟涨宝:《农村养老性别偏好影响因素分析》，《西北农林科技大学学报》（社会科学版）2015年第2期。

魏宇:《"十四五"时期我国养老服务模式的创新战略探讨》,《西南金融》2021年第5期。

吴本健、胡历芳、马九杰:《社会网络、信息获取与农户自营工商业创办行为关系的实证分析》,《经济经纬》2014年第5期。

吴帆:《中国养老资源供求状况与社会工作介入模式分析》,《人口学刊》2007年第3期。

吴玉锋、雷晓康、周明:《农村居民养老保险满意度和忠诚度研究——基于社会资本的视角》,《西北农林科技大学学报》(社会科学版)2015年第1期。

吴玉锋、王安婧、于大川、唐丽娜:《社会资本提升了中青年农民的持续参保意愿吗?》,《西北大学学报》(哲学社会科学版)2019年第2期。

吴玉锋、王友华、程莉娜:《新型农村社会养老保险参保率影响因素实证研究:村域社会资本理论视角》,《人口与发展》2013年第5期。

伍海霞:《中国农村网络家庭中养老支持的趋势与变迁——来自七省调查的发现》,《中国农业大学学报》(社会科学版)2016年第1期。

席恒:《养老服务的逻辑、实现方式与治理路径》,《社会保障评论》2020年第4期。

席恒、翟绍果:《退休意愿、退休政策与退休准备》,西北大学出版社2018年版。

熊光清:《从限权到平权:流动人口管理政策的演变》,《社会科学研究》2012年第6期。

许琪:《儿子养老还是女儿养老?基于家庭内部的比较分析》,《社会》2015年第4期。

颜廷武、何可、张俊飚:《社会资本对农民环保投资意愿的影响分析——来自湖北农村农业废弃物资源化的实证研究》,《中国人口·资源与环境》2016年第1期。

燕继荣:《投资社会资本——政治发展的一种新维度》,博士学位论文,北京大学,2005年。

杨恩艳、裴劲松、马光荣:《中国农村老年人居住安排影响因素的实证分析》,《农业经济问题》2012年第1期。

杨舸:《"中度老龄化"社会,我们准备好了吗》,《光明日报》2020年10月29日第2版。

杨红燕、陈鑫、宛林、李凡婕:《老年人心理健康的潜在类别与影响因素》,《社会保障研究》2020年第2期。

杨立雄、余舟:《养老服务产业:概念界定与理论构建》,《湘潭论坛》2019年第1期。

杨荣、李琪:《从依附到合作:社会组织与政府信任关系的变迁与应对策略研究》,《社会工作》2020年第2期。

杨特、赵文红、周密:《网络规模对创业资源获取的影响:创业者先前经验的调节作用》,《科技进步与对策》2018年第2期。

姚远:《从宏观角度认识我国政府对居家养老方式的选择》,《人口研究》2008年第2期。

于建嵘:《中国农民问题研究资料汇编》,中国农业出版社2017年版。

于书伟:《农村养老服务供给侧结构性改革的困境及对策研究》,《求实》2018年第4期。

于长永:《他们在担心什么?——脆弱性视角下农村老年人的养老风险与养老期望探究》,《华中科技大学学报》(社会科学版)2018年第1期。

允春喜、徐西庆:《社会网络视角下农村养老问题研究》,《天府新论》2013年第6期。

张伯瀚、郭强:《加强顶层设计引领改革实践》,《人民论坛》2020年第31期。

张诚:《社会资本视域下乡村环境合作治理的挑战与应对》,《管理学刊》2020年第2期。

张戈:《我国城市第一代独生子女父母的养老焦虑研究》,硕士学位论文,首都经济贸易大学,2008年。

张国平:《农村老年人居家养老服务的需求及其影响因素分析——基于江苏省的社会调查》,《人口与发展》2014年第2期。

张健、李放:《农村互助养老的成效及价值探讨——以河北省F县农村互助幸福院为例》,《社会福利》(理论版) 2017 年第 3 期。

张举国:《"一核多元":元治理视阈下农村养老服务供给侧结构性改革》,《求实》2016 年第 11 期。

张鹏君:《人的自主性与教育的本真诉求》,《教育理论与实践》2013 年第 25 期。

张婷、王三秀:《新中国 70 年农村养老保险制度改革历程与基本经验》,《改革》2019 年第 8 期。

张文宏:《中国城市的阶层结构与社会网络》,上海人民出版社 2006 年版。

张文宏:《社会网络、职业流动与劳动力市场》,中国社会科学出版社 2017 年版。

张文宏、刘琳:《职业流动的性别差异研究——一种社会网络的分析视角》,《社会学研究》2013 年第 5 期。

张文娟、魏蒙:《城市老年人的机构养老意愿及影响因素研究——以北京市西城区为例》,《人口与经济》2014 年第 6 期。

张友琴:《老年人社会支持网的城乡比较研究——厦门市个案研究》,《社会学研究》2001 年第 4 期。

张羽、邢占军:《社会支持与主观幸福感关系研究综述》,《心理科学》2007 年第 6 期。

赵丹、余林:《社会交往对老年人认知功能的影响》,《心理科学进展》2016 年第 4 期。

赵宁:《社会资本视角下农村多元化养老模式研究》,《社会保障研究》2018 年第 2 期。

赵强社:《农村养老:困境分析、模式选择与策略构想》,《农业经济问题》2016 年第 10 期。

赵秋成、杨秀凌:《养老服务供给短缺与农村养老服务体系构建》,《大连海事大学学报》(社会科学版) 2016 年第 4 期。

赵雪雁:《村域社会资本与环境影响的关系——基于甘肃省村域调查数据》,《自然资源学报》2013 年第 8 期。

赵延东、李睿婕:《使用定位法测量个体社会网结构》,《天津师范大学学报》（社会科学版）2017年第1期。

中共崇州市委党校课题组、夷志彬、门秀琴:《四川崇州市农村"互助养老"模式实践与探索》,《中共成都市委党校学报》2014年第1期。

周月书、孙冰辰、彭媛媛:《规模农户加入合作社对正规信贷约束的影响——基于社会资本的视角》,《南京农业大学学报》（社会科学版）2019年第4期。

邹宇春、敖丹:《自雇者与受雇者的社会资本差异研究》,《社会学研究》2011年第5期。

邹宇春、敖丹、李建栋:《中国城市居民的信任格局及社会资本影响——以广州为例》,《中国社会科学》2012年第5期。

Antonucci T. C., Ajrouch K. J., Birditt K. S., "The Convoy Model: Explaining Social Relations from a Multidisciplinary Perspective", *The Gerontologist*, 2014, Vol. 54, No. 1, pp. 82 – 92.

Barnes J. A., "Class and Committees in a Norwegian Island Parish", *Human Relations*, 1954, Vol. 7, No. 1, pp. 39 – 58.

Berkman L. F., "The Assessment of Social Networks and Social Support in the Elderly", *Journal of the American Geriatrics Society*, 1983, Vol. 31, No. 12, pp. 743 – 749.

Bian Y., Ang S., "Guanxi Networks and Job Mobility in China and Singapore", *Social Forces*, 1997, Vol. 75, No. 3, pp. 981 – 1005.

Bierstedt R., Blau P. M., "Exchange and Power in Social Life", *American Sociological Review*, 1965, Vol. 30, No. 5, p. 789.

Bonsang E., "Does Informal Care from Children to their Elderly Parents Substitute for Formal Care in Europe?", *Journal of Health Economics*, 2009, Vol. 28, No. 1, pp. 143 – 154.

Bourdieu P., *The Forms of Social Capital*, Handbook of Theory and Research for the Sociology of Education, 1985.

Bowling A., Gabriel Z., "An Integrational Model of Quality of Life in Older Age: Results from the ESRC/MRC HSRC Quality of Life Survey in Britain", *Social Indicators Research*, 2004, Vol. 69, No. 1, pp. 1 – 36.

Burt R. S., *Structural Holes: The Social Structure of Competition*, Harvard University Press, 1995.

Campbell S. W., Kwak N., "Mobile Communication and Strong Network Ties: Shrinking or Expanding Spheres of Public Discourse?", *New Media & Society*, 2012, Vol. 14, No. 2, pp. 262 – 280.

Casey A. S. et al., "Residents Perceptions of Friendship and Positive Social Networks Within a Nursing Home", *The Gerontologist*, 2016, Vol. 56, No. 5, pp. 855 – 867.

Cohen C. I., Sokolovsky J., "Clinical Use of Network Analysis for Psychiatric and Aged Populations", *Community Mental Health Journal*, 1979, Vol. 15, No. 3, pp. 203 – 213.

Coleman J. S., "Social Capital in the Creation of Human Capital", *American Journal of Sociology*, 1988, Vol. 94, pp. 95 – 120.

Comas-Herrera A., Wittenberg R., Pickard L. et al., "Cognitive Impairment in Older People: Future Demand for Long-term Care Services and the Associated Costs", *International Journal of Geriatric Psychiatry*, 2007, Vol. 22, No. 10, pp. 1037 – 1045.

Cornwell B. et al., "Assessment of Social Network Change in a National Longitudinal Survey", *The Journals of Gerontology., Series B, Psychological Sciences and Social Sciences*, 2014, Vol. 69, pp. 75 – 82.

Festinge R. L., "A theory of Social Comparison Processes", *Hum Relat*, 1954, Vol. 7, No. 7, pp. 117 – 140.

Flatt J. D., Agimi Y., Albert S. M., "Homophily and Health Behavior in Social Networks of Older Adults", *Family & Community Health*, 2012, Vol. 35, No. 4, pp. 312 – 321.

Garrison J. E., Howe J. A., "Community Intervention with the Elderly: A Social Network Approach", *Journal of the American Geriatrics Society*, 1976, Vol. 24, No. 7, pp. 329 – 333.

Giesel F., Köhler K., Nowossadeck E., "Old and Immobile in Rural Areas? Limited Mobility of the Elderly in the Context of Increasingly Problematic Health Care in Rural Regions", *Bundesgesundheitsbllatt*, *Gesundheitsforschung*, *Gesundheitsschutz*, 2013, Vol. 56, No. 10, pp. 1418 – 1424.

Glendinning C., Davies B., Pickard L. et al. *Funding Long-Term Care for Older People: Lessons from Other Countries*, New York: Joseph Rowntree Foundation, 2004.

Golden J., Conroy R. M., Lawlor B. A., "Social Support Network Structure in Older People: Underlying Dimensions and Association with Psychological and Physical Health", *Psychology, Health & Medicine*, 2009, Vol. 14, No. 3, pp. 280 – 290.

Gouldner A. W., "The Norm of Reciprocity: A Preliminary Statement", *American Sociological Review*, 1960, Vol. 25, No. 5, pp. 161 – 178.

Granovetter M. S., "Economic Action and Social Structure: The Problem of Embeddedness", *American Journal of Sociology*, 1985, Vol. 91, No. 3, pp. 481 – 510.

Granovetter M. S., "The Strength of Weak Ties", *American Journal of Sociology*, 1973, Vol. 78, No. 6, pp. 1360 – 1380.

Granovetter M. S., "Problems of explanation in economic sociology", In N. Nohria, & R. G. Eccles (Eds.), *Networks and Organizations: Structure, Form and Action*, Boston: Harvard Business School Press, 1992.

Hartmann E., Herb S., "Opportunism Risk in Service Triads: A Social Capital Perspective", *International Journal of Physical Distribution and Logistics Management*, 2014, Vol. 44, No. 3, pp. 242 – 256.

Hughes S. L. et al., "Impact of Long-term Home Care on Hospital and Nursing Home Use and Cost", *Health Services Research*, 1987, Vol. 22, No. 1, pp. 19 – 47.

Houtven C., Norton E. C., "Informal Care and Health Care Use of Older Adults", *Journal of Health Economics*, 2004, Vol. 23, No. 6, pp. 1159 – 1180.

Jackson M., Harel Z., "Social Support Networks of the Elderly: Racial Differences and Health Care Implications", *Urban health*, 1983,

Vol. 12, No. 9, pp. 35 – 38.

Johar M., Maruyama S., "Intergenerational Cohabitation in Modern Indonesia: Filial Support and Dependence", *Health Economics*, 2011, Vol. 20, pp. 87 – 104.

Kahn R. L., Antonucci T. C., "Convoys over the Life Course: Attachment, Roles, and Social Support", In: Baltes P. B., Grim O. Eds, *Life Span Development and Behavior*, Vol. 3. New York: Academic Press, 1980.

Kashiwagi M., Tamiya N., Sato M. et al., "Factors Associated with the Use of Home-visit Nursing Services Covered by the Long-term Care Insurance in Rural Japan: A Cross-sectional Study", *BMC Geriatrics*, 2013, Vol. 13, No. 1, pp. 1 – 11.

Katherine L., Fiori., Nathan S. et al., "Attachment, Social Network Size, and Patterns of Social Exchange in Later Life", *Research on Aging*, 2011, Vol. 33, No. 4, pp. 465 – 493.

Kim J. W., "A Study on Home Visiting Health Services for the Elderly-Focusing on the Health Center in Iksan City", *Health & Welfare*, 2004, Vol. 7, pp. 123 – 148.

Krothe J. S., "Giving Voice to Elderly People: Community-based Long-term Care", *Public Health Nursing*, 1997, Vol. 14, No. 4, pp. 217 – 226.

Lai., G., "Social Support Network in Urban Shanghai", *Social Networks*, 2001, Vol. 23, No. 1, pp. 73 – 85.

Lee J., Chung K., Lee N., "In-home Care Service's Enhance Scheme to the Elderly Patriots & Veterans through the Unity Management with the Regional Social Welfare System", *The Journal of the Korea Contents Association*, 2009, Vol. 9, No. 8, pp. 294 – 308.

Lin N., Ensel, W. M., Vaughn J. C., "Social Resources and Strength of Ties: Structural Factors in Occupational Status Attainment", *American Social Review*, 1981, Vol. 4, pp. 393 – 405.

Masse M., Swine C., "La Santé Fonctionnelle des Aînés Est-elle Influencée par la Structure et le Fonctionnement de Leur Réseau Social: Étude Exploratoire", *Gériatrie et Psychologie Neuropsychiatrie du vieillissement*, 2015, Vol. 13, No. 2, pp. 215 – 224.

Matsuda S. et al., "Factors Associated with Length of Stay of the Elderly Patient in the Japanese Long Term Care Wards", *Asian Pacific Journal of Disease Management*, 2009, Vol. 3, No. 3, pp. 75 – 81.

McCann S., Ryan A. A., McKenna H., "The Challenges Associated with Providing Community Care for People with Complex Needs in Rural Areas: A Qualitative Investigation", *Health & Social Care in the Community*, 2005, Vol. 13, No. 5, pp. 462 – 469.

Mitchell J. C. (Ed.), *Social Networks in Urban Situations: Analyses of Personal Relationships in Central African Towns*. Manchester University Press, 1969.

Mundt J., Lusch R. F., "Informal and Formal Care for the Elderly: Decision Determinants and Their Implications", *Health Marketing Quarterly*, 1997, Vol. 14, No. 3, pp. 53 – 68.

Ohwaki K. et al., "Predictors of Continuity in Home Care for the Elderly under Public Long-term Care Insurance in Japan", *Aging Clinical and Experimental Research*, 2009, Vol. 21, No. 4 – 5, pp. 323 – 328.

Paula J., Gardner., "Natural Neighborhood Networks—Important Social Networks in the Lives of Older Adults Aging in Place", *Journal of Aging Studies*, 2011, Vol. 25, No. 3, pp. 263 – 271.

Portrait F., Lindeboom M., Deeg D., "The Use of Long-term Care Services by the Dutch Elderly", *Health Economics*, 2000, Vol. 9, No. 6, pp. 513 – 531.

Sigrid N., Anne G. V., Arnfinn S., "Residents' Experiences of Interpersonal Factors in Nursing Home Care: A Qualitative Study", *International Journal of Nursing Studies*, 2011, Vol. 48, No. 11, pp. 1357 – 1366.

Singh L., Singh P. K., Arokiasamy P., "Social Network and Mental Health among Older Adults in Rural Uttar Pradesh India: A Cross-sectional Study", *Journal of Cross-Cultural Gerontology*, 2016, Vol. 2, pp. 173 – 192.

Sokolovsky J., Cohen C. I., "Toward a Resolution of Methodological Dilemmas in Network Mapping", *Schizophrenia Bulletin*, 1981, Vol. 7, No. 1, pp. 109 –116.

Tan W. P., Kyung Y. L., "An Integrated Model of Information Processing of eWOM in Social Network Service", *Advertising Research*, 2014, Vol. 100, No. 3, pp. 172 –224.

Tomini F., Tomini S. M., Groot W., "Understanding the Value of Social Networks in Life Satisfaction of Elderly People: A Comparative Study of 16 European Countries Using SHARE Data", *BMC Geriatrics*, 2016, Vol. 16, pp. 1 –12.

Tortoriello M., Mcevily B., Krackhardt D., "Being a Catalyst of Innovation: The Role of Knowledge Diversity and Network Closure", *Organization Science*, 2015, Vol. 26, No. 2, pp. 423 –438.

Vandervoort D., "Quality of Social Support in Mental and Physical Health", *Current Psychology*, 1999, Vol. 18, No. 2, pp. 205 –222.

Vullnertari J., King R., "Does your Ganny Eat Grass? Mass Migration. Care Drain and the Fate of Older People in Rural Albania", *Global Networks*, 2008, Vol. 20, pp. 139 –171.

Wassermans F., *Social Network Analysis: Methods and Applications*, Cambridge: Cambridge University Press, 1994.

Wheele R. L., "Motivation as a Determinant of Upward Comparison", *Journal of Experimental Social Psychology*, 1966, Vol. 1, pp. 27 –31.

Zimmer Z. et al., "A Comparative Study of Migrant Interaction with Elderly Parents in Rural Cambodia and Thailand", Presented at the 2007 Population Association of America Annual Meetings in New York, March 29, 2007.

附　录

农村老人养老保障与养老服务调查问卷

农民朋友：

　　您好！我们是西北大学公共管理学院的学生。我们正在进行一项对农村老年人的社会调查，目的是了解老年人的养老保障以及养老服务状况。经过科学的抽样，我们选中了您作为访问对象。您的合作对于我们了解有关情况和提出社会政策建议有十分重要的意义。问卷中问题的回答，没有对错之分，您只需根据平时的想法和实际情况回答就行。调查不记姓名，只用于统计分析，请您不要有任何顾虑。如果您对访问员的身份有任何疑问，欢迎您随时拨打电话：*** － ********（西北大学公共管理学院学生工作办公室）进行核查。

　　希望您协助我们完成这次访问，谢谢您的合作！

　　★ 问卷填答说明：以下问题如果没有特殊说明，请只选一项，并在合适的选项数字上打"√"或画"○"；如遇"＿＿＿＿"，请直接填写。非常感谢您的合作！（调查对象为60周岁以上具有农业户口的农村居民）

A 部分：个人与家庭基本情况

A1. 性别：1. 男　　2. 女

A2. 您的年龄：＿＿＿＿＿＿周岁（实际调查年月减去出生年月，

≥60）

A3. 您的民族：1. 汉族　　2. 少数民族

A4. 您的最高受教育程度是：

1. 文盲/半文盲　2. 小学　3. 初中　4. 高中/中专/技校　5. 大专及以上

A4.1　从上小学开始算起，您一共受过多少年的学校教育（含私塾）？　_____年

A5. 除正规学校教育外，您是否接受过任何培训？（多选）

1. 没有参加过任何培训　2. 农业生产培训　3. 企业内部的非农业培训　4. 社会上的非农业培训　5. 其他培训_____

A6. 您的婚姻状况：

1. 未婚　2. 已婚　3. 离异　4. 丧偶

A7. 您的宗教信仰是：

1. 佛教　2. 道教　3. 民间信仰（如拜关公、土地公等）　4. 回教/伊斯兰教　5. 天主教　6. 基督教　7. 东正教　8. 其他基督教　9. 无宗教信仰（跳到A8）　10. 其他_____

A7.1　您参加宗教活动的频繁程度是怎样的？

1. 从来没有参加过　2. 一年不到1次　3. 一年1到2次　4. 一年几次　5. 大概一月1次　6. 一月2到3次　7. 差不多每周都有　8. 一周几次

A7.2　您参加宗教活动的原因是：（多选）

1. 需要神灵庇佑（解困和祈福）　2. 净化心灵　3. 人多热闹　4. 可以得到教友的帮助　5. 看别人参加，自己也跟着参加　6. 其他_____

A8. 您觉得您现在的身体状况如何？

1. 很差　2. 较差　3. 一般　4. 较好　5. 很好

A8.1　跟同龄人相比，您觉得您的健康状况怎么样？

1. 要差很多　2. 要差一些　3. 差不多一样　4. 要好一些　5. 要好很多

A8.2　和去年相比，您现在的健康状况有什么变化？

1. 变差了   2. 差不多没变   3. 变好了

A9. 您是否患有慢性病或者有长期的健康问题？

1. 是   2. 否（跳答 A10）

A9.1   您患有哪些慢性病？（多选）

1. 高血压 2. 心脏病/冠心病   3. 糖尿病   4. 脑血管病（含中风）   5. 肾脏疾病   6. 肝脏疾病   7. 结核病   8. 类风湿 9. 颈/腰椎病   10. 关节炎   11. 乳腺疾病   12. 泌尿系统疾病   13. 青光眼/白内障   14. 癌症/恶性肿瘤   15. 老年痴呆症（阿尔茨海默病）   16. 骨质疏松   17. 慢性支气管炎/其他呼吸道疾病   18. 神经系统疾病   19. 胃肠炎或其他消化系统疾病   20. 帕金森氏病   21. 耳聋   22. 其他慢性病_____

A10. 过去的一个月中，是否由于健康问题，影响到您的劳动或其他日常活动？

1. 从不   2. 很少   3. 有时   4. 经常   5. 总是

A11. 在过去的一个月中，您有感到心情沮丧或抑郁吗？

1. 从不   2. 很少   3. 有时   4. 经常   5. 总是

A12. 过去一年内，您住过院吗？

1. 是   2. 否（跳答 A13）

A12.1   过去一年，您接受过几次住院治疗？_____次

A12.2   过去一年，您因伤病住院一共花费了_____元，这些钱由您家直接支付的是_____元。

A12.3   在您家直接支付的所有住院费用中，谁付的最多？

1. 本人及配偶 2. 儿子 3. 女儿 4. 儿女一起 5. 父母 6. 兄弟姐妹   7. 亲戚   8. 其他_____

A13. 您日常生病（例如发烧感冒）时，通常是如何处理的？

1. 立刻找医生看病（跳答 A14）   2. 自己找药/买药   3. 民间方法（如刮痧等）   4. 去求神拜佛或做法事   5. 不采取任何措施，等病慢慢好   6. 其他_____

A13.1   您生病不去看病的最主要原因是什么？

1. 医疗费用太贵 2. 离医院或其他医疗机构太远 3. 无人陪同去

医院　4. 不相信医生　5. 觉得没必要看病，自己解决　6. 医生态度不好　7. 医院手续太麻烦　8. 其他_____

A14. 您如果找医生看病，一般去哪儿？

1. 综合医院　2. 专科医院　3. 乡镇卫生院　4. 村卫生室　5. 诊所

A15. 您配偶的身体状况如何？

1. 很差　2. 较差　3. 一般　4. 较好　5. 很好　6. 不适用

A16. 当您身体不舒服或者生病需要照顾时，一般由谁来照顾？

1. 配偶　2. 子女或其配偶　3. 孙子女或其配偶　4. 其他家庭成员　5. 朋友　6. 社会服务　7. 保姆　8. 无人照料（自己照料自己）

A17. 您参加了以下哪项社会保障项目？（多选）

1. 新型农村合作医疗（新农合）　2. 商业养老保险　3. 商业医疗（健康）保险　4. 其他商业保险（意外险、财产险等）_____

A18. 您家共有_____代人（一般≤5代），一共有_____个儿子，其中有_____个儿子的常住地在本村，_____个儿子常年在外打工或做买卖；有_____个女儿，_____个孙子，_____个孙女，_____个外孙子，_____个外孙女。

A18.1 您有_____个兄弟姐妹还健在，其中哥哥有_____个，弟弟有_____个，姐姐有_____个，妹妹有_____个；您配偶有_____个兄弟姐妹还健在，其中哥哥有_____个，弟弟有_____个，姐姐有_____个，妹妹有_____个。（即使被访者为丧偶，仍要问其配偶兄弟姐妹的数量问题）

A19. 您现在居住房子的类型是：

1. 平房（含瓦房）　2. 独栋楼房　3. 单元楼房　4. 其他_____

A19.1　您现在居住的房子大约在什么时候建成的？

1. 近10年　2. 距今11—20年　3. 距今20年以上

A19.2　您现在居住房子的建筑面积大约：_____平方米（不含院子）

A19.3　您现在居住的房子主要由谁建造的？

1. 父母出钱建造　2. 自己出钱建造　3. 子女出钱建造　4. 其他

A19.4 您家做饭用的水最主要是：

1. 自来水 2. 井水 3. 堰塘水 4. 雨水 5. 窖水 6. 矿泉水/纯净水 7. 山泉水 8. 其他_____

A19.5 您对您的居住条件满意吗？

1. 非常不满意 2. 不太满意 3. 一般 4. 比较满意 5. 非常满意

A20.（包括您本人）请问您家现在与您常住（同吃同住）在一起的一共_____人，其中18岁以下的一共有_____人，18至59周岁的一共有_____人，60岁及以上的一共有_____人。

A20.1 与您同吃同住的都有哪些人？（多选，同吃同住人数＞1填答）

1. 配偶 2. 儿子 3. 女儿 4. 父母 5. 配偶的父母 6. 兄弟姐妹 7. 女婿 8. 儿媳 9. 孙子女或其配偶 10. 外孙子女或其配偶 11. 曾孙子女或其配偶 12. 外曾孙子女或其配偶 13. 保姆 14. 其他_____

A21. 您现在的居住方式是（如果选择4则回答A21.1，选择其他的选项则跳到A22）：

1. 自己单独居住 2. 自己与配偶单独居住 3. 自己与父母一起居住 4. 自己与固定子女一起居住（跳答A21.1） 5. 在不同子女家轮流居住 6. 自己与成年孙子女一起居住 7. 在养老院或福利院居住 8. 其他_____

A21.1 与您一起居住的子女是：

1. 儿子 2. 女儿

A21.2 其在儿子中或女儿中的排行是：

1. 老大 2. 老幺 3. 独子/独女 4. 其他排行_____

A21.3 一起居住的子女是否常年在外打工或做买卖？

1. 是 2. 否

A22. 您最希望的居住方式是怎样的？

1. 自己（或与配偶住在一起），子女不在附近无所谓 2. 自己（或与配偶住在一起），子女最好住在附近 3. 与子女的家庭同住 4. 在不同子女家轮流居住 5. 敬老院、老年公寓和福利院 6. 其

他_____

A23. 您家是不是以下政府确定的补助对象？

1. 低保户　2. 残疾人员家属　3. 五保户　4. 以上都不是

B 部分：生产经营与收入

B1. 您目前的劳动工作状况是怎样的？

1. 全职务农　2. 兼业务农　3. 全职从事非农工作　4. 部分退出劳动，必要的时候务农或从事非农工作　5. 完全退出农业劳动和非农工作（跳答 B2）

B1.1　您仍从事劳动的原因是什么？（多选）

1. 身体还好，还可以劳动　2. 主要的收入来源　3. 减轻子女的赡养负担　4. 可以锻炼身体　5. 可以打发时间　6. 子女供养不足，补贴家用　7. 其他_____

B2. 您对您目前的劳动工作状况满意吗？

1. 非常不满意　2. 不太满意　3. 一般　4. 比较满意　5. 非常满意

B3. 您是否曾外出务工经商？

1. 近 10 年内出去过　2. 10 年之前出去过　3. 没有出去过

B4. 您家目前是否有<u>集体分配的耕地</u>（含已出租出去的，但不含完全送给子女及被征用的），或者从别人那里<u>租用的耕地</u>（这里的家指老人所在家庭，即分家以后的）？

1. 有　2. 无（跳答 B7）

B5. 您家拥有多少亩集体分配的耕地？_____亩；您家实际经营多少亩耕地？_____亩

B5.1　您家的土地是否经过确权登记？

1. 已确权登记　2. 正在确权登记　3. 还没开始确权登记　4. 不知道

B5.2　您所在村（社区）的耕地每年的流转价格大概是多少？

1. 平均_____元/亩　2. 不知道

B5.3 您所在的村,流转出(出租)土地的人多不多?

1. 几乎没有　2. 不太多　3. 比较多　4. 很多

B5.4 您的亲戚朋友流转出(出租)土地的人多不多?

1. 几乎没有　2. 不太多　3. 比较多　4. 很多

B5.5 您自己是否愿意种地?

1. 愿意　2. 不愿意

B5.6 您是否愿意转出承包地?

1. 愿意　2. 不愿意

B5.7 在补偿合理的情况下,您是否愿意放弃承包地?

1. 愿意　2. 不愿意　3. 无所谓

B6. 对您来说,土地在您养老中发挥的作用大不大?

1. 非常小　2. 比较小　3. 一般　4. 比较大　5. 非常大

B7. 过去一年,您个人的全年收入(自己单独收入加上与别人合作的收入÷合作劳动力数)及您家的全年收入中(家指统一核算单位,即一起核算收支),下列收入各有多少? (注:一起核算收支的有_____人)

收入项目	a. 个人收入	b. 家庭收入
1. 农业生产纯收入(总产量×市价-成本)	_____元	_____元
2. 非农工作纯收入	_____元	_____元
3. 土地出租/入股收入	_____元	_____元
4. 农业补贴	_____元	_____元
5. 社会养老保险金收入	_____元	_____元
6. 高龄补贴	_____元	_____元
7. 子女及其他家庭成员供养(赡养性质)	_____元	_____元
8. 其他收入(低保、五保、房屋出租等)___	_____元	_____元

B8. 您家的经济状况在当地老年人群体中大体属于哪一个层次?

1. 远低于平均水平　2. 低于平均水平　3. 平均水平　4. 高于平均水平　5. 远高于平均水平

B9. 您对您家的收入状况感到满意吗？

1. 非常不满意　2. 不太满意　3. 一般　4. 比较满意　5. 非常满意

C 部分：闲暇与消费

C1. 您是否在使用手机？

1. 是　2. 否（跳到 C2）

C1.1　您平时用手机与什么人联系的最多？

1. 父母　2. 子女　3. 亲戚　4. 朋友　5. 同事　6. 生意伙伴　7. 其他_____

C1.2　您平时主要使用手机的哪些功能？（多选）

1. 打电话　2. 发短信　3. 拍照　4. 微信或 QQ　5. 购物　6. 上网　7. 其他_____

C2. 您是否会使用电脑？

1. 可以熟练使用　2. 会基本操作　3. 不会

C3. 平时除睡觉、家务劳动、农业和非农劳动之外，您空闲的时间多不多？

1. 不多　2. 较多　3. 很多

C4. 您平时主要的休闲娱乐活动有哪些？（多选）

1. 看电视　2. 看电影　3. 听广播　4. 上网　5. 打牌下棋　6. 跳舞（如广场舞）　7. 串门聊天　8. 看书看报　9. 运动健身　10. 旅游　11. 其他_____

C4.1　您每天花在休闲娱乐活动上的时间大概有多长？_____小时

C5. 您对您的休闲娱乐状况感到满意吗？

1. 非常不满意　2. 不太满意　3. 一般　4. 比较满意　5. 非常满意

C6. 您平时吃的蔬菜的主要来源是：

1. 全部自产　2. 大部分自产　3. 一半自产，一半购买　4. 大部分

购买 5. 全部购买

C7. 您平时吃的主食（米、面）的主要来源是：

1. 全部自产 2. 大部分自产 3. 一半自产，一半购买 4. 大部分购买 5. 全部购买

C8. 您平时的服装（衣、帽、鞋、袜等）的主要来源是：

1. 全部自己买 2. 大部分自己买 3. 一半自己买，一半别人买 4. 大部分别人买 5. 全部别人买

C9. 您及全家最近一年的生活支出中，下列支出各有多少？（记录具体数字）

支出项目	a. 个人支出	b. 家庭支出
1. 食品支出（主要指购买的食品）		
米、面、菜、肉、油、盐、酱、醋、茶等	_____元/月	_____元/月
2. 服装支出（衣、帽、鞋、袜等）	_____元/年	_____元/年
3. 住房支出		
购房、建房、租房（含装修）支出	_____元/年	_____元/年
居住支出（水电、煤气等）	_____元/月	_____元/月
4. 家庭设备、用品		
耐用消费品（家电、家具、交通工具）	_____元/年	_____元/年
快速消费品（洗漱、纸巾、洗洁剂、洗发水等日化用品、品牌包装食品饮料、烟酒等）	_____元/月	_____元/月
5. 交通通信支出（车费、油费、电话费等）	_____元/月	_____元/月
6. 教育支出（自身进修及支付子孙辈教育支出）	_____元/年	_____元/年
7. 文化休闲娱乐支出		
书刊、有线电视费用、光碟、娱乐器具等	_____元/月	_____元/月
8. 医疗支出（最近一年医疗自费部分）	_____元/年	_____元/年
9. 人情送礼支出	_____元/年	_____元/年
10. 赡养及赠予支出	_____元/年	_____元/年

C10. 您周围老人的生活消费支出水平与您相比如何？

1. 都比我低 2. 大部分比我低 3. 跟我差不多 4. 大部分比我高

5. 都比我高

C11. 您觉得您在村子里的社会地位是怎么样的？

1. 很低　2. 较低　3. 一般　4. 较高　5. 很高

C12. 您的消费观念最符合以下哪种情况？

1. 尽量节省着花钱，能留一点是一点　2. 有多少花多少　3. 没钱借钱也要花

C13. 您家日用品一般去哪里购买？

1. 城里（县里）的商店　2. 镇（街道）上的商店　3. 村里的商店　4. 集市　5. 其他_____

C14. 请问您家距您常去的集镇（经济中心）有多远？_____公里

D 部分：家庭关系与社会养老保险

D1. 请问您自己（或者配偶）的父母还需要人照料吗？

1. 父母需要照料　2. 配偶的父母需要照料　3. 自己和配偶的父母都需要照料　4. 不需要（跳到 D2）

D1.1 过去 1 个月，您（和配偶）每周平均花费多长时间照料这些老人？_____小时

D1.2 您（和配偶）目前在照料老人方面最主要的困难是什么？

1. 身体吃不消　2. 时间不够　3. 开支太大　4. 自己不太会照料　5. 距离太远　6. 没有困难　7. 其他_____

D2. 下面想问一下您对于年老的看法：

	非常担心	比较担心	一般	不太担心	完全不担心
1. 您担心以后生活不能够自理吗？	5	4	3	2	1
2. 您担心以后不得不让别人替您拿主意吗？	5	4	3	2	1
3. 您担心以后在经济上完全依赖别人吗？	5	4	3	2	1
4. 您担心以后缺少陪伴感到孤独吗？	5	4	3	2	1

D3. 您认为农村老人的养老应该主要由谁负责？

1. 主要由政府负责 2. 主要由子女负责 3. 主要由老人自己负责 4. 政府/子女/老人责任均摊

D4. 最近一年，您衣食住行等方面的花费，除养老金、农业补贴等外，由以下哪些主体提供：

1. 自己及配偶 2. 同住的子女 3. 不同住的子女 4. 子女间分摊 5. 商业养老保险 6. 其他_____

D5. 以下关于养老的说法，您更同意哪一种？

1. 养老就是能吃饱穿暖 2. 养老就是要吃得好、穿得体面

D6. 您日常生活中自己干不了的事情，<u>最主要</u>由谁帮忙解决？

1. 配偶 2. 儿子 3. 女儿 4. 儿媳 5. 女婿 6. 亲戚 7. 朋友 8. 邻居 9. 村干部 10. 家政服务或钟点工 11. 其他（请注明）_____

D7. 您有开心的或难过的事时，一般<u>最先</u>向谁说？

1. 配偶 2. 儿子 3. 女儿 4. 儿媳 5. 女婿 6. 亲戚 7. 朋友 8. 邻居 9. 村干部 10. 家政服务或钟点工 11. 其他（请注明）_____

D8. 您子女<u>最高</u>的受教育程度是：

1. 文盲/半文盲 2. 小学 3. 初中 4. 高中/中专/技校 5. 大专及以上

D9. 您子女<u>最低</u>的受教育程度是：

1. 文盲/半文盲 2. 小学 3. 初中 4. 高中/中专/技校 5. 大专及以上

D10. 您子女家的经济状况如何？

1. 都比较困难 2. 大部分比较困难 3. 宽裕和困难各一半 4. 大部分比较宽裕 5. 都比较宽裕

D11. 最近6个月，您与儿子的关系如何？

1. 都不太亲近 2. 大部分不亲近 3. 亲近与不亲近的差不多 4. 大部分比较亲近 5. 都比较亲近 6. 不适用

D12. 最近6个月，您与女儿的关系如何？

1. 都不太亲近　　2. 大部分不亲近　　3. 亲近与不亲近的差不多　　4. 大部分比较亲近　　5. 都比较亲近　　6. 不适用

D13. 最近6个月，您与子女们是否有以下交往活动？（多选）

1. 您为子女提供经济帮助　　2. 子女为您提供经济帮助　　3. 您为子女料理家务（打扫、做饭、买东西等）　　4. 子女为您料理家务　　5. 您为子女照看孩子　　6. 子女照看您　　7. 以上都没有

D14. 您对您跟子女的关系感到满意吗？

1. 很不满意　　2. 不太满意　　3. 一般　　4. 比较满意　　5. 很满意

D15. 俗话说："养儿（子）防老。"您同意这个观点吗？

1. 一直同意　　2. 之前不同意，现在同意　　3. 之前同意，现在不同意　　4. 一直都不同意　　5. 看具体情况而定　　6. 无法回答

D16. 子女对父母的孝敬有很多形式，您认为什么<u>最</u>重要？

1. 多给钱，保证老人生活富裕　　2. 主动关心　　3. 生活上照顾得周到　　4. 听话，从来不顶嘴　　5. 儿女自己有出息，不让老人操心　　6. 其他_____　　7. 无法回答

D17. 俗话说："久病床前无孝子。"您同意这个观点吗？

1. 一直同意　　2. 之前不同意，现在同意　　3. 之前同意，现在不同意　　4. 一直都不同意　　5. 看具体情况而定　　6. 无法回答

D18. 总体而言，您认为您的生活是否幸福？

1. 很不幸福　　2. 不太幸福　　3. 一般　　4. 比较幸福　　5. 非常幸福

D19. 您有孤独、生活无聊的感受吗？

1. 经常　　2. 偶尔　　3. 没有

D20. 您是否清楚现在每月领取多少养老金？

1. 清楚，_____元/月　　2. 不清楚

D21. 您的养老金一般到什么地方领取（支取）？

1. 村里　　2. 乡镇/街道上　　3. 县城/区里/市里

D22. 您的养老金一般由谁支配？

1. 自己　　2. 配偶　　3. 儿子　　4. 女儿　　5. 儿媳　　6. 女婿　　7. 孙子女　　8. 其他_____

D23. 您觉得目前养老保险的养老金待遇怎么样？

1. 待遇很低　2. 待遇比较低　3. 待遇一般　4. 待遇比较高　5. 待遇很高

D24. 在您看来，目前您领取的养老金对提高您的生活水平作用有多大？

1. 没什么作用　2. 有一点作用　3. 有较大的作用　4. 作用非常大

D25. 您对养老保险制度感到满意吗？

1. 很不满意　2. 不太满意　3. 一般满意　4. 比较满意　5. 非常满意

D26. 下列关于养老保险实施后对您的影响，您赞同的程度如何？

	不赞同	不好说	比较赞同	非常赞同
1. 享受养老金后，我对生活更有信心了	1	2	3	4
2. 享受养老金后，我觉得活得更有尊严了	1	2	3	4
3. 享受养老金后，我不再担心自己的养老问题了	1	2	3	4
4. 享受养老金后，我感觉生活更加幸福了	1	2	3	4

E 部分：社会网络与社会资本

E1. 您的家族是否有族谱/家谱？（父系血缘关系）

1. 有　　2. 没有

E2. 您家是否参与家族祭祖/扫墓等活动？

1. 有　　2. 没有

E3. 您所在的村庄是否有宗祠/祠堂？

1. 有　　2. 没有（跳答 E4）

E3.1 您所在的村庄是否有以宗祠/祠堂为活动中心的家族组织？

1. 有　　2. 没有

E4. 您现在/曾经是否参加了以下社团组织？（多选）

1. 中国共产党　2. 民主党派　3. 共青团　4. 民兵组织　5. 妇联　6. 老年协会　7. 宗教组织　8. 志愿者组织　9. 专业合作社　10. 行业协会　11. 工会　12. 民间借贷组织　13. 体育或娱乐团体

14. 以上组织均未参加

E5. 您是否现在/曾经担任村干部/小组干部？

1. 正在担任　2. 曾经担任过　3. 没有担任过

E6. 最近一次春节，您在哪里过的？

1. 在家乡　2. 在子女所在城市　3. 其他_____

E7. 您采用以下哪种方式拜年？（多选）

1. 登门拜年　2. 打电话拜年　3. 短信/微信拜年　4. 其他_____

E8. 您大概与多少人互相拜年？　亲属_____人，非亲属_____人

E9. 您与本村人互相拜年的多吗？

1. 没有本村人　2. 少部分本村人　3. 本村占一半　4. 多半是本村人　5. 基本都是本村人

E10. 您是否与具有下列关系的人互相拜年？（多选）

1. 亲属关系　2. 邻居关系　3. 同学关系　4. 工作关系　5. 居住关系（租客、房东等）　6. 管理关系　7. 朋友关系　8. 其他关系_____

E11. 您是否与从事下列职业的人互相拜年？（多选）

1. 教师　2. 政府工作人员　3. 党群工作人员　4. 国有企业、事业单位工作人员　5. 警察　6. 法律工作人员　7. 个体企业的管理及业务人员　8. 机关、企事业单位临时工　9. 企业老板　10. 个体经营者　11. 娱乐场所、饭店、餐饮服务人员　12. 建筑工人　13. 门卫或保安　14. 司机　15. 保姆　16. 农业从业者　17. 其他_____（以经济来源决定个体职业）

E12. 您与下列各类人员打交道的频繁程度如何？

	从不	很少	有时	经常
1. 自己家里人	1	2	3	4
2. 本家族成员	1	2	3	4
3. 亲戚	1	2	3	4
4. 邻居	1	2	3	4
5. 朋友	1	2	3	4
6. 本村人	1	2	3	4
7. 外村人	1	2	3	4
8. 城里人	1	2	3	4
9. 村干部	1	2	3	4
10. 乡镇干部	1	2	3	4
11. 县级以上干部	1	2	3	4
12. 城里的亲戚朋友（若无则选"从不"）	1	2	3	4
13. 专业技术人员（教师、医生、农技师等）	1	2	3	4
14. 国有或集体企业领导、管理人员	1	2	3	4
15. 私有企业老板、管理人员	1	2	3	4

E13. 您的社会支持和社会网络如何？

	没有	1个	2个	3—4个	5—8个	≥9个
1. 您一个月至少能与几个家人/亲戚见面或联系？	0	1	2	3	5	9
2. 您能和几个家人/亲戚放心地谈您的私事？	0	1	2	3	5	9
3. 当您需要时，有几个家人/亲戚可以给您提供帮助？	0	1	2	3	5	9

续表

	没有	1个	2个	3—4个	5—8个	≥9个
4. 您一个月至少能与几个朋友见面或联系？	0	1	2	3	5	9
5. 您能和几个朋友放心地谈您的私事？	0	1	2	3	5	9
6. 当您有需要时，有几个朋友可以给您提供帮助？	0	1	2	3	5	9

E14. 对于下面几类人，您的信任度怎么样？

	完全不可信	比较不可信	居于可信与不可信之间	比较可信	完全可信
1. 自己家里人	1	2	3	4	5
2. 本家族成员	1	2	3	4	5
3. 亲戚	1	2	3	4	5
4. 邻居	1	2	3	4	5
5. 同村居民	1	2	3	4	5
6. 朋友	1	2	3	4	5
7. 村委会干部	1	2	3	4	5
8.（老）同事	1	2	3	4	5
9. 老同学	1	2	3	4	5
10. 信教的人	1	2	3	4	5
11. 外地人	1	2	3	4	5
12. 陌生人	1	2	3	4	5
13. 中央政府	1	2	3	4	5
14. 本地政府	1	2	3	4	5

E15. 下列说法是否符合您的实际想法？

	不符合	不太符合	比较符合	非常符合
1. 您总是愿意理解与自己持不同看法的人们	1	2	3	4
2. 您总是愿意帮助比自己境况差的人	1	2	3	4
3. 您总是遵纪守法	1	2	3	4
4. 您从不拖欠政府收取的费用	1	2	3	4
5. 您总是试图监督政府行为	1	2	3	4
6. 您喜欢参加社会组织和政治组织的活动	1	2	3	4

E16. 以下情景是否符合您的实际情况？

	从未得到	很少得到	有时候能得到	大多时候能得到	总能得到
1. 当您有心事要倾诉时，有人愿意听您倾诉吗？	1	2	3	4	5
2. 当您有重要事情需要和他人商量时，可以得到帮助吗？	1	2	3	4	5
3. 当您想要聊天、外出或打牌下棋时，可以得到他人的陪伴吗？	1	2	3	4	5
4. 当您身体不舒服时，可以得到他人的照顾吗？	1	2	3	4	5
5. 当您需要家务或农活帮助时，可以得到他人的帮助吗？	1	2	3	4	5
6. 当您经济遇到困难时，可以得到他人的财物帮助吗？	1	2	3	4	5

E17. 请根据您的实际情况作答。（多选）

	配偶	父母	儿子	女儿	干部	熟人	邻居	朋友	兄弟	姐妹	配偶的直系亲属	其他较近的亲戚	同家族成员	其他远亲	其他关系
1. 假如您与您的配偶的矛盾甚至发生争吵,通常会有谁来帮助解决矛盾?	1	2	3	4	5	6	7	8	9	10	11	12	13	14	15
2. 假如您心情压抑想同某人谈谈,您会找谁谈这些问题?	1	2	3	4	5	6	7	8	9	10	11	12	13	14	15
3. 假如您需要对生活中的重大问题进行咨询,您曾征求过谁的意见?	1	2	3	4	5	6	7	8	9	10	11	12	13	14	15
4. 假如您生活中有些事需要别人帮忙,您会请谁来帮忙?(搬家具、大袋粮食和重物等)	1	2	3	4	5	6	7	8	9	10	11	12	13	14	15
5. 假如您家中人患了重病卧床不起或需要送往医院治疗,您会请谁过来照顾您或帮您做家务?	1	2	3	4	5	6	7	8	9	10	11	12	13	14	15
6. 假如您需要借某种工具(如农具等),您会向谁借呢?	1	2	3	4	5	6	7	8	9	10	11	12	13	14	15
7. 假如您需要借一笔钱,您会向谁借呢?	1	2	3	4	5	6	7	8	9	10	11	12	13	14	15

续表

	配偶	父母	儿子	女儿	干部	熟人	邻居	朋友	兄弟	姐妹	配偶的直系亲属	其他较近的亲戚	同家族成员	其他远亲	其他关系
8. 假如您在填表（如账单、写信、看信、填个人信息等）时遇到了问题，您会请谁来帮助您？	1	2	3	4	5	6	7	8	9	10	11	12	13	14	15
9. 近一时期如果您需要和人一同外出（如赶集、逛商店、散步），您会选择谁和您搭伴？	1	2	3	4	5	6	7	8	9	10	11	12	13	14	15
10. 您和谁至少每月交往一次，如喝酒、相互拜访、聊天、打牌？	1	2	3	4	5	6	7	8	9	10	11	12	13	14	15
11. 假如您需要和别人进行经济上的合作（或一起做生意、办企业，或要进行农业生产上的合作，或合伙买农具等），您最愿意和谁搭成伙伴？	1	2	3	4	5	6	7	8	9	10	11	12	13	14	15
12. 您的家人中若有外出打工的，或去医院看病，曾经得到过谁的帮助？	1	2	3	4	5	6	7	8	9	10	11	12	13	14	15

注：9. 已婚兄弟（已单独立户），11. 配偶的直系亲属（已嫁出的姐妹、配偶的父母、兄弟），12. 其他较近的亲戚（包括自己的姑舅姨家及表兄弟姐妹、配偶的堂兄弟姐妹、姑姨舅及表兄弟姐妹家），13. 同家族成员（包括近族、堂亲之类的院中人）。

F 部分：养老服务

F1. 本村有专门提供养老服务的场所（如幸福院等）吗？

1. 有　2. 没有（跳答 F10）　3. 不清楚（跳答 F10）

F2. 本村专门提供养老服务的场所（如幸福院等）是否已开放运营？

1. 是　2. 否（跳答 F10）

F3. 老年人进入本村养老服务场所接受服务的限制条件是怎样的？（多选）

1. 超过 60 岁的某个年龄（如 70 岁以上）　2. 孤寡/留守老人　3. 行动方便　4. 有一定经济实力　5. 子女同意　6. 有"关系"　7. 其他_____　8. 无进入条件限制　9. 不清楚

F4. 您多久去一次养老服务场所（如幸福院）？

1. 从来没去过　2. 很少去（跳答 F5）　3. 经常去（跳答 F5）　4. 几乎每天都去（跳答 F5）

F4.1　您为什么没有去过？（多选）

1. 自己行动不便　2. 料理家务和农活　3. 照料（外）孙子女　4. 场所的硬件条件差　5. 距离太远　6. 交通不便　7. 自己不满足条件　8. 其他_____

F5. 您周围的老人有去本村养老服务场所（如幸福院）的吗？

1. 没人去　2. 很少有人去　3. 有一些人去　4. 很多的人去　5. 几乎所有的人都去

F6. 本村的养老服务场所（如幸福院）有哪些设施？（多选）

1. 棋牌室　2. 图书室　3. 健身室　4. 休息室　5. 洗浴室　6. 厨房（食堂）　7. 其他（请注明）_____　8. 不清楚

F6.1　本村的养老服务场所是否有下列降温保暖设备？（多选）

1. 空调　2. 电扇　3. 常规暖气　4. 电暖（小太阳、油汀等）　5. 炉子　6. 其他_____　7. 不清楚

F7. 您使用养老服务场所设施的情况如何？

1. 从未使用（跳答 F10）　2. 很少使用　3. 经常使用

F7.1 您一般使用养老服务场所的哪些设施？排在前三位的分别是 _____ _____ _____

1. 棋牌室 2. 图书室 3. 健身室 4. 休息室 5. 洗浴室 6. 厨房（食堂） 7. 其他（请注明）_____

F8. 您觉得当地的老年人养老服务场所（如幸福院）发挥的养老作用怎么样？

1. 没什么作用 2. 有一点作用 3. 作用比较大 4. 作用非常大

F9. 您对当地的老年人养老服务场所（如幸福院）提供的服务（如就餐、娱乐等服务）满意吗？

1. 非常不满意 2. 不太满意 3. 一般满意 4. 比较满意 5. 非常满意

F10. 您了解养老院、老年公寓等养老机构吗？

1. 不了解 2. 了解一点 3. 比较了解 4. 非常了解

F11. 您所在的乡镇（街道）是否有养老院、老年公寓等养老机构？

1. 有 2. 没有 3. 不清楚

F12. 您周围的老人（亲戚朋友等）有去养老院、老年公寓等养老机构养老的吗？

1. 没人去 2. 很少有人去 3. 有一些人去 4. 非常多的人去

F13. 您是否愿意去养老院、老年公寓等养老机构养老？

1. 愿意（跳答 F14） 2. 不愿意

F13.1 您在什么情况下会去养老院？（多选）

1. 身体不好，需要有人照料 2. 孤独寂寞，需要有人陪伴 3. 出现家庭矛盾 4. 为了换个居住环境 5. 无论如何都不会去 6. 其他_____

F14. 您的家人愿意您去住养老院吗？

1. 愿意 2. 不愿意 3. 意见不统一 4. 不知道

F15. 您需要以下哪些养老服务？

		不需要	不太需要	比较需要	非常需要
生活照料	1. 清扫房间、整理物品	1	2	3	4
	2. 换洗衣被	1	2	3	4
	3. 帮忙烧饭、清洗餐具	1	2	3	4
医疗护理	4. 提供常用药品	1	2	3	4
	5. 陪伴就医或住院陪床	1	2	3	4
	6. 医疗保健知识普及	1	2	3	4
	7. 上门医疗	1	2	3	4
	8. 定期体检、义诊	1	2	3	4
精神慰藉	9. 聊天解闷、排解情绪	1	2	3	4
	10. 心理辅导	1	2	3	4
	11. 组织娱乐活动	1	2	3	4
	12. 外出旅游	1	2	3	4

F16. 如果可以获得以上的养老服务，您<u>最看重</u>养老服务的哪些方面？

1. 养老服务的项目多少　2. 养老服务的时间长短　3. 养老服务的质量高低　4. 养老服务的花费多少　5. 其他_____

F17. 您最希望获得以下哪种养老服务方式？（最多3项，请排序）

_____　_____　_____

1. 全托式的养老院　2. "日间统一照料，夜间分散居住"的幸福院、日间照料中心　3. 住在家里，社会提供服务的居家养老　4. 住在家里，依靠家人照顾　5. 其他方式_____

F18. 以下做法您是否愿意？（这里的村民、朋友、家族或亲戚、家人主要指老年人）

		愿意	不愿意	不好说
精神慰藉 （聊天解闷、 一起娱乐等）	1. 为其他村民提供精神慰藉	1	2	3
	2. 为朋友提供精神慰藉	1	2	3
	3. 为家族或亲戚提供精神慰藉	1	2	3
	4. 为家人提供精神慰藉	1	2	3
	5. 接受其他村民提供的精神慰藉	1	2	3
	6. 接受朋友提供的精神慰藉	1	2	3
	7. 接受家族或亲戚提供的精神慰藉	1	2	3
	8. 接受家人提供的精神慰藉	1	2	3
生活照料 （做饭、做家务等）	9. 为其他村民提供生活照料	1	2	3
	10. 为朋友提供生活照料	1	2	3
	11. 为家族或亲戚提供生活照料	1	2	3
	12. 为家人提供生活照料	1	2	3
	13. 接受其他村民提供的生活照料	1	2	3
	14. 接受朋友提供的生活照料	1	2	3
	15. 接受家族或亲戚提供的生活照料	1	2	3
	16. 接受家人提供的生活照料	1	2	3
医疗护理 （陪伴就医或 住院陪床）	17. 为其他村民提供医疗护理	1	2	3
	18. 为朋友提供医疗护理	1	2	3
	19. 为家族或亲戚提供医疗护理	1	2	3
	20. 为家人提供医疗护理	1	2	3
	21. 接受其他村民提供的医疗护理	1	2	3
	22. 接受朋友提供的医疗护理	1	2	3
	23. 接受家族或亲戚提供的医疗护理	1	2	3
	24. 接受家人提供的医疗护理	1	2	3

F19. 如果有条件，您愿意加入老年互助组（老年人之间互相提供帮助的小组）吗？

1. 愿意　　2. 不愿意

访问到此结束，感谢您对我们工作的支持，祝您身体健康，生活愉快！

以下信息，请访问员填写：

S1. 调查地点：＿＿＿＿市＿＿＿＿县（市、区）＿＿＿＿乡（镇、街道）＿＿＿＿村（社区）

S2. 调查日期：＿＿＿＿年＿＿月＿＿日＿＿时

S3. 调查地处于什么地形？

1. 平原　2. 丘陵　3. 山地

S4. 调查村距离县城（市、区）有多远？　＿＿＿＿公里

S5. 所调查的村（社区）在所调查的乡（镇、街道）中经济水平处于什么层次？

1. 低于平均水平　2. 平均水平左右　3. 高于平均水平

后　　记

本书是我主持的国家社科基金项目"基于社会网络的农村养老服务供给模式创新研究"（17CSH058）的最终成果，同时获得了陕西省社科基金项目"以需求为导向的陕西省农村养老服务体系建设研究"（2016G002）的支持。

在项目设计过程中，西北大学席恒教授、华中农业大学钟涨宝教授、华中科技大学狄金华教授、华中农业大学李祖佩教授等专家给予了极大帮助。在田野调查过程中西北大学胡艺杭、曹健雪、吴玉凡、唐乐、陈佳星、曹梦迪、孙志红、董子越、樊荣、陈博晗等硕士研究生以及部分本科生走村访户流下了辛勤的汗水。在课题开展过程中，其他课题组成员以及邱杰、赵腾、王凤玺等同学贡献了自己的智慧，郭雨晨、刘豫蓉、颜羽等同学对书稿进行了多轮次的校对。同时，西北大学社会保障团队的各位老师也对课题开展给予了大力支持。

本书的部分内容曾在 Sustainability、International Journal of Environmental Research and Public Health、《社会保障评论》、《华中科技大学学报（社会科学版）》、《西南大学学报（社会科学版）》、《社会保障研究》等期刊上发表，感谢这些期刊编辑对本书相关成果的赏识，也感谢本书相关章节的合作者吴玉锋、厉旦、廖旖旎、曹梦迪、孙志红、董子越、樊荣、陈博晗、邱杰，正是与他们的合作和交流，本书才得以完成。

感谢西北大学学术著作出版基金以及西北大学公共管理学院（应急管理学院）对本书出版的资助，感谢西北大学公共管理学院（应急管理学院）领导及老师们对我工作生活的关心和帮助。

感谢家人对我的支持和爱护，家人是我工作的动力，也将是我永远的牵挂。

感谢中国社会科学出版社的孙萍老师和涂世斌老师，正是她们的辛勤工作使得本书可以顺利出版。

限于作者水平与经验不足，不当之处在所难免，恳请读者不吝批评赐教。

聂建亮
2023 年 10 月于西安